Gerd B. Ziegler
mit Wulfing von Rohr

Tarot für alle

Deutungen zu: Liebe, Partnerschaft, Beruf,
Entwicklungszielen, Selbstverwirklichung

Hinweis

In der Regel wird in diesem Buch die im Deutschen übliche männliche Sprachform verwendet. Dies ist allein der besseren Lesbarkeit geschuldet. Die Leserinnen bitte ich um freundliches Verständnis.

Die Abbildungen der folgenden Edelsteine sind dem Wikipedia-Internetlexikon entnommen (http://commons.wikimedia.org/wiki/Image), die eine Verwendung unter Angabe des folgenden Hinweises zulassen: GNU Free Documentation License: Karneol, Türkis, blauer Chalzedon, Jade, Achat, Rhodosit, Pyritsonne, blauer Saphir, Labradorit, Obsidian, Hämatit, Opal, gelber Turmalin, Feueropal, blauer Fluorit, Pyritwürfel, Rauchquarz, Aquamarin, Ametrine, Onyx, Heliotrop, Granat, Schneeflocken-Obsidian, Lapislazuli, Bergkristall, Malachit, blau-grüner Amazonit, Bernstein, roter Aventurin, Wassermelonen-Turmalin, Falkenauge, Diamant, Amethyst.

1. Auflage
Originalausgabe
© 2009 Arkana, München
in der Verlagsgruppe Random House GmbH
Lektorat: Daniela Weise
Redaktionelle Mitarbeit: Ruth Ragna Axen
Satz: te•ha, Anif; draenn@gmail.com
Druck und Bindung: Těšínská tiskárna, a.S., Český Těšín
Printed in the Czech Republic
978-3-442-33841-2

www.arkana-verlag.de

Inhalt

I. Was ist Tarot?
Elemente und Struktur des Tarots 7
Tarot als Werkzeug für Weisheit und Orakel 9

II. Wie funktioniert Tarot?
Das Bewusstsein des Fragenden 12
Das Phänomen der Synchronizität 13

III. Gebrauchsanleitung für dieses Buch
Einsatzbereiche des Tarots 14
Wofür wir Tarot nicht einsetzen sollten 15

IV. Die 22 Karten der Großen Arkana
Archetypen und Stationen 16
Lesehilfe 16
Vom Narren bis zur Welt 18

V. Die 16 Hofkarten
Menschen und Vorbilder in unserem Leben 85
Lesehilfe 86
Vom König der Stäbe bis zum Bube der Münzen 89

VI. Die 40 Zahlenkarten
Kurzfristige Einflüsse und Hinweise auf Zeitspannen 123
Lesehilfe 124
Vom As der Stäbe bis zur 10 der Münzen 125

VII. Legesysteme für alle Fragen
Auswahl der Karten 167
Der Einstieg – Sie können sofort beginnen 168
Legesysteme 172
Persönliche Karten: Lebenskarte, Jahreskarte, Beziehungskarte 191

VIII. Verschiedene beliebte Kartendecks 195
Gedanken zum Schluss 201

Anhang
Ein Wort zum Crowley-Tarot 203
Literaturhinweise 204
Der Autor 205

1
Was ist Tarot?

Tarot, du Mysterium aus den Welten der Vergangenheit,
als wärst du nicht von dieser Welt.
Du wirkst in jede Epoche, Ära und Zeit;
es scheint, als ob nur der Augenblick zählt.
Du entstammst der tiefsten Dunkelheit
und bringst in die Welten der Menschheit Licht.
Wer dich verstehen will allezeit,
muss lernen zu blicken hinter der Wahrheit Sicht.
Tarot, du Mysterium, Geheimnis und Offenbarung zugleich:
Ja, wer dich versteht, ist an Liebe und Weisheit im Herzen reich.
Brigitte Aumüller

Elemente und Struktur des Tarots

Bilder als Spiegel unserer selbst

Die Seele lebt in Bildern, wir träumen in Bildern, wir nehmen über 80 Prozent unserer Sinneseindrücke über die Augen auf. Wir sind über die Wahrnehmung von Umwelt, Menschen und Natur hinaus auch laufend von Bildern umgeben, die von Menschenhand gestaltet wurden: Bilder in Zeitungen und Illustrierten, im Fernsehen und im Kino, an der heimischen Wand und im Museum, Graffitibilder an Hausmauern und auf Schnellbahnzügen, Poster und Plakate, Bilder in der Kirche usw. „Ein Bild sagt mehr als tausend Worte", lautet deshalb auch eine Weisheit, die sich die moderne Werbung zunutze macht.

Das Wort Bild beinhaltet so unterschiedliche Begriffe wie Zeichen, Sinnbild, Urbild, wahrer Sinn, Vorzeichen und Erscheinung. Die Tarotbilder beziehen sich tatsächlich auf Urbilder, so genannte Archetypen. Sie geben uns, wenn man sie richtig lesen kann, wirklich Vorzeichen und weisen auf einen verborgenen Sinn hin. Aber sie tun noch viel mehr: Sie bilden, formen, gestalten, signalisieren, rufen Erinnerungen wach und lösen Assoziationen aus. Die Bilder der 78 Tarotkarten sprechen den innersten Sinn für jene Bilder an, die tief in unserer Seele schlummern. Sie stellen so etwas wie 78 Spiegel der Seele mit ihren vielen Facetten dar. Diese Spiegel im Kartenformat sind zwar nicht leer, sondern gefüllt mit Gestalten und Formen, Farben und Zeichen. Und doch hängt es entscheidend von unserer eigenen Betrachtungsweise ab, von unserer Lebenseinstellung, von der „Brille", die wir im Moment tragen, was wir in diesen Spiegeln erkennen.

Stellen Sie sich einen großen Garten vor, den Sie von oben sehen können. Da wachsen bunte Blumen und prächtige Bäume, Gemüse reift auf Beeten seiner Erntezeit entgegen, in den Hecken zwitschern Vögel. Natürlich gibt es irgendwo im Garten auch einen Komposthaufen, einen Platz für Abfälle. Und selbstverständlich leuchten die Rosen nicht nur rot und weiß und gelb der Sonne entgegen, sondern tragen auch Dornen an ihren Stielen. Wir können alle Aspekte zur Kenntnis nehmen, aber welchen Aspekten dieser Wirklichkeit wollen wir uns widmen? Welche möchten wir weiterentwickeln und nutzen? Das liegt ganz an uns selbst!

Woher stammt Tarot?

Über die Herkunft der Tarotkarten wird viel gerätselt. Entspringen sie der altägyptischen Bilderschrift der Hieroglyphen? Existiert eine geheime Verbindung zur magischen Symbolwelt der Pharaonen und Pyramiden? Einige Tarotforscher meinen das, zum Beispiel der französische Tarotexperte Papus und der anerkannte deutsche Mythenforscher Bernd A. Mertz. Andere Experten sind der Ansicht, dass die Tarotkarten im Zuge von Völkerwanderungen über fahrende „Zigeuner" aus Indien nach Europa kamen.

Aus den Bildern und den vier „Farben" bzw. Sätzen des Tarots haben sich aller Wahrscheinlichkeit nach auch die Bilder und Farben unserer Spielkarten entwickelt.

Das so genannte Tarot de Marseille ist eines der ältesten Tarotspiele. Es stammt spätestens aus dem 16. Jahrhundert. Diese Fassung des Tarotspiels zeigt holzschnittartige Figuren, die manchmal auch bedrohlich anmuten und auf unvorbereitete Leser vielleicht eher Furcht erregend als psychologisch aufschlussreich wirken können.

Seither sind die verschiedensten Tarotdecks entstanden. Diese Darstellungen gehen manchmal auf den Wunsch eines Künstlers nach kreativem Ausdruck im Rahmen der vorgegebenen Tarotthemen zurück. Bisweilen wurden diese Bilder aber auch unter der Anleitung von Tarotkundigen entworfen. Eine Auswahl an Tarotspielen stellen wir Ihnen am Schluss des Buches kurz vor (Seite 193). Allen gemeinsam ist eine einheitliche Struktur und der Versuch, das Mysterium des Lebens in 78 symbolträchtigen Facetten zu spiegeln. Schauen wir uns deshalb zunächst die Struktur des Tarots an.

Aufbau des Tarots

Tarot ist ein Kartenspiel, das aus 78 Bildkarten besteht, die in drei Gruppen unterteilt werden:
- 22 Seelenbilder oder Archetypen bzw. Urbilder, wie Magier und Hohepriesterin und so fort, welche die Karten der so genannten Großen Arkana bilden und auf wichtige Lebensthemen hinweisen.
- 16 Personen- oder Hofkarten. Sie gehören zu den so genannten Kleinen Arkana. Es gibt pro Farbe jeweils 4 Hofkarten (König, Königin, Ritter und Bube bzw. Ritter, Königin, Prinz und Prinzessin). Sie stehen für konkrete Menschen.
- 40 Zahlenkarten, in jeder der vier Farben von As bzw. 1 bis 10. Sie gehören wie die Hofkarten zu den Kleinen Arkana und beziehen sich auf Ereignisse und Zeiträume.

Der Begriff Arkana kommt aus dem Lateinischen und bedeutet Geheimnisse (Einzahl: Arkanum). Es gibt im Tarot also „große" und „kleine" Geheimnisse: Archetypen, Zeichen und mythische Gestalten oder reale Personen, die den ganzen Lebenskreis eines Menschen symbolisch darstellen und Ratsuchenden Antworten oder Hinweise geben können.

Die Karten der Großen Arkana werden manchmal auch Trümpfe genannt. Die Bezeichnungen sind in den verschiedenen Tarotdecks weitgehend einheitlich, aber es gibt doch einige Unterschiede der Namen der 22 Karten der Großen Arkana. Darauf kommen wir im konkreten Fall noch zurück.

Für die vier Farben der Personen- und der Zahlenkarten verwenden wir die gebräuchlichen Namen (in Klammern alternative Bezeichnungen, die man gelegentlich auch findet):
- Stäbe (Keulen)
- Kelche (Kessel, Blüten)
- Schwerter (Blitze)
- Münzen bzw. Scheiben (Pentakel, Pentagramme)

Diese vier Farben haben mit den vier Elementen zu tun: Feuer, Wasser, Luft und Erde. Die übliche Zuordnung der vier Tarotfarben zu den Elementen ist:
- Stäbe: Feuer (kraftvolles Verändern, Einsatzbereitschaft)
- Kelche: Wasser (weiches Fließen, Anpassungsfähigkeit)
- Schwerter: Luft (klares Denken, Entscheidungsfähigkeit)
- Münzen bzw. Scheiben: Erde (handfestes Spüren, Aufbaufähigkeit)

Wichtig ist der Hinweis, dass Deutungsstichworte, die auf manchen Kartenspielen unter dem Bild abgedruckt sind, meist willkürlich gewählt und vielleicht auch erst später hinzugefügt wurden (zum Beispiel bei der Übersetzung in andere Sprachen). Oft wirken diese Stichworte plakativ, bisweilen starr festlegend und manchmal sogar irreführend. Dazu nur ein Beispiel: 5 der Scheiben heißt bei Crowley im englischen Spiel „Worry" (eigentlich: Sorge). In der deutschen Ausgabe wurde daraus „Quälerei". Die Entscheidungen mancher Künstler und ihrer Auftraggeber, einige Zahlenkarten überwiegend als problematisch oder negativ darzustellen (zum Beispiel die Fünfer und die Zehner), sind heutzutage eher fragwürdig. Leitlinie dieses Buches ist vielmehr die Bemühung um eine psychologische und spirituelle Deutung, welche die Menschen zur Selbstermächtigung führt und ihre eigenen Ressourcen stärkt und aktiviert.

Tarot als Werkzeug für Weisheit und Orakel

Tarot dient sowohl zur gehobenen Unterhaltung als auch als Werkzeug zur geistigen Bewusstwerdung, die Karten werden als Wahrsagekarten und als Orakel gebraucht. Im besten Sinne kann Tarot zu einem tiefgründigen Spiegel der Seele werden, der Selbsterkenntnis und Lebenshilfe reflektiert. Es liegt letztlich jedoch an Ihnen, wie Sie Tarot nutzen! Mögen wir alle bei der faszinierenden Reise in die Bilderwelt des Tarots die Suche nach der persönlichen Lebenswahrheit ins Zentrum unseres Bewusstseins stellen.

In den vielen Jahren, in denen Tarot mich auf meinem Lebensweg begleitet (immerhin schon seit 1981), und in der Arbeit mit Tausenden Menschen, hat sich Tarot als ein geniales Werkzeug für Selbstfindung und Lebensorientierung erwiesen, aber auch als Orakel. Alle Beteiligten erleben magische Momente, wenn ich die Tarotkarten mit der Ausrichtung auf meine innere Weisheit und Führung sowie auf die der Menschen, die sich in meinen Seminaren für ihre eigenen Lebensthemen öffnen und sich damit intensiv beschäftigen, in die Hand nehme. Auf erstaunliche Weise kann Tarot ein neues Licht auf komplexe Lebensumstände werfen. In solchen Momenten spüren alle Anwesenden die Präsenz einer Kraft und Weisheit, die eindeutige Hinweise gibt und jeden Gedanken an etwa nur zufällige Aussagen völlig zerstreut.

Tarot zur Bewusstwerdung innerer Weisheit

Dabei betone ich immer wieder, dass nicht die Tarotbilder uns Antworten geben, sondern dass sie als Spiegel dienen. Sie sprechen eine wissende Instanz in uns an, ich würde sie den „wissenden Kern" nennen. Aus dieser eigenen inneren Quelle kommen letztlich alle wichtigen und wertvollen Impulse und Antworten auf unsere Lebensfragen. Die Tarotkarten können uns also etwas bewusst machen, was wir tief in unserem Inneren bereits wissen! Wir konnten dieses innere Wissen jedoch noch nicht nutzen, solange es uns nicht bewusst war.

Die Tarotbilder regen die Bewusstwerdung des inneren Wissens an und sie stimulieren die Einsichtsfähigkeit in Zusammenhänge. Die lebenshelfenden, die lebensgestaltenden, ja manchmal sogar auch lebensrettenden Hinweise kommen immer häufiger und klarer, sobald wir Tarot nicht nur aus oberflächlicher Neugier befragen, sondern vor allem auch die eigene Fähigkeit entwickeln und einbringen, nach innen zu hören und zu spüren und in Kontakt mit der inneren Weisheit und Wahrheit zu treten.

Das Wunderbare dabei ist, dass ein ernsthafter und vertiefter Umgang mit den Karten genau dieses Gespür, solche intuitiven Fähigkeiten sowie ein sicheres Wissen um die eigene Wahrheit wie von selbst hervorbringt. Je öfter und regelmäßiger wir dieses hilfreiche Werkzeug anwenden, desto sicherer entwickeln wir unsere Fähigkeit, Wesentliches von Unwesentlichem, Tiefe von Oberfläche zu unterscheiden. Dann kann sich emotionales Aufgewühltsein rasch in eine entspannte Klarheit umwandeln.

Dabei können wir uns regelrecht durch alle Schichten von Verwirrung, Angst, Druck, Stress, Getriebenheit oder Unruhe hindurch arbeiten. Schattenbereiche sollten natürlich nicht verdrängt werden, sondern brauchen zunächst einmal unsere liebevolle Beachtung und Zuwendung.

Tarot kann uns helfen, all dies in Liebe und Mitgefühl zu umarmen, sodass wir diese Themen realistisch einordnen und in Wertschätzung annehmen können. Mit der Entspannung, die sich dann einstellt, ziehen immer auch ein tiefer Friede und eine neue Klarheit ein, die uns mit frischem Mut und belebender Kraft erfüllen.

Tarot als Orakel

Hin und wieder werde ich gefragt, inwieweit die Tarotkarten auch genutzt werden können für Hinweise auf wichtige Menschen im eigenen Leben oder auf vergangene oder zukünftige Ereignisse. Solche Fragen zielen auf den Orakel-Aspekt des Werkzeugs Tarot ab.

Da Raum und Zeit auf einer höheren Ebene unseres Bewusstseins nicht existieren, können wir uns natürlich sowohl mit nicht anwesenden Menschen als auch mit vergangenen oder zukünftigen Situationen und Ereignissen verbinden. Sie alle existieren auf einer anderen geistigen Ebene immer schon im Hier und Jetzt. So könnte man die innere Weisheit bitten, mit Hilfe der Tarotkarten etwas über die momentane Qualität einer Beziehung oder über die innere Befindlichkeit eines Menschen zu erfahren.

Das kann uns helfen, bewusst das einzuladen, was dieser Mensch gerade am meisten braucht, zum Beispiel Liebe, Wertschätzung, Vertrauen, Freiraum, Frieden, Harmonie, Geborgenheit und so fort.

Oder wir können an zukünftige wichtige Ereignisse oder Situationen, an Begegnungen und Menschen denken, um zu erkennen, was wir selbst oder die Beteiligten bewusst und unbewusst einbringen, zum Beispiel Liebe oder Angst, Wohlwollen oder Streitsucht, sanfte Offenheit oder Machtstreben, Mitgefühl oder Rechthaberei und so fort. Dies gibt uns die Freiheit, unsere Weichen für die Zukunft bewusst zu stellen, sodass wir aufgeräumt, geklärt und gut vorbereitet in künftige Begegnungen, Prüfungen und Herausforderungen gehen können.

Tarot ohne Grenzen

Grundsätzlich ist zu sagen, dass dem Einsatz des Werkzeugs Tarot keine Grenzen gesetzt sind, allenfalls in unserem eigenen Bewusstsein. Dieses wird sich aber durch Praxis und Übung stetig erweitern und klären. Ich möchte an dieser Stelle einen Hinweis geben, der mir sehr wichtig ist. Es geht dabei um die Motivation unserer Gedanken und unseres inneren Strebens. So wie man mit einem Messer schöne Dinge schnitzen oder ein gutes Essen zubereiten kann, so kann man damit auch töten. Dieses Prinzip gilt für jedes hochkarätige Werkzeug und damit auch für Tarot. Es liegt in der Macht des Menschen, Werkzeuge zu missbrauchen.

Um das im Fall von Tarot auszuschließen, braucht es stets ein aufrichtiges Prüfen der eigenen Motive. Sind unsere Motive rein und wohlwollend, suchen wir nach Wahrheit, sind wir liebevoll? Oder sind unsere Motive möglicherweise geprägt von Hass, Eifersucht, Rechthaberei oder Machtgier? Möchten wir jemanden bekämpfen oder ihm schaden? Oder wollen wir mehr Liebe, Freude, Freiheit und Frieden in diese Welt bringen?

Auch hier könnte man die Tarotkarten zu Hilfe nehmen und fragen: „Ist meine unbewusste Absicht rein und liebevoll, oder ist in meiner Suche und Frage versteckte Angst, unterdrückte Wut oder neidvolle Gier enthalten?" Bereits in der Beschäftigung mit dieser Grund- und Anfangsfrage liegt eine wertvolle Selbsterforschung, die uns in allen Bereichen des Lebens zugute kommt. Jeder Missbrauch unserer geistigen Fähigkeiten führt zu Folgen, die wir früher oder später selbst zu tragen haben.

Freude am Tarot-Spiel

Sind diese grundsätzlichen Fragen geklärt, so kann man den Umgang mit den Karten sowohl meditativ und tief gehend als auch leicht und spielerisch handhaben. Es darf und sollte immer auch Freude und Spaß dabei sein, denn nur Dinge und Tätigkeiten, die uns mit diesen und anderen guten Gefühlen erfüllen, können zu einer regelmäßigen und weiterführenden Praxis in unserem Leben werden. Daher stehen Bereitschaft zur Selbstbegegnung, Entwicklung der Intuition und Entdeckung von Freude am „Lebensspiel" auch an vorderster Stelle bei meiner Tarot-Berater-Ausbildung. Was würde uns kompliziertes Kopfwissen nutzen, wenn nicht auch die Weisheit unseres Herzens aktiviert würde?

2
Wie funktioniert Tarot?

Das Bewusstsein des Fragenden

Ein zeitloses geistiges Gesetz, das für alles Leben in diesem Universum gültig ist, besagt:

Wie oben so unten, wie innen so außen, wie im Kleinen so im Großen.
Gleiches zieht Gleiches an.

Auf uns und auf die Tarotkarten bezogen heißt das: Das Bild jeder Karte hat eine Kraft, eine Ausstrahlung und eine Bedeutung. Wenn wir diese mit uns in Verbindung bringen, z.B. mit einem Bereich unseres Lebens, der uns gerade sehr beschäftigt, so spiegeln der Inhalt und die Qualität eines Tarotbildes exakt den Zustand dieses Lebensthemas.

Nehmen wir einmal an, Sie sind frisch verliebt, wissen aber noch nicht sicher, ob Ihr Wunsch nach Kontakt und Nähe auf Gegenseitigkeit beruht. Natürlich brennen Sie darauf, darüber mehr zu erfahren. Sie nehmen also die Tarotkarten zur Hand, bereiten sich auf die Ihnen gemäße Weise vor und ziehen eine Karte mit der Frage nach der gegenwärtigen Realität Ihrer Verbindung. Kommen nun z.B. die Karte 6, die Liebenden, das As der Stäbe oder die 2 der Kelche, freuen Sie sich vermutlich. Denn alle drei Karten zeigen ein wundervolles Potenzial für Ihre Begegnung. Erscheinen hingegen die Karte 12, der Gehängte, die 7 der Schwerter oder die 8 der Kelche, erhalten Sie einen ernst zu nehmenden Hinweis auf mögliche Blockaden, die es gibt. Dennoch – und das ist sehr wichtig und vielleicht nicht so leicht zu begreifen – legt keine dieser Antworten den weiteren Verlauf Ihrer Beziehung fest!

Bleiben wir bei diesem Beispiel und nehmen nun an, jemand hätte die Karte 6 der Großen Arkana, die Liebenden, für die Begegnung mit seiner neuen Flamme gezogen. Er freut sich zwar, aber gleichzeitig zieht sich etwas in der Magengegend zusammen. Eine Angst vor zu viel Nähe, ein altes Gefühl von Wertlosigkeit machen sich breit. Er zieht sich zurück und vermeidet vorläufig weitere Kontakte. Das vorhandene Liebespotenzial wird erst einmal durch alte, vielleicht sogar unbewusste Ängste überlagert.

Ein anderer Verliebter zieht jedoch die Karte 12 der Großen Arkana, Der Gehängte, und erkennt, dass er Beziehung an sich ganz anders und neu betrachten sollte. Er hat bisher vielleicht eine Tendenz gehabt, den Kontakt mit einem geliebten Menschen zu sehr kontrollieren zu wollen. Jetzt lässt er aber innerlich tief los, öffnet sich dem Willen des Ganzen für sein Leben und übt sich in Geduld und Vertrauen. Durch diesen Bewusstseinsschritt wird der Weg frei für eine Liebesbegegnung, so wie es der Bestimmung beider entspricht.

Diese Beispiele machen uns deutlich, dass es neben der Aussage einer Tarotkarte und der äußeren Lebensrealität eine dritte, alles entscheidende Ebene gibt, nämlich Ihr *Bewusstsein!* Wir haben es letztlich mit folgenden wichtigen Faktoren zu tun:

- *Wie im Kleinen so im Großen* bedeutet in unserem Zusammenhang: Die kleine Tarotkarte spiegelt exakt die momentane Realität im jeweiligen Lebensbereich.

- *Wie innen so außen* heißt, Ihr Bewusstsein, Ihre Gedanken, Gefühle und Überzeugungen bringen ständig die entsprechenden Erfahrungen in Ihrem Leben hervor. Indem die Tarotkarte Ihrem Bewusstsein eine wichtige Information zukommen lässt, unterstützt sie Ihre Bewusstwerdung und hilft Ihnen damit, Ihr Leben glücklicher zu gestalten.
- *Wie oben so unten* deutet auf eine Realität des Lebens jenseits unserer Kontrolle, jenseits allen Wollens, Denkens und Handelns hin. *Oben* heißt so viel wie der Ursprung aller Dinge, die alles durchdringende eine Kraft, die göttliche Fügung, die Bestimmung unseres Lebens oder ganz einfach Gott. Es ist gleichgültig, welche Worte wir dafür benutzen, denn kein Wort ist in der Lage, das Unsagbare zu beschreiben.

Eigentlich sollte es gerade für den gesunden Menschenverstand sehr einfach sein einzusehen, dass das meiste in diesem Universum von ihm nur unzureichend oder gar nicht erfasst werden kann. Wem das noch nicht aufgefallen ist, der hat vielleicht darüber noch nie tiefer nachgedacht und noch nie in diese Richtung gefühlt.

Ihr Bewusstsein, das ganz wesentlich an der Gestaltung Ihrer Lebensrealität beteiligt ist, entfaltet erst in dem Maße seine vollen Potenziale, als es lernt, Informationen sowohl aus der sichtbaren äußeren als auch aus der unsichtbaren inneren Welt aufzunehmen und miteinander in Verbindung zu setzen.

Jedes Mal, wenn Sie Tarotkarten und Tarotbücher benutzen, wird diese Fähigkeit (die wir auch Intuition nennen können) sozusagen ganz nebenbei und ganz spielerisch weiterentwickelt. Die Antennen Ihrer Wahrnehmung werden sich erweitern, und Sie werden Ihr Leben aus immer neuen Blickwinkeln betrachten lernen.

Tarot „funktioniert", weil die Botschaften der Bilder auf das Bewusstsein einwirken, das gleichzeitig sowohl auf die Lebensrealität Einfluss nimmt als auch einen größeren Willen erkennt und sich mit ihm in Einklang begibt. Ein dynamisches Zusammenspiel, welches das Geheimnis eines glücklichen, erfolgreichen und erfüllten Lebens in sich trägt. Ihr Interesse an Tarot ist eigentlich Ihr Interesse an Lebensglück! Dieses Buch soll Sie dabei ein Stück Ihres Weges begleiten.

Das Phänomen der Synchronizität

Eine Überlegung des Schweizer Tiefenpsychologen C.G. Jung soll hier kurz angesprochen werden. Jung hat als Erster darauf hingewiesen, dass es ein Phänomen der Verbindung zwischen Ereignissen gibt, die gleichzeitig stattfinden. Er sprach in dem Zusammenhang von Synchronizität. Die Gleichzeitigkeit ist genauso aussagekräftig wie das Gesetz von Ursache und Wirkung, die Kausalität; manchmal sogar noch mehr.

Jung hat festgestellt, dass Zeitabschnitte eine eigene „Qualität" besitzen. Wenn zwei Dinge gleichzeitig stattfinden, dann sind sie nicht ursächlich-kausal, sondern zeitlich miteinander verknüpft und werden durch die Qualität dieses Zeitabschnittes ähnlich „gefärbt".

Während Sie an Ihre Frage denken, ziehen Sie eine Tarotkarte. Die Karten „machen" nichts von sich aus, sondern zeigen lediglich etwas an. Die Bilderkarten des Tarots lassen daher, so Jung, Analogien und Rückschlüsse zu im Hinblick auf das Thema, mit dem Sie sich während der Auslegung beschäftigen. Insofern sind die Tarotkarten keineswegs etwa Verursacher von irgendetwas, sondern lediglich Anzeiger, ähnlich wie Uhren keine Zeit „machen", sondern sie nur anzeigen.

3
Gebrauchsanleitung für dieses Buch

Einsatzbereiche des Tarots

Man kann Tarot in drei großen Bereichen einsetzen:
- Tarot als Hilfe, um Ziele, Wünsche, Entwicklungsmöglichkeiten und Potenziale besser zu erkennen.
- Tarot als Spiegel des eigenen Bewusstseins und der spirituellen Entwicklung.
- Tarot als Orakel, um mögliche Ergebnisse in bestimmten Angelegenheiten selbst zu erspüren.

Die Deutungen in diesem Buch gelten für alle Tarotdecks, wenngleich aus Platzgründen nur die Karten der drei bekanntesten Decks – Rider-Waite, Crowley und Tarot de Marseille – abgebildet sind. Einen Eindruck von weiteren Tarotdecks finden Sie ab Seite 193. Bei der Benennung folge ich dem Rider-Waite-Tarot, denn es ist das am meisten verkaufte. Die Deutungen der einzelnen Karten gelten aber natürlich auch für die entsprechenden Karten aus anderen Decks. In einem Punkt allerdings bin ich dem Rider-Waite-Tarot nicht gefolgt: Bei den Großen Arkana des Rider-Waite-Tarots ist, abweichend von der traditionellen Reihenfolge, die Kraft auf Position 8 und die Gerechtigkeit auf Position 11. Ich halte es in diesem Buch aber wie die meisten Tarotdecks mit der ursprünglichen Version, weil sie mir sinnvoller erscheint, nämlich Gerechtigkeit auf Position 8 und Kraft auf Position 11.

Es gibt keine „schlechten" oder „bösen" Karten. Jede Karte hat ihre ganz spezielle Energie und Aufgabe. Karten können z.B. mehr die Yin-Qualitäten, andere die Yang-Qualitäten betonen (Yin ist das empfangende, Yang das aktiv-schöpferische Prinzip). Wenn Sie sich vertrauensvoll der inneren Stimme öffnen, wirkt das Tarot wie ein Sprachrohr der Seele. Die Bilder fangen buchstäblich an, zu Ihnen zu sprechen. In Situationen des Zweifels, der Unentschlossenheit oder der Not kann das Tarot Ihnen helfen, Klarheit über die jeweilige Situation zu gewinnen. Es zeigt, wie Sie sich im Inneren wirklich fühlen, auch wenn Sie zunächst gewisse Aspekte vielleicht nicht annehmen wollen (oder können), obwohl sie eine Realität in Ihnen sind. Es hilft Ihnen, offener und wachsamer zu sein und sich selbst in einem neuen Licht zu sehen. Das Tarot bringt eventuell eine Botschaft über eine neue Lebensaufgabe, oder es macht Sie darauf aufmerksam, welche inneren Bereiche, Themen oder Probleme verstärkt Ihre Aufmerksamkeit benötigen.

Ein guter „Tarotreader", also ein Tarotdeuter bzw. eine Tarotdeuterin, spiegelt Ihnen genau den Zustand wider, in dem Sie sich im Inneren befinden. Das stärkt das Vertrauen in Ihre innere Stimme. Das Tarot kann intuitiv erspürt werden, seine Aussagen treffen fast immer ins Schwarze. Wir können über unser Unterbewusstsein Kontakt auf tieferen Ebenen mit uns selbst herstellen. Wenn Sie möchten, können Sie zum Beispiel damit beginnen, eine Tageskarte zu ziehen, die Ihnen Auskunft über Ihre innere Schwingung gibt und darüber, welches Thema wichtig für den Tag sein könnte.

Alles kommt aus Ihnen; die Karten selbst verfügen über keine magischen Energien, die man fürchten müsste. Im Gegenteil, sie repräsentieren die Archetypen in uns, die sich unser ganzes Leben lang in der einen oder anderen Form in uns und um uns manifestieren werden. Es ist gut, mit der eigenen Lebensaufgabe in Kontakt zu kommen, um nicht weiter Energien in sinnlosen Spielen zu verlieren. Durch die Einsichten, die das Tarot bringen kann, erweitert sich gleichzeitig unser innerer Horizont, also unser Bewusstsein.

Sie können sich selbst oder auch Freunden mehr Klarheit verschaffen, wenn Sie das Abenteuer Tarot zwar ernsthaft angehen, aber immer mit einer Prise Humor. Wenn zum Beispiel die gefürchtete Karte Teufel erscheint, geraten Sie bitte nicht gleich in Panik! Die Karte erinnert vor allem an Bindungen, Abhängigkeiten und Suchtmuster und zeigt nicht etwa an, dass der leibhaftige Satan gerade vor der Haustür stünde. Wenn die Karte Tod auftaucht, bedeutet das nicht ein physisches Sterben von irgendjemandem. Vielmehr geht es um inneren Abschied, Großreinemachen, eine tief greifende Transformation, Neubeginn oder die Aufforderung, etwas Altes loszulassen.

Wofür wir Tarot nicht einsetzen sollten

Zu den Chancen des Tarots zählt die Tatsache, dass Bilder uns oft tiefere Einblicke und ganz neue Perspektiven erlauben, als wenn wir nur mental und rational Themen und Probleme diskutieren würden. Bilder lösen Assoziationen aus, an die wir vielleicht noch gar nicht gedacht haben. Es scheinen neue Wege auf, Antworten auf Fragen zu finden.

Grenzen sind uns dahingehend gesetzt, dass man Tarot nicht benutzen sollte, um bei Krankheiten medizinische Antworten über Diagnose und Therapie zu finden. Man sollte die Tarotkarten auch nie dazu verwenden, um etwas über den Tod eines Menschen herauszufinden oder gar den Tod vorauszusagen. Das ist nicht nur praktisch immer falsch, sondern wäre auch höchst unverantwortlich und unethisch.

Dann ist zu bedenken, dass Tarot erfahrungsgemäß keine lang währenden Zeitspannen erfasst, sondern einige Tage, Wochen oder Monate. Eine Ausnahme scheint die so genannte Lebenskarte darzustellen.

Nicht zuletzt sei darauf hingewiesen, dass Tarot eine wunderbare Methode der Charakter- und Schicksalskunde darstellt, jedoch weder die einzige noch die allein gültige. Kein Hilfsmittel kann die Ganzheit unseres wunderbaren Lebens völlig widerspiegeln oder abbilden.

Tarot ersetzt keinesfalls Innenschau, Meditation und geistige Verantwortung, vor allem auch nicht das eigenverantwortliche Denken, Fühlen und Handeln!

4
Die 22 Karten der Großen Arkana

Archetypen und Stationen

Die Karten der Großen Arkana, auch Seelenkarten, Hauptkarten oder Trümpfe genannt, zeigen die Bereiche im Leben an, auf die wir unsere Aufmerksamkeit ganz besonders richten sollen, da sie eine neue Lernphase oder den nächsten Lebensschritt ankündigen bzw. unerfüllte Lebensthemen oder ungelöste Grundprobleme symbolisieren. Diese Karten sind Wegweiser zum Lebenssinn zwischen Schicksal und Zufall, Karma und Freiheit. Es sind archetypische Qualitäten und Prinzipien, wichtige Stationen und bedeutende Kräfte, die für unsere Orientierung eine wesentliche Rolle spielen. Es sind Sinnbilder von Hoffnungen und Ängsten, von Idealen und Möglichkeiten, von Selbstverwirklichung und kosmischem Erkennen.

Die 22 Karten der Großen Arkana zeigen die archetypischen Stationen während der Lebensreise jedes Menschen auf, vom Magier (Karte 1) bis zur Welt bzw. zum Universum (Karte 21) und zum Narren (Karte 0 bzw. 22). Jeder Mensch erlebt Gestalten, die wie Herrscherin und Herrscher sind (Karten 3 und 4). Jeder Mensch erfährt den Drang, kreativ tätig zu sein wie der Magier oder ungebunden wie der Narr, in Verbundenheit mit der inneren Weisheit wie die Hohepriesterin (Karte 2) oder im Einklang mit dem Kosmos wie der Stern (Karte 17).

Wenn man diese Betrachtungsweise annehmen möchte, dann wird die Deutung der Karten der Großen Arkana zu einer Hilfe, die eigenen Lebensstadien und archetypischen Kräfte, die den fraglichen Lebensabschnitt bestimmen, besser zu verstehen. Dann wird man den Hierophanten (Karte 5) nicht unbedingt als konkreten spirituellen Meister auffassen und die Mäßigkeit bzw. Kunst (Karte 14) nicht als reale Engelmanifestation. Vielmehr begreifen wir, dass hier wesentliche Aspekte unseres Selbst aufscheinen, dass wir es mit inneren Eigenschaften, Fähigkeiten und Entwicklungsprozessen zu tun haben. Sie wollen meist erkannt, wertgeschätzt und integriert werden, damit wir weiter voranschreiten können – voller Zuversicht und Lebensfreude.

Lesehilfe

Auf den Deutungsseiten zu den 22 Karten der Großen Arkana finden Sie die folgenden Einträge.
- **Grundsymbole:** Kurze Beschreibung der Symbole, die für die jeweilige Karte praktisch bei allen Tarotdecks zum Bildinhalt gehören.
- **Kernaussagen:** Prägnante Deutungen der wesentlichen Aspekte einer Karte.
- **Liebe / Beziehung:** Hier finden Sie Hinweise zur Deutung der jeweiligen Karte für die Bereiche Liebesbeziehung, Ehe und Lebenspartnerschaft.

- **Familie / Kinder / Eltern:** In dieser Rubrik geht es um die Beziehung zu den eigenen Eltern, zu den eigenen Kindern und zur Familie allgemein.
- **Beruf / Erfolg / Geld:** Deutungen an dieser Stelle beziehen sich nicht nur auf die Arbeit bzw. den Job, sondern auch auf unbezahltes Wirken im sozialen Umfeld.
- **Kreativität / Selbstverwirklichung / Spiritualität:** Deutungen hier sind Angebote sowohl für den Bereich der „klassischen" Spiritualität als auch für das weite Feld von Selbsterfahrung sowie künstlerischer oder anderweitig schöpferischer Tätigkeit.
- **Herausforderungen und Entscheidungen:** In dieser Rubrik geht es um Hilfen und Hinweise im Fall von Krisen.
- **Inspiration:** Hier geht es um Impulse für die nächsten Entwicklungsschritte, auch wenn Aufgaben noch unklar sind, wenn Herausforderungen noch nicht auftreten und wenn Entscheidungen noch nicht anstehen.
- **Station der Seelenreise:** An dieser Stelle werden Sie eingeladen, auch visuell innezuhalten und sich auf die Station auf Ihrer Seelenreise einzulassen, welche die jeweilige Tarotkarte Ihnen spiegelt.
- **Numerologie:** Jede Karte hat einen eindeutigen numerologischen Wert, der hier gedeutet wird.
- **Astrologie:** Die Zuordnungen von Tarotkarten zu Planeten und Tierkreiszeichen weichen je nach Autor teils weit voneinander ab. Sie finden in dieser Rubrik eine Zuordnung, die uns sinnvoll erscheint.
- **Farben und Steine:** Ähnlich wie bei den astrologischen Zuordnungen sind die Zuordnungen von Farben und Steinen zu Tarotkarten keinesfalls immer einheitlich und eindeutig. Betrachten Sie die Eintragungen an dieser Stelle einfach als einen Impuls, als eine mögliche Sicht unter anderen genauso stimmigen Sichtweisen.
- **Lebenskarte:** Ein für Ihr Leben wichtiges Thema wird hier gedeutet.
- **Jahreskarte:** Hier steht die Deutung für die Tarotkarte eines bestimmten Lebensjahres.
- **Beziehungskarte:** Diese Rubrik enthält die Deutung für das Wesen der Beziehung zwischen zwei Menschen.
- **Schattenaspekt:** An diesen Themen gilt es, bewusst zu arbeiten.
- **Entwicklungsziel:** Ein Ausblick in die mögliche Zukunft.
- **Fragen zum nächsten Schritt:** Diese sollen Ihnen helfen, sich noch klarer darüber zu werden, wo Sie stehen.

Wie man Lebens-, Jahres- und Beziehungskarten herausfindet, können Sie ab Seite 191 nachlesen.

Vom Narren bis zur Welt

0 DER NARR
Herzensruf, Quantensprung, Ungebundenheit

Grundsymbole
Im Rider-Waite- und im Tarot de Marseille geht ein junger Mann im Narrengewand und mit einem kleinen Bündel am Stock einen ungewissen Weg entlang. Im Rider-Waite-Tarot ist er vielleicht gerade dabei, über eine Klippe zu spazieren. Ein kleiner Hund springt ihm um die Füße. Die Sonne scheint ihm von oben auf den Rücken. Bei Crowley blickt uns der Narr geradewegs an. Der kleine Hund ist hier ein kleiner Tiger. Der Narr ist umgeben von der Fülle der irdischen Schöpfung.

Kernaussage
Dem Ruf des Herzens folgen, echte geistige Freiheit, Bereitsein für einen Quantensprung. Der suchende oder der weise Mensch, je nach Bewusstseinsstand. Die ungebundene oder die bindungsunfähige Person, entsprechend der geistigen Wachheit. Der Narr legt Schwächen von Tradition und Dogma offen, er befreit von bloßen Konventionen. Allerdings: Ist das eine echte Befreiung oder nur eine kindliche Trotzhaltung? Auf jeden Fall kommt jetzt eine Zeit der Lösung aus üblichen Zwängen.

Rider-Waite

Crowley

Tarot de Marseille

Liebe / Beziehung
Der Narr zeigt das unbeirrbare Befolgen der inneren Wahrheit, das uneingeschränkte Ja zum Ruf des eigenen Herzens. Dadurch gelingt der große Sprung in den vollen Liebesausdruck, der gleichzeitig auch ein innerer Quantensprung zur eigenen Verwandlung und Befreiung von Angst sein kann. Wir sind aufgefordert, uns für ganz neue, durchaus auch unkonventionelle Liebesbegegnungen zu öffnen, in denen die Liebe und Anziehung uns führt und erstaunliche Erfahrungen und Erfüllung schenkt. Gewähren Sie sich selbst die Freiheit, die Ihnen ganz natürlich zusteht. Lassen Sie sich ruhig einmal auf gewisse vermeintliche Risiken ein, und seien Sie bereit, übernommene und selbst auferlegte Grenzen bewusst zu überschreiten.

Familie / Kinder / Eltern

Abschied von alten Strukturen, denen man keine Träne nachweinen muss. Es geht darum, das Leben in die eigenen Hände zu nehmen und auf einem eigenen Weg voranzugehen. Das kann in guter Freundschaft mit der Familie geschehen, aber nicht von ihr offen oder versteckt vorgezeichnet oder sogar festgelegt. Veränderungen, die befreiend wirken, um einen eigenen Weg zu finden, sind zum Beispiel neue Hobbys oder Reiseziele, vielleicht auch neue Bilder oder Möbel oder Wandfarben. Wesentlich ist, dem Leben die Zügel freizugeben und den Dingen freien Lauf zu lassen. So wird das Leben für alle leichter und wir gehen ungezwungener und freundschaftlicher miteinander um. Dazu muss man sich selbst und anderen wahre innere und echte äußere Freiheit erlauben. Und das erfordert, alte Muster zu lösen und abzustreifen.

Beruf / Erfolg / Geld

Wenn Sie dem Ruf Ihres Herzens folgen, ist Ihnen echter Erfolg gewiss. Es kann sein, dass sich der zunächst nicht zählbar in Geldscheinen oder auf dem Bankkonto niederschlägt. Wenn Sie sich aber für alle Erfahrungen des Lebens öffnen, gewinnen Sie jenes Vertrauen, dass wahre Fülle und echter Reichtum Sie immer begleiten werden. Und wenn Sie dann wirklich einen neuen Sprung ins volle Leben wagen, können die erstaunlichsten Wunder geschehen, die unerwarteten Erfolg mit sich bringen, auch messbaren.

Kreativität / Selbstverwirklichung / Spiritualität

Indem wir dem Ruf unseres Herzens folgen, entwickeln sich die in uns angelegten Potenziale. Jetzt ist es an der Zeit, sich von konventionellen Vorstellungen und engstirnigen Mustern zu befreien. Wir sollten bereit sein, völlig neue Wege zu beschreiten. Wahre Freiheit ist ein Grundaspekt unseres ursprünglichen Seins. Indem wir zutiefst erkennen, dass wir immer frei sind, können wir innere Fesseln sprengen und den Raum einnehmen, der uns ganz natürlich zusteht. Ein Leitsatz für den Narren könnte lauten: „Es muss nicht immer Karma sein." Damit ist vor allem die Befreiung von zwanghaften Denkmustern gemeint, die uns erst suggerieren, dass wir fixiert wären.

Herausforderungen und Entscheidungen

Die Situation fordert jetzt eine ungewöhnliche Antwort. Haben Sie den Mut, gegen den Strom zu schwimmen. Was richtig und stimmig für Sie ist, kann für andere völlig verrückt aussehen. Es ist jedoch wichtiger, sich selbst treu zu sein und zu bleiben, als zu versuchen, Erwartungen anderer zu erfüllen.

Inspiration

Was wirklich zählt, ist dieser Augenblick im Hier und Jetzt und die Präsenz, Ihre ganze „Anwesenheit", mit der Sie diesen Augenblick füllen. Wahre Freiheit bedeutet eine wachsende Unabhängigkeit von äußeren Einflüssen. Sie entsteht aus einer inneren Stärke, die nicht unbedingt versucht, anderen zu gefallen.

Ich öffne mich der inneren Führung und bin zur Veränderung bereit.

Station der Seelenreise

Spüren Sie nach innen, um Gewissheit zu erfühlen, dass jeder Augenblick Sie mit allem versorgt, was Sie für Ihre Lebensreise und für Ihre Seelenreise brauchen. Äußere Sicherheiten entstehen erst dann, wenn wir innerlich sicher spüren und wissen, dass wir immer auf vollkommene Weise geführt werden. Sie sind in einer Phase der völligen Offenheit.

Vom Narren bis zur Welt

Numerologie
Diese Karte hat entweder keine Zahl oder die 0, manchmal auch die 22, denn der Narr kann sowohl am Beginn als auch am Ende des Entwicklungsprozesses, wie ihn die Großen Arkana darstellen, stehen. Als unbewusster Mensch weiß der Narr noch nichts vom Leben, als bewusster Mensch hat er sich jedoch vom Leben in Scheinwelten, von äußerlichem Besitzstreben, von Machtansprüchen usw. gelöst. Die 0 steht für völlige Offenheit.

Astrologie
Der Planet Uranus: unerwartete, plötzliche Wendungen, Entwicklungen und Begebenheiten. Uranus gilt als „höhere Oktave" des Planeten Merkur (siehe Magier). Uranus vermittelt die Gabe der Intuition, eines Gefühls, geführt zu werden, und der Fähigkeit, sich auch sofort auf völlig unerwartete neue Situationen gut einstellen zu können. Starkes Freiheitsbedürfnis.

Farben
Aquamarinfarben, weißgelb, Funkenblitze

Steine
Citrin, Karneol

0

Der Narr als ...

... Lebenskarte
In diesem Leben geht es darum, unkonventionelle Wege zu gehen und konsequent sowie kompromisslos dem Ruf des Herzens zu folgen. Erspüren Sie also immer tief Ihr innerstes Herz.

... Jahreskarte
In diesem Lebensjahr können Sie entscheidende Schritte in eine neue Freiheit und Unabhängigkeit tun, sich von altem Ballast erleichtern und unnötige Begrenzungen überschreiten.

... Beziehungskarte
In dieser Beziehung sollten beide Partner bereit sein, ungewöhnliche Wege zu gehen und auch solche Erfahrungen zu machen, die nicht der üblichen Norm entsprechen.

Schattenaspekt
Wenn unsere innere Führung dazu einlädt, einen Sprung ins Unbekannte und Ungewisse zu wagen, gibt es oft zwei Gefahren. Die eine ist, weit über das Ziel hinauszuschießen, die andere, sich nur halbherzig oder gar nicht weiterzuentwickeln. Im ersten Fall muss man mehr Realismus bewahren, im zweiten die falschen materiellen Sicherheiten hinterfragen.

Entwicklungsziel
Lernen, mit Grenzen zu spielen, sie nicht als endgültig anzusehen. Die Bereitschaft entwickeln, Risiken einzugehen, im Bewusstsein, dass das Leben immer trägt. Ebenso gehört zu den Entwicklungszielen des Narren, Abgründen ins Auge zu schauen, eigenen inneren oder fremden äußeren. Freiheit in Verantwortung, Ungebundenheit, jedoch nicht Bindungsunfähigkeit.

Fragen zum nächsten Schritt
- Wonach sehnen Sie sich?
- Was bedeutet es für Sie, ganz Sie selbst zu sein?
- Was würde in Ihrer jetzigen Lebenssituation einem Quantensprung gleichkommen?

I DER MAGIER
Kommunikation, Intuition, Offenheit

Grundsymbole
Eine männliche Gestalt mit vier besonderen Gegenständen: Kelch, Schwert, (Zauber-)Stab und Münze bzw. Scheibe. Meistens liegen diese Gegenstände auf einem Tisch, beim Crowley-Tarot „fliegen" sie mit dem Magier in der Luft. Sie symbolisieren die vier Elemente, aus denen alle irdischen Formen bestehen. Hut oder Kopfschmuck weisen die Form der Lemniskate auf, einer liegenden Acht, die für Unendlichkeit und stetigen Energiefluss steht.

Kernaussage
Wille zur Gestaltung, Kreativität, Abenteuerfreude, Mut, Anfang einer neuen Lebensphase. Anscheinend magische Einflüsse kommen in das Leben des Fragestellers. Vielleicht wartet eine neue Arbeit oder Herausforderung. In der Partnerschaft erfährt man jetzt neue Tiefe und auch Zauberkraft, oder eine neue Beziehung fängt an, Form zu gewinnen. Kommunikation, Meisterschaft im Austausch. Es kommt dabei auf Ihre eigene Kompetenz und Fertigkeit an!

Rider-Waite   Crowley   Tarot de Marseille

Liebe / Beziehung
Alles ist jetzt in Ihrer Liebesbeziehung möglich! Der Magier zeigt an, dass Sie das volle Potenzial der vielen Bereiche Ihres Miteinanders voll ausschöpfen können. Sie sind nun eingeladen, sich auf allen Ebenen leicht und spielerisch ganz neu zu entdecken und kennen zu lernen. Auch in der Sexualität können vielfältige Varianten des Liebesaustausches erfahren werden. Die Liebe zweier Menschen setzt den vollen Ausdruck Ihrer schöpferischen Möglichkeiten frei. Indem man sich dafür öffnet, andere Menschen an der Liebesverbindung teilhaben zu lassen, wird diese noch erfüllender und beglückender.

Vom Narren bis zur Welt

I

Familie / Kinder / Eltern
Es geht darum, dass sich die Familienmitglieder nach ihren besonderen persönlichen Gaben und Vorlieben einbringen können, um Fähigkeiten zu verwirklichen und eigene sowie gemeinsame Ziele zu erreichen. Welche elementare Energie aus dem symbolträchtigen Instrumentarium des Magiers entspricht dem am besten? Mit welchen Elementen kommt man selbst am besten zurecht: mit Feuer, Wasser, Erde oder Luft, also Stäben, Kelchen, Münzen bzw. Scheiben oder Schwertern? Nur wenn die Einzelnen ihre eigene Form des Wirkens finden und einbringen können, lassen sich die Ziele realisieren. Lust an der Entwicklung neuer Ideen sowie ein inspirierter Einsatz, um sie zu verwirklichen. Wer sich lebhafter auszudrücken versteht, gibt in der Familie vermutlich auch den Ton an. Äußerlich manifestieren, was man innerlich spürt.

Beruf / Erfolg / Geld
Wir sind die Schöpfer unseres Lebens. Im Einklang mit unserem wahren Selbst sind alle Erfahrungen unseres Lebens Bestandteil unseres inneren Reichtums. Seien Sie sich dieses Reichtums bewusst und teilen Sie ihn mit anderen. Alles, was Sie im Leben anstreben, entspringt einer unerschöpflichen inneren Quelle. Damit können Sie auch äußeren Wohlstand manifestieren, so wie Sie ihn möchten und brauchen.

Kreativität / Selbstverwirklichung / Spiritualität
Es ist jetzt die richtige Zeit, um uns frei, offen und ehrlich mitzuteilen. Wir brauchen unser Licht nicht unter den Scheffel zu stellen. Stattdessen dürfen wir uns selbstbewusst und ohne falsche Hemmungen zeigen. Indem wir anderen unsere Fähigkeiten und Talente zur Verfügung stellen, werden sie auf uns aufmerksam und schenken uns Beachtung und Anerkennung. Wir erleben wachsende Erfüllung im kreativen Ausdruck unserer Liebe und Freude. So können wir nicht nur unser Leben erfüllen, sondern auch das anderer Menschen bereichern.

Herausforderungen und Entscheidungen
Entscheidungen treffen und Herausforderungen meistern, ist das Lebenselixier des Magiers. Setzen Sie alle Ihre Fähigkeiten für eine offene, warmherzige Kommunikation ein. Wenn Sie Herz und Kraft nicht zurückhalten, können Sie auch alles meistern. Der Magier geht den Weg der höchsten Intensität, weil er so am meisten lernt und wächst.

Inspiration
Unsere Bereitschaft, zu geben und zu teilen, aber auch die Möglichkeiten des Lebens zu empfangen, bestimmt die Qualität unseres Lebens. Je mehr wir geben, desto mehr fließt auch zu uns zurück. Das gilt besonders für den Bereich der Kommunikation: Wie können wir Lebensfreude mitteilen und andere besser verstehen?

Ich verbinde mich mit den Kräften der Quelle und nutze sie kreativ.

Station der Seelenreise
Sie werden sich bewusst, dass Sie alle Kräfte und Mittel zur Verfügung haben, um kreativ zu wirken. Information und Kommunikation spielen jetzt eine besonders große Rolle. Seien Sie ein Kanal oder Instrument für die Kraft der schöpferischen Liebe und der Lebensfreude, die Sie auf ihre ganz eigene Art hier auf der Erde manifestieren. Sie begegnen Ihrem Animus, der Yang-Kraft.

Numerologie

Die Zahl 1 enthält alle Kräfte und ist die Ursache all dessen, was zum Ausdruck kommt. Neubeginn, Aufbruch, Primärenergie, Individuation, Unabhängigkeit, (Führungs-)Wille, Erfolg, Originalität, Yang, das männliche Prinzip, der Pionier – originell, unabhängig, dominant. Die Zahl des Urgrundes. Weitere Stichworte sind: Kraftvoll, erfinderisch, mutig, visionär, ehrgeizig.

Astrologie

Der Planet Merkur: schnelle Auffassungsgabe und gute Kommunikation. Der schnelle kleine Planet und seine Beziehung zu anderen Faktoren zeigen die Art und Weise an, wie wir denken und sprechen. Die Fähigkeit, Impulse und Informationen intuitiv aufzunehmen und umzusetzen, ist besonders gut entwickelt. Ruhelosigkeit, zumindest sensible feine Antennen.

Farben
Gelbtöne

Steine
Türkis, blauer Chalzedon

Der Magier als ...

... Lebenskarte
Potenzial zu Genialität. Die Fähigkeit, die schöpferischen Elemente sinnvoll zu handhaben, ist ein Entwicklungsziel, Kommunikation eine wesentliche Gabe.

... Jahreskarte
In diesem Jahr werden Sie neue Ideen empfangen und neue Fähigkeiten entwickeln. Flexibilität auf vielen Ebenen und offene Kommunikation sind Grundlagen dafür.

... Beziehungskarte
Heiterkeit, Leichtigkeit und spielerische Lebensfreude bestimmen diese Beziehung (oder können es zumindest, wenn beide Partner dazu bereit sind). Garant dafür ist die offene Kommunikation.

Schattenaspekt
Wer sich selbst für erleuchtet oder auf andere Weise ganz besonders hält, neigt zu Eitelkeit und Selbstüberschätzung. Ein solcher Mensch würde auch nichts dabei finden, andere zu benutzen und zu manipulieren. Eine weitere Schattenseite des Magiers wäre das Steckenbleiben in Wünschen, ohne die Mittel und die Beharrlichkeit einzusetzen, sie auch zu verwirklichen.

Entwicklungsziel
Transformation und Freiheit sowie die Weisheit des Herzens zählen zu den Entwicklungszielen des Magiers. Ebenso, die Verantwortung zu erkennen und anzunehmen, die jeder Mensch schon aufgrund seines irdischen Lebens trägt, und um wie viel mehr ein Mensch, der bewusst Kräfte der Kreativität und Kommunikation einsetzt, um die Wirklichkeit aktiv zu gestalten.

Fragen zum nächsten Schritt
- Wenn Sie die Menschen in Ihrer Umwelt beobachten: Wer entspricht dem Typus eines Magiers am ehesten? Und was könnten Sie von ihm bzw. ihr lernen?
- Was möchten Sie gerne anderen Menschen mitteilen?
- Auf welche Weise werden Sie Menschen mit dem beschenken, was Sie als schöpferisch betrachten und was Ihnen Freude macht?

II DIE HOHEPRIESTERIN
Innere Weisheit, Intuition, heilende Kräfte

Grundsymbole
Eine Frau sitzt auf einer Art Thron, oft hinter einem Schleier bzw. zwischen zwei Säulen, mit einer Krone auf dem Kopf bzw. Mondsicheln, Hörnern gleich, und einer Kugel dazwischen. In der Hand hält sie in manchen Tarots ein Buch oder eine Schriftrolle. Sie trägt ein helles, wallendes, teilweise transparentes Gewand.

Kernaussage
Hier geht es um Unabhängigkeit und Kontakt mit intuitiven Fähigkeiten, denen Sie absolutes Vertrauen schenken können. Das Wahrnehmen und die Verbindung mit der inneren Stimme, der inneren Führerin und Heilerin äußert sich in Selbstverantwortung und Selbstvertrauen. Die Hohepriesterin ist eine der stärksten Karten für Balance, Ausgleich und Harmonie. Außersinnliche Wahrnehmung, Hellsichtigkeit, kreative Visualisation, Empathie im Einklang mit kosmischen Gesetzen.

Rider-Waite

Crowley

Tarot de Marseille
(Hier: Die Päpstin)

Liebe / Beziehung
Die Hohepriesterin betont den spirituellen Aspekt einer Beziehung. Sie verkörpert die Verbindung Ihres Bewusstseins zum Grenzenlosen. Sie fühlen tiefe Seelenverwandtschaft mit dem Partner bzw. der Partnerin und eine besondere Aufgabe, die Sie zusammengeführt hat. Sie sehen den Partner nicht mehr nur als sexuellen Gegenpol, sondern in seiner Ganzheit. In der Beziehung geht es nicht nur um die Erfüllung persönlicher Bedürfnisse, sondern um inneren Reichtum und Reife im Miteinander. Auch wenn es ungeklärte Themen oder Probleme gibt, spüren Sie, dass Sie auf einer geistigen Ebene tief verbunden sind. Sie wissen intuitiv, dass Ihre Energien sich nie ganz trennen werden. Freiheit und Freundschaftlichkeit treten in den Vordergrund. Voraussetzung dafür ist, dass Sie Ihre eigenen männlichen und weiblichen Anteile in sich mehr und mehr erfüllen. Es geht hier vor allem um die Yin-Kräfte einer Beziehung.

Familie / Kinder / Eltern

Zu welchem Menschen spüren Sie eine besondere Verbindung auf einer höheren Ebene? Geben Sie dieser Beziehung nun mehr Raum und Zeit. Geben Sie sich aber auch selbst Raum und Zeit, wenn Sie das Bedürfnis danach spüren. Damit entscheiden Sie sich nicht gegen eine Beziehung, sondern für die Erfüllung durch reife und gelassene Ebenbürtigkeit und eine feste Erdung der Partner in sich selbst. So können Sie sich gegenseitig dabei unterstützen, sich noch mehr zu entfalten und Ihre intuitiven Fähigkeiten noch besser zu erkennen und zu nutzen. Auch in Zeiten, in denen Sie durch große Entfernungen voneinander getrennt sind, können Sie geistig, seelisch bzw. telepathisch in Verbindung stehen. Sie können sich auch gegenseitig helfen und den Kontakt zur inneren Führung und Heilung vertiefen.

Beruf / Erfolg / Geld

Erfolg, berufliche Anerkennung und ein stimmiger finanzieller Verdienst hängen von Ihrer Bereitschaft ab, sich der Fülle des Universums zu öffnen und auf die Resonanz zu den kosmischen Gesetzen zu vertrauen. Das ist der erste Schritt. Der zweite ist, dass Sie Ihre Gaben und Fähigkeiten anderen Menschen zur Verfügung stellen und sich aktiv einbringen. Hören Sie auf Ihre Intuition, wenn es darum geht, sich für eine Stelle zu bewerben, eine Ausbildung zu machen, ein Projekt oder Produkt anzugehen, es zu erzeugen bzw. zu verkaufen.

Kreativität / Selbstverwirklichung / Spiritualität

Jetzt ist eine gute Zeit, dass Sie sich für das Leben öffnen, dass Sie Ihre Sensibilität leben. Sie können sich für Inspirationen und intuitives Spüren öffnen und sind in der Lage, Ihre Impulse und Talente, Ihre Pläne und Projekte mit anderen Menschen zu teilen. Jetzt können Sie auch Ihre Selbsterkenntnis erweitern und ebenso anderen Menschen dabei helfen. Ihre Situation verlangt Ihr achtsames Einfühlungsvermögen. Bilder und Gedanken, die Sie jetzt als Eingebungen empfangen, sind keine Einbildungen, sondern echte Wegweiser.

Herausforderungen und Entscheidungen

Eine Situation erfordert all Ihre Intuition und Weisheit. Vertrauen Sie der Klarheit und Kraft Ihres inneren Wissens und lassen Sie sich davon unbeirrt leiten. Verbinden Sie sich mit der inneren Quelle von Heilung und Kreativität. Lassen Sie Unwesentliches beiseite und stellen Sie sich in den Dienst eines lichtvollen Lebens.

Inspiration

Werden Sie sich Ihrer eigenen verborgenen Göttlichkeit bewusst und nehmen Sie immer deutlicher wahr, dass sie eine innere Quelle ist, aus der Sie jederzeit schöpfen können. Suchen Sie einen stillen See oder einen ruhigen Fluss auf, so oft es möglich ist. Meditieren Sie am Wasser und lernen Sie von ihm.

Ich vertraue meinem inneren Wissen und setze es praktisch ein.

Station der Seelenreise

Begegnung mit der Anima, dem Archetyp der weiblichen Kraft, der Schöpferin, der Gaia, der Urmutter, auf der spirituellen Ebene. Als vermeintlich „dunkle" Seite kann man die Lilith nennen, die jedoch in Wahrheit die „verborgene Kraft der Anima" darstellt. Wenn Sie diese Karte ziehen, sollen Sie nach weisen Frauen Ausschau halten – nach einer eigenen inneren weisen Frau oder nach einer weisen, gütigen Lehrerin.

Vom Narren bis zur Welt

II

Numerologie
Die 2 steht für Dualität. Es geht hier um die Begegnung der eigenen inneren Frau bzw. der archetypischen Anima mit dem Universum. Das Endliche und das Unendliche bilden das Prinzip aller Schöpfungsformen. Auch: Begegnung, Beziehung, Zusammenarbeit (oder Konfrontation), Yin-Kraft, tiefe Einsicht. Sensibel, überzeugend, vorsichtig, einfühlend. Polarität oder Entzweiung.

Astrologie

Mond. Die Hohepriesterin ist wie der Mond Spiegel für ein starkes Licht. Intuition, übersinnliche Wahrnehmung, Einblick in größere Zusammenhänge. Diese Karte betont den Mondaspekt der weisen Frau, nicht das Mütterliche, das sonst mit dem Mond assoziiert wird. Der Mond steht auch für das innere Ich, für Stimmungen und tiefe Gefühle.

Farben
Blautöne, Schattierungen des Wassers, auch weißblaue transparente Farben

Steine
Mondstein, Sardonyx

Die Hohepriesterin als ...

... Lebenskarte	... Jahreskarte	... Beziehungskarte
In diesem Leben gilt es, innere Weisheit zu entdecken und den Zugang zu Kräften der Intuition zu entwickeln. Das heißt auch, unabhängig von Meinungen der Umwelt zu werden.	Lassen Sie in diesem Jahr alles fort, was unwesentlich ist. Vertrauen Sie Ihrer inneren Stimme, so leise sie auch noch sein mag. Öffnen Sie sich für die lichte geistige Welt.	Seelenverwandtschaft und gemeinsam gelebte Spiritualität bilden ein Fundament für diese Beziehung. Diese Verbindung kann zu einem Licht für andere Menschen werden.

Schattenaspekt
Unzureichende Erdverbundenheit bzw. spirituelle Abgehobenheit, sodass der Kontakt zu sich selbst und die Freude am irdischen Leben verloren gehen. Dann übernimmt man im Alltag nicht gerne Verantwortung. Vielleicht eine Art Weltflucht. Damit unter Umständen auch ein Mangel an Verständnis für Sorgen und Nöte anderer Menschen. Diese Hohepriesterin wirkt dann farblos.

Entwicklungsziel
Entwickeln Sie Ihre Intuition und Unabhängigkeit. Öffnen Sie sich für Impulse und Kräfte des Universums, die Sie und andere heilen und segnen. Vertrauen Sie Ihrer inneren Weisheit, die sich in Ihrem natürlichen Streben nach Unabhängigkeit und zugleich nach einer Verbindung mit der großen Quelle ausdrückt, in Wachheit und der Fähigkeit, Spiritualität im Alltag zu leben.

Fragen zum nächsten Schritt
- Was sagt Ihnen Ihre innere Stimme (Ihr Gefühl, Ihr intuitives Wissen)?
- Lassen Sie sich gerne von anderen beeinflussen, anstatt Ihrer eigenen inneren Wahrnehmung zu vertrauen?
- Auf welche Weise leben Sie Ihre intuitiven Fähigkeiten und Ihre spirituellen Yin-Kräfte?

III DIE HERRSCHERIN
Weibliche Stärke, Fülle, Schönheit

Grundsymbole
Eine gütige, vielleicht auch üppige, souveräne Frau, die sich der Welt und deren Wachstum und Schutz widmet. Sie ruht in sich, strahlt Schönheit und Harmonie aus. Krone, Zepter und Wappenschild zeigen an, dass sie eine wahre Herrscherin ist. Sie ist damit das der materiellen Welt zugewandte Pendant der Hohepriesterin (Karte 2), die sich in ihre eigene, innere Weisheit zurückgezogen hat. Die Herrscherin hingegen lebt hier und jetzt, sie strahlt sowohl Mütterlichkeit als auch Fülle und Kraft aus.

Kernaussage
Venus, Sinn für Schönheit, Freude an Schönheit, Genuss, Erdnähe und Erdenweisheit. Fruchtbarkeit, mütterliche Fürsorge und Liebe, die Kraft der gereiften Natur, aber auch einfühlsamer Umgang mit Gefühlen an sich. Fragesteller sollten diese fruchtbare Zeit nutzen, indem sie sich auf urweibliche Energien einlassen. Familienthemen oder Anlagen in Wohnung oder Haus kommen in Frage; vielleicht steht eine Schwangerschaft an, im biologisch-realen oder im übertragenen Sinne.

Rider-Waite

Crowley
(Hier: Die Kaiserin)

Tarot de Marseille

Liebe / Beziehung
Die Herrscherin betont weibliche Qualitäten wie Kraft, Schönheit, Harmonie, nährende Liebe, Fülle, Fruchtbarkeit, Mütterlichkeit, Fürsorge, Einfühlungsvermögen, Hingabe, Fließen, das empfangende Prinzip, lebendige Emotionalität und intuitive Weisheit. Sie ist sich ihrer Vollständigkeit bewusst und ruht in sich selbst. Voller natürlichen Selbstbewusstseins bringt sie viele Aspekte ihrer Weiblichkeit in eine Liebesbeziehung ein. Sie kann gleichzeitig Mutter und Mädchen, Göttin und Geliebte, Weise und Hure sein. Genießen Sie sich mit allen Facetten Ihres Selbstausdrucks! Jetzt ist die Zeit der Fülle! Feiern Sie den Reichtum, die Schönheit und Fülle im Austausch von Erotik und Sinnesfreuden. Ihre Beziehung kann jetzt zu einem Ausdruck von anmutiger Schönheit und Liebe werden. Dabei kann Ihre Tiefe und die umfassende Liebe zu sich selbst den Boden für die Liebe zu Ihrem Partner bereiten.

Familie / Kinder / Eltern

Mutterideal. Diese Karte steht für eine starke und liebevolle Mutter, für Kinderwunsch und Mutterschaft, für Herzenswärme und für schöpferische Kräfte, die auf Verwirklichung drängen. Sie zeigt an, dass in familiären Angelegenheiten versöhnliche Grundtendenzen den Vorrang erhalten sollten. Dankbarkeit, gegenseitiges Verzeihen und gegenseitige Achtung bilden entscheidende Grundlagen für Versöhnung. Sich gegenseitig unterstützen, freigebig Eltern oder Kinder, Geschwister oder Verwandte fördern – das schafft ein günstiges Klima für Wachstum und Entwicklung. Die Karte kann auch anzeigen, dass jemand im Familien- oder Freundeskreis als Muse wirkt oder dass wir aufgefordert sind, eine naturgegebene Harmonie wiederherzustellen. Auch intime Beziehungen erhalten eine neue, umfassendere Dimension.

Beruf / Erfolg / Geld

Der Boden für erfüllte, harmonische Zeiten des Lebens ist dann richtig vorbereitet, wenn Sie die Fülle und Schönheit ehren, die Sie früher genossen oder jetzt bekommen haben. Jene Kraft und Harmonie, zu der Sie sich hingezogen fühlen, tragen Sie bereits in sich. Vertrauen Sie sich selbst und Ihrer eigenen Souveränität. Lassen Sie Ihr Selbst ausstrahlen und dabei sowohl geben wie empfangen.

Kreativität / Selbstverwirklichung / Spiritualität

Was uns jetzt wirklich erfüllt, sind urweibliche Qualitäten in uns, die unser Leben und Handeln, unsere Entscheidungen und Vorlieben motivieren. Wir erfreuen uns an der Schönheit des Lebens und geben aus unserer inneren Fülle und Harmonie. Dabei werden wir uns der eigenen empfänglichen und gefühlsbetonten Seiten bewusst. So lernen wir, uns für das, was wir sind und erleben, wertzuschätzen. Daraus erwächst Fülle und Fürsorge, mit denen wir andere Menschen und uns beschenken.

Herausforderungen und Entscheidungen

Entscheiden Sie sich für die Verwirklichung der weiblichen Kräfte in Ihnen. Vertrauen Sie Ihren „mütterlichen" Impulsen der Fürsorge. Genießen Sie Harmonie, Schönheit und Fülle des Lebens, auch in vermeintlich schwierigen Situationen. Je mehr Sie in sich ruhen und vertrauen, desto sicherer werden Sie in Ihren Entscheidungen.

Inspiration

Das Leben möchte sich Ihnen von seiner schönsten und genussreichsten Seite zeigen. Es liegt an Ihrer Offenheit, wie viel von dieser Fülle Sie anzunehmen bereit sind. Entspannen Sie sich und genießen Sie Schönheit und Weisheit, auch jene, die aus der inneren Lebensquelle fließen.

Ich lasse schöpferische Energien frei durch mich fließen zum Wohle aller.

Station der Seelenreise

Schönheit und Fülle des Lebens, Lebensfreude und Genuss an irdischen Dingen sind kein Gegensatz zur Spiritualität. Inneres Wissen und Weisheit sprechen nicht gegen Erdverbundenheit im Alltag, in Form von Grundbesitz oder Kunstsinn, Karrierestreben oder Einfluss in der Gesellschaft. Die Yin-Energie findet einen fruchtbaren Ausdruck.

Numerologie

„1 und 1 macht 3!" Die 3 symbolisiert das neue Dritte, welches aus der Begegnung von Zweien entsteht. Hier manifestiert sich ein schöpferischer und zugleich gebärender sowie umsorgender (Selbst-)Ausdruck. Lebensfreude, Aufbau. Expansive und umfassende Synthese. Das Mütterliche schlechthin. Weitere Aspekte sind: gewissenhaft, beliebt, umgänglich, fröhlich, aktiv.

Astrologie

Stier: Leidenschaft, Instinkt, Liebe, Schönheit und Genuss. Dabei eine Lebensfreude, wie sie eben der Marienmonat Mai mit sich bringt. Organisationstalent und die Gabe, irdische Bedürfnisse und Freuden gut miteinander zu verbinden. Einsatz für die Familie oder eine Gruppe. Es besteht auch eine Neigung zu Fixierungen.

Farben

Grün, königsblau, lemon (gelbgrün)

Steine

Jade, Rosenquarz

Die Herrscherin als ...

... Lebenskarte
Ihre weiblichen Qualitäten (auch die in einem Mann!), das Geben und Empfangen von Liebe, nährende Fürsorge und schöpferische Fülle sind zentrale Themen dieses Lebens.

... Jahreskarte
Ihre weiblichen Eigenschaften drängen nach harmonischer Entfaltung. Sie können Ihre Yin-Energie freier und erfüllter fließen lassen und sich für Fülle öffnen.

... Beziehungskarte
Schönheit, Stärke, Ästhetik, Reichtum und Weisheit erfüllen diese Beziehung, wenn sich beide Partner darauf einlassen. Lebendige Emotionalität im Miteinander.

Schattenaspekt

Viele Menschen haben von ihrer Mutter nur zeitweise oder nur ungenügend jene emotionale Zuwendung erfahren, die ihren kindlichen Bedürfnissen entsprach. Oder sie empfanden ihre Mutter als besitzergreifend und dominant. Oder die auch sexuelle Komponente der Beziehung wurde verdrängt. Solche Themen tauchen dann als Schatten bei dieser Karte auf.

Entwicklungsziel

Natürliche Würde und Schönheit als Lebensprinzip; Kunst und Sinnlichkeit, Liebe und Genuss als einzelne Facetten eines edlen und bewusst geführten Lebens, das genauso gerne gibt und teilt, wie es empfängt. Es geht dabei um Adel als Ausdruck von Gesinnung und Verantwortungsgefühl, nicht etwa um einen dünkelhaften oder manipulativ eingesetzten Anspruch.

Fragen zum nächsten Schritt

- Sind Sie offen, die Schönheit und Fülle des Lebens zu sehen und zu genießen?
- *Für Frauen:* Welches Verhältnis haben Sie zu Ihrer Weiblichkeit?
- *Für Männer:* Wie sind Ihre Gefühle gegenüber Frauen und weiblichen Energien?

IV DER HERRSCHER
Männliche Kraft, Wille, Autorität

Grundsymbole
Ein ernst schauender Mann mit Krone und Zepter sowie manchmal auch mit einem Schild, in Rüstung mit Überwurf bzw. in einem königlichen Gewand, sitzt auf einem eindrucksvollen Thron. Er strahlt Autorität und Macht aus, aber auch Ordnung und Schutz. Auf jeden Fall zeigt er Willensstärke. Das Zepter wird bei Rider-Waite von einem Ankh, dem Henkelkreuz, abgeschlossen; beim Tarot de Marseille von einem Reichsapfel und bei Crowley von einem Widderkopf. Man findet also Herrschersymbole verschiedener Herkunft.

Kernaussage
Entdecken von Neuland, Überschreiten von Grenzen. Vaterfigur, Vitalität, männliche Kraft und (Selbst-)Beherrschung. Die Karte weist auf eine Lebensphase hin, in der man lernt, seiner eigenen Kraft zu vertrauen. Sie steht für Erwachsensein bzw. Erwachsenwerden, für die kluge Ausführung von Plänen und für Organisationstalent. Es ist ein schöpferischer Umgang mit materiellen und geistigen Werten.

Rider-Waite

Crowley
(Hier: Der Kaiser)

Tarot de Marseille

Liebe / Beziehung
Wir sind eingeladen, uns mit unserer vollen Kraft zu zeigen und zu uns selbst zu stehen. (Wenn wir auch unseren Partnern einen Einblick vermitteln von dem, was wir gerade fühlen und erleben, wird unsere Stärke sie nicht überrollen, sondern ihnen Unterstützung und Ermutigung gewähren.) Jeder von uns hat ein Recht auf seinen eigenen Raum und seine persönliche Integrität. Hier können wir lernen, unsere Grenzen nicht aus Angst, sondern voller Selbstliebe und Würde zu setzen. Dabei nehmen wir unsere natürliche Macht in Besitz und setzen sie voller Liebe und Güte ein. Wir sind standhaft wie ein Fels in der Brandung und verbinden unseren Einfluss mit Weisheit und Erfahrung. Unsere Ausstrahlung gleicht einem wärmenden Feuer und wir entwickeln mehr und mehr die Fähigkeit, unsere Kraft voller Hingabe auf das zu lenken, was wir wirklich in unserer Partnerschaft erreichen wollen.

Familie / Kinder / Eltern

Das Vaterideal. Der umsichtige „Versorger" schafft Geborgenheit, der wohlwollende Patriarch übernimmt Verantwortung für die Familie. Für viele Frauen wäre ein solcher Mann *der* Mann zum Heiraten. Diese Karte signalisiert oft Hilfe bei Schwierigkeiten und Klärung verworrener Umstände im Hinblick auf Familienfragen. Im Verwandtenkreis oder der (Wahl-)Familie gibt es das Vorbild eines erfahrenen Mannes, der die individuelle Entwicklung innerhalb eines gemeinsamen Rahmens fördert. Eventuell auch Mäzenatentum. Es geht hier aber auch darum, das eigene Territorium nicht verletzen zu lassen. Jeder Mensch hat ein natürliches Anrecht auf einen persönlichen Raum, der geschützt ist und den man auch abgrenzen und verteidigen darf. Die Notwendigkeit, reifer zu werden und eine eigene Ordnung zu definieren.

Beruf / Erfolg / Geld

Erfolg und Macht in Beruf und Finanzen bedürfen der Verbindung mit Liebe. Sonst können uns weder Besitz noch Einfluss reich machen. Sie haben jetzt die Möglichkeit und die dazu notwendigen Mittel, um Ihren Wirkungsbereich zu vergrößern, über derzeitige Grenzen hinauszugehen und noch größere Erfolge als bisher zu erreichen.

Kreativität / Selbstverwirklichung / Spiritualität

In dem Maße, in dem wir uns selbst begegnet sind und uns kennen gelernt haben, wissen wir, was unserer tiefsten inneren Wahrheit entspricht. Wir sind dann bereit, unsere Kraft immer offener zu zeigen und wir stellen sie anderen Menschen zur Verfügung. Wir treffen Entscheidungen mit der Autorität unseres inneren Wissens und sind auch bereit, uns abzugrenzen oder durchzusetzen, wenn das stimmig und angemessen ist. Wir befreien uns von Selbstzweifeln. Wir erlauben unserem einzigartigen Selbstausdruck, sich frei zu entfalten.

Herausforderungen und Entscheidungen

Sie brauchen keine Angst vor Ihrer eigenen inneren und äußeren Kraft zu haben. Zögern Sie nicht, Ihren Raum einzunehmen und sich selbst zu ermächtigen. Sie können jetzt die geplanten Schritte unternehmen. Sie sind entscheidungs- und handlungsfähig. Nehmen Sie den Weg, der Sie in Ihrer Autorität, Ihrer Kraft und Ihrem Erfolg stärkt.

Inspiration

Wir alle verfügen über das Potenzial einer natürlichen Autorität, die nicht aus dem kleinen Ich, sondern aus der großen Schöpferquelle unseres wahren Selbst erwächst. Vertrauen Sie Ihrem inneren Feuer, Ihrer Begeisterung und Kraft. Spüren Sie die Macht Ihres Willens und Ihre Zielgerichtetheit.

Ich entwickle Klarheit und Stärke, um Ordnung und Sicherheit zu schaffen.

Station der Seelenreise

Verbinden Sie Weisheit mit Stärke und Kraft mit Liebe. Sie tragen diese vier Eigenschaften in sich. Jetzt ist die Zeit gekommen, um Ihr Potenzial zu entfalten und zu leben. Die Yang-Kraft zeigt ihr bestes Gesicht. Sie dürfen jetzt auch Ihre männliche Kraft leben und so Ihre Vorhaben verwirklichen.

IV

Numerologie
Die 4 steht für die irdische Form. Irdische Formen geben Schutz und sind doch vergänglich. Formgebung, Sicherung, Kraft, Begrenzung, Ordnung, Dienst, Stabilität, System, Gesetz; auch Form, Arbeit, Disziplin. Die 4 ist eine materielle Ordnungszahl (vier Himmelsrichtungen, vier Elemente etc.). Weitere Stichworte sind: praktisch, solide, organisiert, pünktlich, nützlich.

Astrologie
Widder: vorwärts drängende Energie, aktive Führerschaft, Bereitschaft zu Verantwortung. Auch schwierigste äußere Herausforderungen werden gern angenommen; innere Selbstbetrachtung ist weniger interessant. Loyalität und zugleich die Erwartung, dass die eigenen Interessen und die eigene Person anerkannt werden. Mit dem Kopf durch die Wand gehen.

Farben
Karminrot, königsblau

Steine
Rubin, Jaspis

Der Herrscher als ...

... Lebenskarte
Sie haben Führungsqualitäten, die Sie auch entwickeln und einsetzen sollten. Diese beruhen auf innerer Kraft und natürlicher Autorität. Sie dürfen verantwortungsvoll angewandten Einfluss auch genießen.

... Jahreskarte
Männliche Eigenschaften wie Stärke, Durchsetzungsvermögen und Dynamik können Sie in diesem Jahr manifestieren. Sie können jetzt auch die Angst vor der eigenen Kraft überwinden.

... Beziehungskarte
Diese Beziehung braucht selbstverständliche Wertschätzung und den dazu notwendigen Raum, damit sich die Macht der Liebe voll entfalten kann. Genuss an der Kraft von Zweisamkeit und Vorbildfunktion.

Schattenaspekt
Wenn statt Sinn und Weisheit als Ordnungsfaktoren Macht und tote Gesetzesvorschriften regieren, dann haben wir es mit einem Schatten dieses Archetyps zu tun. Dann geht es um gesellschaftliche Position, um Einfluss und oft auch um Geld, nicht mehr um Menschen und Leben. Und es werden längst erstarrte Vorschriften und Regeln mit aller Macht aufrecht erhalten.

Entwicklungsziel
Ihre wirkliche Stärke liegt in der Verbundenheit zu Ihrem Selbst, zu Ihrem Herzen, zu Ihrer Bestimmung. Diese zu entdecken und ihnen treu zu sein, ist eines der Entwicklungsziele des Herrschers. Weiter: Eintreten für andere, wo Würde, Freiheit oder Integrität beeinträchtigt sind, und mit Zivilcourage den Schwachen oder Rechtlosen beistehen.

Fragen zum nächsten Schritt
- Welches sind für Sie Zeichen wahrer Stärke und echter Autorität?
- *Für Männer:* Welche Einstellung haben Sie zu Ihrer Männlichkeit?
- *Für Frauen:* Wie sind Ihre Gefühle gegenüber Männern und männlichen Energien?

V DER HIEROPHANT
Meisterschaft, Integration, innere Führung

Grundsymbole
Ein Mann zwischen zwei Säulen mit Tiara und langem Gewand, einem dreifachen Papstkreuz-Stab in der einen Hand, die andere segnend oder belehrend erhoben. Davor zwei Mönche oder Priester, deutlich kleiner. Beim Crowley-Tarot sehen wir nicht die Autorität einer Institution, sondern den geistigen Lehrer mit Spitzmütze zwischen Tiersymbolen der vier Evangelisten und einem Stab, der von drei Kreisen (u.a. Dreieinigkeit) abgeschlossen wird. Vor ihm eine Frau mit Schwert und Mondsichel.

Kernaussage
Innere Führung und Weisheit, innerer Heiler, spiritueller Vater bzw. Lehrer. Die Suche beginnt. Es ist Zeit, die inneren Welten zu entdecken. Wir haben bisher nur nach außen geschaut. Jetzt wendet sich unsere Aufmerksamkeit ganz von selbst nach innen. Das bedarf keiner Anstrengung, denn auf der inneren Ebene können wir mit unserem Willen nicht viel ausrichten; der Wille gehört in die äußere Welt. Hier im Inneren hilft nur ein tiefes Loslassen und Vertrauen.

Rider-Waite

Crowley
(Hier: Der Hohepriester)

Tarot de Marseille
(Hier: Der Papst)

Liebe / Beziehung
Der Hierophant weist uns darauf hin, dass unser Partner nicht nur Freund und Geliebter, sondern auch unser Spiegel, Lehrer, Meister und Führer ist. Auch hier treten der spirituelle Aspekt einer Beziehung, ähnlich wie bei der Hohepriesterin, und das Wissen um eine Seelenverwandtschaft in den Vordergrund. In jeder Liebesgeschichte gibt es Momente und Ereignisse, in denen sich einer der Partner schwach, hilflos, deprimiert oder überfordert fühlt. Dann braucht es mehr als sonst Wachsamkeit und Verständnis beider und die Bereitschaft, die Begleitung und Unterstützung durch den Geliebten anzunehmen. Dies stärkt unseren Glauben an die Liebe des Lebens und unser Vertrauen in unsere innere Führung. Die Aufrichtigkeit unserer Liebe schenkt uns die Offenheit, Größe und Weisheit, an den Potenzialen und Herausforderungen unserer Liebesbeziehung zu wachsen.

Familie / Kinder / Eltern
Spirituelle Werte, die man teilt, schaffen eine gemeinsame Mitte, eine Basis für Zusammenhalt. Weltanschauliche Überzeugungen oder auch ein einfacher Glaube vermitteln Lebenssicherheit. Das Lebensgefühl wird durch Traditionen geprägt, die naturgemäß aber auch offene Rebellion oder versteckten Widerstand dagegen auslösen können, wenn sie dogmatisch bzw. autoritär durchgesetzt werden sollten. In der (Wahl-)Familie und im Freundeskreis steht diese Karte für die Kraft der geistigen Wachheit und der sinnvollen Übertragung altüberlieferter höherer Weisheit oder neugewonnener tieferer Einsicht auf die irdischen Lebensverhältnisse. Im Idealfall weist diese Karte auf einen gütigen, weisen Menschen hin, der hilft, dass alle ihren rechten Platz und ihre persönlichen Entwicklungsmöglichkeiten finden.

Beruf / Erfolg / Geld
Zu jeder Art von Fülle gehört Weisheit dazu. Eine Menge an Geld und die Macht von Einfluss allein machen noch keinen echten, dauerhaften Erfolg aus. Diese Karte will Ihnen jetzt sagen: Finden Sie den Zugang zur inneren Quelle der Weisheit, festigen Sie die Verbindung zu einer wahrhaft geistigen Führung. Umso kraftvoller – auf natürliche Weise – wird Ihr Ja zum Leben sein, umso mehr Lebensfreude wird auch im Beruf zur Grundlage von noch größeren Erfolgen.

Kreativität / Selbstverwirklichung / Spiritualität
Wir lassen uns von unserer inneren Weisheit führen und lernen, mutig dem Ruf unserer Seele zu folgen. Wir erkennen und verstehen die Signale des Lebens als Impulse der inneren Führung. Immer häufiger sind wir bereit, innezuhalten und uns aus dem Getriebe des Alltags zu lösen, indem wir uns selbst und das Spiel des Lebens mit innerer und äußerer Gelassenheit beobachten und sich vollziehen lassen. Wenn wir im inneren Frieden ruhen, werden wir zum Segen für unsere Mitmenschen, die sich an unserer Klarheit und Kraft orientieren können.

Herausforderungen und Entscheidungen
In Ihnen ist wie in jedem Menschen die weise Frau, der weise Mann, die Meisterin bzw. der Meister. Wenn Sie vor Entscheidungen stehen, fragen Sie sich: Wie würde ein Meister, eine Meisterin entscheiden? Wie würden Sie weiter vorgehen? Hören Sie immer mehr auf Ihre innere Führung. Sie gibt Ihnen Hinweise auf Ihre wahre Bestimmung und Weisheit.

Inspiration
Zu den höchsten Zielen des persönlichen Wachstums zählen Selbsterkenntnis und Selbstverantwortung. Lebensmöglichkeiten entfalten sich auf dieser Grundlage. Der Schatz Ihrer Erfahrungen kann Sie zum Lehrer und Vorbild für andere machen. Machen Sie keinen abhängig von sich, sondern teilen Sie Ihr Wissen in Liebe und Freude.

Ich strebe nach geistiger Führung in Hingabe und zugleich Freiheit.

Station der Seelenreise

Es ist Zeit, Werte und Ideale zu prüfen und für sich (vielleicht erneut, vielleicht zum ersten Mal) zu finden. Wer oder was gibt spirituelle Führung? Eine Kirche, eine Autoritätsperson? Oder eine innere Stimme, die Meisterin bzw. der Meister innen? Sie entscheiden jetzt darüber, auf welchem geistigen Weg Sie die nächste Zeitspanne hindurch gehen wollen.

Numerologie

Die 5 symbolisiert Äther, das fünfte Element. Damit steht sie für den Willen des Menschen, der frei und fehlbar dabei ist, Sinn und Gott zu suchen oder nicht. Freie Willensentscheidung, Vermittlung, Orientierung, Veränderung, Abenteuer; Vielseitigkeit, schöpferische Aktivität, Fortentwicklung. Auch: problemlösungsorientiert, wissbegierig reiselustig, anpassungsfähig, freiheitsliebend.

Astrologie

Schütze: Grenzüberschreitung, Öffnung des Blicks über übliche Horizonte hinaus, ein Geist, der andere Kulturen und Religionen, aber auch andere geistige Dimensionen kennen lernen möchte. Es geht um Sinnsuche und Sinnfindung jenseits der üblichen Begrenzungen (Vorsicht jedoch vor dogmatischen Extremen). Unabhängigkeitsdrang und Gerechtigkeitssinn.

Farben
Purpur, violett

Steine
Sugalith, Achat

Der Hierophant als ...

... Lebenskarte
In diesem Leben soll und kann ein Bewusstsein für die höhere geistige Führung entwickelt werden. Seien Sie bereit, spirituelle Fülle und irdische Verantwortung selbst anzunehmen und mit anderen zu teilen.

... Jahreskarte
In diesem Lebensjahr kommen Sie Ihrer Bestimmung, Ihrem Sinn und Zweck des Lebens, entscheidend näher. Sie können in sich selbst das finden, was andere im Außen noch vergeblich suchen.

... Beziehungskarte
Der Partner bzw. die Partnerin ist nicht nur Freund/Freundin und Geliebter/Geliebte, sondern auch geistiger Führer bzw. spirituelle Führerin. Gegenseitige Hilfe, in Kontakt mit der eigenen inneren Führung zu gelangen.

Schattenaspekt
Die meisten Menschen haben die Verbindung zu ihrem Wesenskern verloren. Sie haben vergessen, dass es eine innere Führung gibt. Deshalb leben sie in Angst, fühlen sich isoliert und ungeliebt. Das Vergessen des wahren Selbst ist die Ursache für unendliches Leid auf unserem Planeten. In diesem Vakuum entstehen dann vielleicht Abhängigkeiten von falschen Gurus.

Entwicklungsziel
Finden Sie die Ideale und Werte, die Rituale und Gebete oder Meditationen, die Ihnen entsprechen. Es geht darum, sich von (oft unbewusster) Fremdbestimmung durch Moralvorschriften oder religiöse Dogmen zu befreien, die vermeintlich allein selig machend sind. Ihre Spiritualität in der direkten Verbindung zu Herz und Seele, zu Mitmenschen und Gott ist das Ziel.

Fragen zum nächsten Schritt
- Wohin ruft Sie Ihr Herz?
- Welche Menschen in Ihrem Leben unterstützen Sie wirklich dabei, Ihrer eigenen inneren Wahrheit zu folgen?
- Auf welche Weise halten Sie den Kontakt zu Ihrer inneren Führung aufrecht und wie entwickeln Sie diesen?

VI Die Liebenden
Liebe, Anziehungskraft, Entscheidung

Grundsymbole
Frau und Mann begegnen sich, vermeintlich aus freien Stücken, in Wahrheit schwebt über ihnen ein Engel (mit oder ohne den Pfeil und Bogen), der wohl die höhere Schicksalskraft zum Ausdruck bringt, die Menschen zusammenführt. Bei Rider-Waite sind Frau und Mann nackt, bei Crowley königlich angetan. Das alte Tarot de Marseille zeigt einen jungen Mann zwischen zwei Frauen (Mutter und Tochter? Rivalinnen?), der kurz davor steht, sich zu entscheiden.

Kernaussage
Lieben lernen, Erfüllung in Liebesverbindungen, der andere als Spiegel von einem selbst. Die Liebenden sind Symbol der innersten Wünsche nach Liebe. Wir sind jetzt bereit, in einer Partnerschaft zu lernen. Vielleicht steht auch eine Entscheidung an. Zu lieben ist immer ein Wagnis, denn Verletzungen liegen nahe und der Liebe sind wir schutzlos ausgeliefert. Deshalb haben so viele Menschen Angst vor der Liebe. Die Liebenden wollen uns jedoch Mut machen zur Liebe!

Rider-Waite

Crowley

Tarot de Marseille
(Der Liebende)

Liebe / Beziehung
Die Karte weist auf das Streben des Weiblichen und Männlichen nach Nähe, Verbindung und Vereinigung hin. In ihr kommen Sehnen und Anziehung, Begegnung und Kennenlernen sowie Spiegelung und Auseinandersetzung der liebenden Gegenpole zum Ausdruck. Sie zeigt etwas von der Schönheit und Harmonie, aber auch vom Abenteuer und den Herausforderungen einer Liebesbeziehung. Unser Leben wird umso reicher, je tiefer wir uns auf die Liebe einlassen. Zu lieben bedeutet, sich für sich selbst, einen geliebten Menschen und schließlich das ganze Leben zu öffnen. Dazu braucht es eine tiefe Bereitschaft, allem in uns zu begegnen, was die Liebe an die Oberfläche bringt. Lieben lernen bedeutet, all das willkommen zu heißen, um es für Selbsterkenntnis zu nutzen. Unsere Beziehungen spiegeln exakt die Qualität unserer Beziehung zu uns selbst.

Familie / Kinder / Eltern

Der Wunsch, eine Familie zu gründen (oder die eigene Ursprungsfamilie neu zu entdecken), wird sich stark melden. Man ist bestrebt, aus dem eigenen „Liebesnest" eine Zufluchtsstätte aufzubauen, in der entweder eigene Angehörige (Kinder, Eltern, Großeltern) oder Wahlverwandtschaften liebevolle Geborgenheit finden. Im tobenden Meer feindselig-chaotischer Urgewalten der Massengesellschaft bemüht man sich darum, eine Insel emotionaler Sicherheit zu schaffen. Diese Karte kann auch auf die Phase der Pubertät mit allen ihren Chancen und Problemen für die Familie hinweisen. Auf jeden Fall geht es darum, die Funken der Liebe auch in den Alltag des vertrauten Miteinanders mit nahestehenden Menschen einzubringen, und zwar so, dass Liebe nicht einengt oder fesselt, sondern befreiend wirkt.

Beruf / Erfolg / Geld

Liebevolle Beziehungen sind ein unverzichtbarer Bestandteil auch jedes dauerhaften beruflichen Erfolgs. Wer nur beruflichen Erfolg sucht und erreicht, dabei jedoch eine liebevolle Beziehung als etwas ganz Getrenntes davon ansieht, wird früher oder später unter innerer Leere leiden, und dann wird auch sein Erfolg nachlassen. Lassen Sie Ihren Partner an Ihrem beruflichen Erfolg ebenbürtig teilhaben, und Sie werden wertvolle Unterstützung für noch mehr Erfolge bekommen. Betrachten Sie Ihre persönlichen Beziehungen als wertvollen Schatz, der achtsam umsorgt und liebevoll beachtet wird, und Sie werden ungeahnte Erfolge erzielen.

Kreativität / Selbstverwirklichung / Spiritualität

Liebevoller Austausch und lebendige Begegnungen mit den Menschen unseres Lebens sind die Grundlage für innere Erfüllung. In Liebe zu sein – mit uns selbst, dem Leben und allen Menschen – ist der höchste Ausdruck unserer Selbstverwirklichung und Spiritualität. Wenn uns die Liebe unseres wahren Wesens beflügelt, halten wir nichts mehr ängstlich oder vorsichtig zurück, sondern lassen uns in jeder Situation von der Kraft der Liebe führen. Wir erkennen und lieben uns selbst immer mehr im Spiegel jener Menschen, mit denen wir im Lebensfluss in Berührung kommen.

Herausforderungen und Entscheidungen

Liebe beinhaltet immer das Risiko, verletzt zu werden oder zu verletzen. Das fordert unser inneres Kind heraus, das schon oft verletzt wurde. Liebe heilt aber auch. Jede Sehnsucht und jedes Gefühl der Liebe öffnet die Knospe unserer Seele weiter. Wenn Liebe ruft, folgen Sie dem Ruf. Liebe öffnet uns die Türen zu den tiefsten Schichten unseres Wesens.

Inspiration

Die hingebungsvolle Vereinigung mit der oder dem Geliebten kann einen Vorgeschmack von der höchsten Einheit geben. In der persönlichen Liebe drückt sich Lebendigkeit in einer besonders schönen und starken Weise für uns aus. Das Leben wird erfüllter, je tiefer wir uns auf die Liebe einlassen, gleich in welcher Form sie sich zeigt.

Ich entscheide, mich selbst zu lieben, um so andere wirklich zu lieben.

Station der Seelenreise

Die Begegnung im Du ist wichtig, die Entdeckung, dass der andere uns ein Spiegel ist und wir dem anderen ein Spiegel sind. Das gilt in einer Zweierbeziehung, aber auch in anderen Beziehungen. Entscheidend ist, dass wir uns gegenseitig unterstützen, auf unserem individuellen Weg voranzuschreiten. Eigene Persönlichkeitswege, gemeinsame Entwicklungsziele.

Numerologie
Die 6 steht für natürliche Harmonie (Bienenwaben sind so gebaut und angeordnet). Sie weist den Weg zu irdischem Glück. Harmonie, Liebe, Lebensfreude, Sensibilität, Gleichgewicht, Ästhetik, Kunstsinn, Erotik, freudiger Eifer, Verantwortung; offen, sozial, fröhlich. Weitere Stichworte: Charismatisch, künstlerisch, liebevoll, verantwortungsbewusst, mitfühlend.

Astrologie
Zwillinge: Vielseitigkeit, Veränderlichkeit, eine spielerische Ader, erfrischende Anteilnahme, Experimentierfreudigkeit und Suche (oder Sucht) nach Anregung und Abwechslung kennzeichnen dieses Tierkreiszeichen. Ist das nicht in der Liebe oft so? Allein dieses Zeichen hat im Kreis der zwölf Tierkreiszeichen zwei Menschen als Symbol.

Farben
Rot, rosa

Steine
Perle, Rhodochrosit

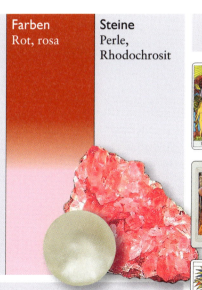

Die Liebenden als ...

... Lebenskarte
Kontakt und Begegnung allgemein mit anderen Menschen stehen im Mittelpunkt dieses Lebens, besonders natürlich Liebe und Eros, Sexualität und geistige Verbundenheit. Pioniergeist auf diesem Gebiet!

... Jahreskarte
Nutzen Sie dieses Jahr, um alle Aspekte von Liebe neu und weiter zu erfahren und sich selbst im Spiegel anderer Menschen zu begegnen.

... Beziehungskarte
Lassen Sie sich tief aufeinander ein und lassen Sie sich zugleich frei. Finden Sie sich im Partner, ohne sich selbst zu verlieren. Streben nach Vereinigung sollte nicht in Abhängigkeit, sondern in die Vollständigkeit führen. Beziehung als Lernfeld.

Schattenaspekt
Partnerschaft wird manchmal nur gesucht, weil man nicht allein sein kann. Dann braucht und gebraucht man den Partner bzw. die Partnerin. Manche Menschen spüren in der Begegnung mit dem anderen ein tiefes Sehnen, ein Verlangen nach Vereinigung und Grenzüberschreitung, vielleicht sogar Ichauflösung. Reife Liebe entwickelt sich und macht Ideale nicht zu Idolen.

Entwicklungsziel
Offensichtlich ist eines der Ziele hier, den Reichtum einer allumfassenden Liebe zu erfahren, die bedingungslos ist und nichts ausschließt. (Das bedeutet nicht, Unrecht hinzunehmen oder Täter gewähren zu lassen!). Liebe und emotionale Nähe, auch in der Partnerschaft, heißt jedoch nicht, Freiheit aufzugeben oder „zu opfern". Wahre Liebe stiftet Sinn in Freiheit.

Fragen zum nächsten Schritt
- Was genau sind die Qualitäten, die Sie so stark anziehen, wenn Sie sich neu verlieben?
- Was ist für Sie das Wichtigste im Zusammensein mit einem bzw. einer Geliebten?
- Wer oder was regt das Potenzial Ihrer Liebesfähigkeit an oder löst es aus?

VII DER WAGEN
Neubeginn, Erfolg, geistiger Weg

Grundsymbole
Ein junger Mann auf einem Streitwagen mit Baldachin, in Rüstung, bekrönt (ein Prinz?), nur bei Crowley sieht man sein Gesicht nicht. Sein Wagen wird von Pferden oder Sphingen gezogen. Eine Flügelsymbolik rundet das eigentümliche Bild ab. In zwei Tarotdecks hält der Wagenlenker einen Stab in seiner Rechten, bei Crowley indes umfasst er ein rundes Schild mit beiden Händen. Das Bild drückt Triumph, Erfolg und Sieg aus, aber auch eine Form des Innehaltens am Anfang einer neuen Wegstrecke.

Kernaussage
Entscheidungen oder eine Beziehung müssen sich jetzt bewähren. Sich bereit machen für einen neuen Weg oder Lebensabschnitt, Pioniergeist. Der Wagen kann Sie in eine völlig neue Existenz tragen! Sie können seine Kraft auch nutzen, um endlich lang anstehende berufliche Veränderungen einzuleiten. Verlassen Sie sich dabei auf Ihre Intuition. Sobald Sie wirklich wissen, was Sie wollen und Ihre Energien nicht mehr zersplittern, wirkt sich der Wagen wie eine eigene Antriebskraft aus.

Rider-Waite

Crowley

Tarot de Marseille
(Der Triumphwagen)

Liebe / Beziehung
Der Wagen signalisiert Neubeginn und Erweiterung einer Liebesverbindung, die sich auch bald in einer sichtbaren Veränderung der äußeren Lebensverhältnisse ausdrücken kann. Unsere Partnerschaft kann nun für uns zum goldenen Pfad der Transformation und Selbstentfaltung werden. In uns wird eine erstaunliche innere Kraft wirksam, die uns führt und lenkt.

(Es ist die Liebe-erfüllte Lebendigkeit in uns, die das Zusammensein mit unserem Partner zu einem unermesslichen Geschenk macht.) Indem wir unsere persönlichen Erfolge mit Warmherzigkeit und Offenheit verbinden, kann das Zusammenleben mit den uns nahestehenden Menschen zu einem grenzenlosen Feiern der Liebe werden. Sobald wir uns hingebungsvoll einander und der Liebe öffnen, vereint sie uns und beginnt, mit all ihrer Macht durch uns zu fließen.

VII

Familie / Kinder / Eltern
Es dreht sich alles um den Entschluss, eine festere Familienbeziehung erfolgreich aufzubauen und wie man dieses Vorhaben praktisch angeht und umsetzt. Wohlstand, Prestige, Erfolg sowie Sicherheit sind erreichbare Ziele. Für eine Eheangelegenheit kann diese Karte sowohl Aufbruch in eine feste Bindung als auch Ausbruch aus einer festen Partnerschaft bedeuten. Die weiteren Karten, die gezogen wurden, geben nähere Aufschlüsse. Der Fragesteller ist jetzt herausgefordert, eine Übereinstimmung mit Partner (Kindern, Eltern, Ehepartnern) zu erzielen, in welche Richtung das Gefährt, in dem alle sitzen, gelenkt werden soll und wer wann die Zügel in der Hand hält. Hochfliegende Pläne und Aktionen sind jetzt durchaus begünstigt, wenn eine Basisharmonie geschaffen wurde.

Beruf / Erfolg / Geld
Neben Vision und Inspiration, neben Tatkraft und „Glück", gibt es doch auch Gesetzmäßigkeiten für den Erfolg. Es gibt innere Ursachen und geistige Muster, die ihn befördern oder blockieren. Schaffen Sie in sich die Bereitschaft, neue Wege zum Erfolg zu gehen. Spüren Sie nach innen, wann und wie Sie handeln und vorwärtsgehen sollen, und wann Sie vielleicht besser noch abwarten. Entscheidend ist der Glaube an sich selbst und die Führung, die wir immer bekommen, wenn wir dafür offen sind.

Kreativität / Selbstverwirklichung / Spiritualität
In der wachsenden Bereitschaft, in neue Dimensionen und unbekannte Erfahrungen aufzubrechen, kann uns das Leben immer wieder neu überraschen und beschenken. Jedes Ziel, das wir erreichen, jeder noch so kleine Fortschritt, alle Erfolge und Triumphe, die wir feiern, sind Meilensteine für die Entfaltung des höchsten Potenzials. Wir geben uns nicht länger damit zufrieden, einfach nur zu funktionieren und Aufgaben routinemäßig zu erledigen. Vielmehr werden wir uns zunehmend bewusst, dass wir die wirklich wichtigen Ereignisse immer selbst aktiv mitgestalten.

Herausforderungen und Entscheidungen
Überlegen und prüfen Sie Ihre Ziele und Möglichkeiten sorgfältig, bevor Sie sich für einen Weg oder eine Handlungsweise entscheiden. Sie sind durchaus in der Lage, mit Pioniergeist neue Herausforderungen zu bestehen bzw. mit Tatkraft in Krisen neue Wachstumschancen zu entdecken und zu nutzen. Denken Sie dabei immer auch daran, was allen Beteiligten dient.

Inspiration
Wenn wir in der gegenwärtigen Situation alles gelernt und erledigt haben, was notwendig ist, dann stellt sich das Neue wie von selbst ein. Alles, was wir uns im Leben wünschen, hat letztlich nur ein Ziel: Wir wollen Glück, Freude und Intensität erfahren. Wählen Sie das für Sie richtige Ziel und den für Sie geeigneten Weg.

Ich folge meiner inneren Führung und setze mich für das Wohl aller ein.

Station der Seelenreise
Wenn wir dem Du begegnet sind (Karte 6), und die Hoch-Zeit der Liebe dem Alltag weicht, dann wird sich erweisen, ob die Seelengefährten in einem Wagen, in einem Gefährt sitzen, das von den beiden Zugtieren der beiden Persönlichkeiten in dieselbe Richtung gezogen wird oder nicht. Streben wir Erfolg für alle Beteiligten an? Darum geht es nämlich!

Numerologie

Wenn ein 360-Grad-Kreis durch 7 geteilt wird, entsteht ein „Bruch". Die Sieben zeigt an, dass das Leben in letzter Konsequenz nicht berechnet und „verstanden" werden kann. Umbruch, Zwang zur Veränderung, Analyse, Verständnis, Heilung, Schicksal, Mystik; suchend, intuitiv, unabhängig, wahrheitssuchend, still, philosophisch. Die Säulen der Weisheit (der Wagen im Tarot steht ja!).

Astrologie

Der Planet Mars: Der Drang zum Leben, der Instinkt zum Überleben, selbstverständlich gehört auch Sexualität dazu. Mit Mars sagen wir Ja oder Nein zu etwas und entscheiden damit, um gleich entsprechend zu handeln. Mars will Erfolg haben, gewinnen. Deshalb neigt er manchmal zur Ungeduld. Die Fähigkeit, große Herausforderungen anzunehmen.

Farben

Orange, königsblau

Steine

Granat, Pyritsonne

Der Wagen als ...

... Lebenskarte
Aufbruch zu neuen Ufern, in Beruf und Beziehung, auf den Ebenen von Kreativität und Spiritualität. Für diesen Mensch wird es ganz selbstverständlich sein, Altes hinter sich zu lassen und Neuland zu betreten.

... Jahreskarte
In einem wichtigen Bereich Ihres Lebens steht ein Neuanfang an, der Ihr Leben erweitern und bereichern wird. Prüfen Sie, was Sie noch bindet und welche neuen Ziele Sie ansteuern wollen.

... Beziehungskarte
In dieser Beziehung kommt es immer wieder zu neuen Konstellationen, zu einem Aufbruch in lockende, unbekannte Gefilde. Es besteht das Potenzial, gemeinsam Erfolg zu haben.

Schattenaspekt

Für jedes wichtige Ereignis in unserem Leben gibt es einen optimalen Zeitpunkt. Ein „Zu früh" weist auf Unreife und Ungeduld hin und darauf, dass etwas Altes noch nicht abgeschlossen ist. Ein „Zu spät" bei Entscheidungen erzeugt Zeitdruck. Ein anderer Schattenaspekt: sich ohne Rücksicht auf andere für die eigenen Ziele so einsetzen, dass Gefühle verletzt werden.

Entwicklungsziel

Sie dürfen das Leben feiern. Es ist ein Triumph, dass wir leben und diese Ebene der Schöpfung mit diesen Formen erfahren dürfen. Am Anfang steht also durchaus ein Sieg, der des Lebens im Hier und Jetzt. Und nun gilt es, die eigenen Ziele zu bestimmen und den geeigneten Weg dorthin einzuschlagen. Dabei hilft es, Ängste loszulassen und die eigene innere Stärke zu aktivieren.

Fragen zum nächsten Schritt

- Welche Veränderungen stehen Ihnen bevor?
- Welche Zeiten oder Aktivitäten möchten Sie nutzen, um Ihren Selbstkontakt zu entwickeln?
- Sind Sie bereit, in der gegenwärtigen Situation mit ruhiger Kraft (statt Ungeduld oder Zaghaftigkeit) planvoll weiter voranzuschreiten?

VIII GERECHTIGKEIT
Balance, Zentrierung, Gerechtigkeit

Grundsymbole
Eine Frau als sprichwörtliche Justitia, Inbild von Gerechtigkeit, wie sie heute noch vor oder bei vielen Gerichten als Statue oder Relief zu finden ist. Die bekrönte weibliche Gestalt hält in der rechten Hand ein Schwert als Symbol der Autorität und in der linken eine Waage als Symbol der genauen Abwägung dessen, was richtig und was falsch bzw. was rechtens oder unrecht ist.

Kernaussage
Die innere Mitte. Wahrheit finden und ihr gemäß handeln. Gegensätze und Extreme ausbalancieren. Stillhalten, Kontemplation ohne Wertungen. Bilanz ziehen. Besinnung, was im Leben wirklich wichtig ist. Wenn wir lange nur nach weltlichem Erfolg gestrebt haben und uns trotz allem leer und verlassen fühlen, bringt uns die Karte Gerechtigkeit die Einsicht, dass jede einseitige Aktivität schädlich ist und die lebensnotwendige innere Balance stört. Es ist Zeit, wieder zu sich selbst zu kommen.

Rider-Waite
(Bei Rider-Waite ist das die Karte XI!)

Crowley
(Hier: Ausgleichung.)

Tarot de Marseille

Liebe / Beziehung
Liebe strebt immer danach, Gegensätze auszugleichen und zu vereinen. Die Gerechtigkeit zeigt eine Bereitschaft zu einem harmonischen Miteinander, zu Vergebung und Versöhnung. Eine ganz neue Balance und Zentrierung kann sich nach Machtkämpfen und Auseinandersetzungen einstellen. Das Entgegenkommen und gegenseitige Verstehen, das hier angedeutet wird, erwächst aus einer echten Selbstbegegnung, einem meditativen Seinszustand, der sich ganz natürlich im Miteinander von sich liebenden Menschen einstellt. Wenn Sie bzw. idealerweise alle Beteiligten bereit sind, die eigene Mitte zu finden und zu pflegen, trägt dies dazu bei, eine Beziehung durch Herausforderungen und Turbulenzen zu tragen. Denn der Kontakt zu unserer inneren Wahrheit und eine umfassende Liebe zu uns selbst sind der Boden für ein harmonisches Miteinander sowie für jeden Ausdruck unserer Liebe zu einem Menschen.

Familie / Kinder / Eltern

Verantwortung wird erkannt und übernommen (oder sollte es zumindest). Vielleicht steht ein Berufswechsel oder ein Ortswechsel an, oder jemand in der Familie nimmt nach einer Auszeit seine Arbeit wieder auf. Kinder können ihren Anteil an Verantwortung tragen, brauchen dafür jedoch genügend Freiraum, der durch achtsame Begleitung geschützt wird. Unter Umständen geht es darum, sich selbst und den eigenen Eltern dadurch gerecht zu werden, dass man alte Kindheitsmuster ablegt und sich als ebenbürtig betrachtet. Werte und Verhaltensmuster werden jetzt überprüft. Eine neue Orientierung führt vielleicht zu unterschiedlichen Ergebnissen, die man jedoch mit gegenseitiger Toleranz harmonisch nebeneinander stehen lassen kann. Energien fließen natürlich.

Beruf / Erfolg / Geld

Erfolg ist, was folgt. Wie werden Sie sich selbst und Ihren Talenten und Fertigkeiten gerecht? Wie gleichen Sie Ihre Wünsche und Ziele und die Bedürfnisse der Umwelt miteinander aus? Durch innere Zentrierung, durch ein bewusstes Sich-Einlassen auf die eigene Mitte gewinnen Sie mehr Klarheit und die notwendige Kraft, um Ihre jetzt wichtigen Ziele zu erkennen und zu erreichen. Fülle und Reichtum folgen Gesetzen. Wenn wir uns auf sie einlassen, haben wir Anteil an einer unerschöpflichen Quelle, ohne anderen irgendetwas wegzunehmen.

Kreativität / Selbstverwirklichung / Spiritualität

In der meditativen Mitte, dem Zentrum unseres Seins, finden wir die Ruhe, Zentrierung und Gelassenheit, die uns hilft, das Leben zu meistern. Bei allem Auf und Ab, allen Herausforderungen des Lebens bringen wir Klarheit, Halt und Orientierung in jene Bereiche, die Ausgleich verlangen. Wir lernen, uns zu entspannen, und widmen uns den Aufgaben, die sinnvoll und notwendig sind. Wenn wir uns offen und vertrauensvoll auf unsere ständig wechselnden Erfahrungen einlassen, stabilisiert sich die Verbindung zu unserer Wesensmitte, zur Quelle, aus der tiefste Erfüllung erwächst.

Herausforderungen und Entscheidungen

Jetzt geht es darum, sich zu erden, die innere Mitte zu finden. Es muss einen ruhenden Pol in der Mitte geben, wenn auf einer Waage etwas gewogen werden soll. Zeit, eine (Zwischen-)Bilanz zu ziehen und unter Umständen die eigenen Ziele, Pläne und Handlungsweisen, vielleicht aber auch die inneren Einstellungen neu zu justieren.

Inspiration

Unruhe weist uns auf Unausgeglichenheit hin. Um wahre Ruhe zu finden, müssen wir unsere inneren Gegensätze anerkennen und miteinander versöhnen. Sie allein wissen, was für Sie stimmig ist, wie Sie Ihr inneres Gleichgewicht finden und wie Sie sich, anderen Menschen und der Einladung des Lebens gerecht werden.

Ich werde der Wahrheit in mir und anderen Menschen gerecht.

Station der Seelenreise

Gibt es eine einzige Wahrheit, die dogmatisch und wehrhaft durchgesetzt werden soll? Gibt es viele Wahrheiten, so viele wie es Menschen gibt? Sicher gibt es Wahrheiten Ihres Herzens, die Ihnen selbst, Ihrer Bestimmung im Leben und den Menschen Ihrer Umgebung gerecht werden. Folgen Sie jetzt ganz besonders Ihrem eigenen Herzen.

Vom Narren bis zur Welt

VIII

Numerologie
Die 8 ist Symbol der Ewigkeit, des ewigen Stroms von Schöpfung und Leben, von Geburt und Vergehen. Es geht um Überfluss, lebendigen Energiestrom, Fülle, materielle Befriedigung, Erfüllung, Urteilsfähigkeit, Ausgeglichenheit, Lebendigkeit. Die glückhafte 8 im Achteck des Feng Shui. Weitere Stichworte: entschlossen, vertrauensvoll, beständig, loyal, energisch. Man fühlt sich leicht missverstanden.

Astrologie
Waage: Ebenbürtigkeit (nicht Gleichmacherei), Gerechtigkeitssinn, Streben nach Ausgleich und Harmonie sind wichtig. Ideale spielen eine zentrale Rolle, auch künstlerische Neigungen und Sinn für Schönheit. Freundschaft, gute Beziehungen zur Umwelt und die Fähigkeit, ausgewogene Urteile zu finden. Manchmal vielleicht Unentschlossenheit.

Farben
Dunkelblau, hellgelb

Steine
Blauer Saphir, Labradorit

Gerechtigkeit als ...

... Lebenskarte
In diesem Leben kann altes Karma ausgeglichen und damit abgeschlossen werden. Halten Sie immer wieder inne, kämpfen Sie nicht, entspannen Sie sich und lassen Sie zu, dass sich das Leben aus seiner Mitte heraus entfaltet.

... Jahreskarte
In diesem Jahr haben Sie die Möglichkeit durch Ruhepausen, Meditation, Innenschau, Verstehen und Vergebung ein neues Gleichgewicht zu finden. Damit entdecken Sie in sich selbst die Basis für ein Leben aus der Mitte.

... Beziehungskarte
Yin und Yang kommen in dieser Beziehung in ein ebenbürtiges Gleichgewicht (sollten sie zumindest). Das geschieht umso leichter, wenn beide Partner aus ihrer eigenen Mitte leben.

Schattenaspekt
Zögern bei Entscheidungen; auch der Versuch, es allen recht zu machen und sich lieber herauszuhalten als Partei zu ergreifen, wo es notwendig ist. Ein anderer Aspekt wäre das herzlose Beharren auf Rechtsstandpunkten sowie Selbstgerechtigkeit. Im spirituellen Bereich gibt es dann und wann den Versuch, das Ego durch exzessive Meditationsmethoden „abzutöten".

Entwicklungsziel
Echte Freiheit entsteht, wenn man immer wieder versucht, sich auf Wahrheit und Gerechtigkeit auszurichten. Damit wird ein Ausgleich geschaffen zwischen dem Kosmos, der Erde und dem Individuum. Daraus entstehen Harmonie und Ausgewogenheit und die Fähigkeit, sich und anderen Lebewesen gerecht zu werden.

Fragen zum nächsten Schritt
- Inwieweit tragen Ihre jetzigen Erfahrungen zu einem Ausgleich in Ihrem Leben bei?
- Was hilft Ihnen, sich zu zentrieren und sich in Ihrer Wesensmitte zu verankern?
- In welchen Bereichen Ihres Lebens und im Austausch mit welchen Menschen wirken Sie selbstausgleichend?

IX DER EREMIT
Einkehr, Licht finden, Erntezeit

Grundsymbole
Ein älterer Mann, leicht gebeugt, mit einem Umhang wie eine Mönchskutte, einem langen Gehstab und einer Laterne, ist offensichtlich auf einem Weg. Er geht von rechts nach links, sozusagen von außen nach innen, bzw. er befindet sich auf einem Rückweg oder Heimweg. Man sieht nicht, ob er sich selbst oder anderen den Weg erleuchtet. Der Hintergrund ist eher leer bzw. abstrakt gehalten, um nicht vom Wesentlichen abzulenken.

Kernaussage
Bereitschaft zu tiefer Selbstbegegnung, Rückzug in sich selbst. Versuchen Sie, sich in dieser Zeit von Meinungen und Gedanken anderer fernzuhalten, damit Sie wirklich die Chance haben, tief in sich zu gehen und sich selbst zu spüren. Folgen Sie Ihrem inneren Licht, selbst wenn es nur eine winzige Flamme ist! Hören Sie auf die Botschaft, die Ihrer inneren Stille entspringt. Haben Sie keine Angst und auch kein schlechtes Gewissen, für eine Weile nichts oder zumindest weniger zu tun.

Rider-Waite

Crowley

Tarot de Marseille
(Der Einsiedler)

Liebe / Beziehung
Wenn Liebende auch allein sein können, werden sie fähig, echte Nähe und innige Verbundenheit zu erleben. Auch und gerade in Liebesbeziehungen ist der Eremit eine Einladung und Aufforderung, sich immer wieder dem eigenen inneren Licht zuzuwenden. Darin sollten sich Liebende stets gegenseitig unterstützen. Bei dieser Tarotkarte ist es möglich, dass man sich im Zusammensein mit einem nahestehenden Menschen vollkommen auf sich selbst zurückgeworfen fühlt. Dann ist es eine wertvolle Gelegenheit, sich ganz dem eigenen Inneren zu widmen. Indem wir dabei offen bleiben und unsere Schmerzen und Schatten umarmen lernen, können diese für uns ein Tor zum Licht unseres wahren Seins werden. Uns fehlt niemand, und gerade dadurch können wir uns wieder ganz natürlich öffnen für den anderen und uns neu in Liebe und wertschätzender Offenheit begegnen.

Familie / Kinder / Eltern
Hier schwingt etwas mit von der Stimmung der stillen Zeit im November und der besinnlichen Zeit des Advent, wie es ihn früher einmal in Großfamilien gab. Man ist mit den Angehörigen zusammen, gibt sich gegenseitig jedoch Raum und Zeit, nach innen zu gehen und sich zu öffnen für mehr Frieden, Sinn und Licht. Ein Familienmitglied, das eigene Gedanken entwickelt, sollte darin unterstützt werden. Vielleicht zieht es eine nahe stehende Person (oder Sie selbst!) zur Meditation, in die Kirche, in ein „Kloster auf Zeit", allein auf eine Wallfahrt. Ein freundschaftlich-verständnisvolles Gewährenlassen, das fördert und hilft, anstatt zu behindern, ist jetzt die richtige Grundeinstellung. Es kann nun auch eine Abkehr von überholten Rollenspielen und für eine konsequente Individuation stattfinden.

Beruf / Erfolg / Geld
Lassen Sie sich nicht von den Meinungen der Umwelt oder vermeintlichen Vorgaben der Massenmedien darin beeinflussen, was für Sie „Erfolg" bedeutet, was für Sie „Reichtum" ist und wie Sie Ihre Absichten und Ziele im Bereich von Beruf, Geld und Erfüllung anstreben. Diese Karte zeigt an, dass derzeit Sie selbst es sind, der bzw. die den Weg sucht und findet, der bzw. die Licht auf den Weg strahlt. Sie werden damit unter Umständen Wegbereiter/in für andere (auch wenn Sie eine Zeit lang eher im Verborgenen wirken).

Kreativität / Selbstverwirklichung / Spiritualität
Hier ist der innere Kontakt zu uns selbst besonders wichtig. Wir lernen, uns selbst zu begegnen und frei von Urteilen und alten Mustern alles zu umarmen, was uns bewegt, belastet oder erfreut. Aus dieser bedingungsfreien Liebe zu uns selbst, zu allem, was wir sind und erleben, erkennen wir mehr und mehr das innere Licht, das als Essenz unseres natürlichen Seins immer existiert. Das Erkennen und Eintauchen in dieses innere Licht bedeutet höchste Erfüllung und verleiht uns Kraft und Zuversicht in allen unseren irdischen Herausforderungen und Prüfungen.

Herausforderungen und Entscheidungen
Mit Hilfe von Einkehr und Innenschau finden Sie die Fundamente Ihrer eigenen Wahrheit und Lebensweisheit. Dazu kann in Krisen auch ein äußerlicher oder zumindest innerlicher Rückzug gehören, eine Auszeit. Sie dürfen sich die notwendige Ruhe jetzt gönnen, um neue Klarheit und Sicherheit zu gewinnen. Das wird dann auch der Umwelt nutzen.

Inspiration
Finden Sie den Zugang zu Ihrem inneren Licht. Damit erst erleben Sie befreite Liebe, erfahren echte Nähe und tiefe Verbindung zu den Menschen und zur Welt. Im Alleinsein begegnen wir unserer innersten Kraft und Lebendigkeit. Sie werden uns auch durch Krisen und Herausforderungen tragen, weil sie immer in uns sind.

Ich genieße es, eine Zeitlang allein zu sein, um mich neu zu entdecken.

Station der Seelenreise
In jedem von uns, obwohl wir „Gesellschaftstiere" sind, steckt auch ein Einzelgänger, eine Einzelgängerin. In dieser Zeit kommt es für Sie darauf an, ihre eigenen inneren Fähigkeiten und Möglichkeiten zu entdecken. Danach sind Sie auch gerne bereit, diese zum Wohle aller einzusetzen. Jetzt dürfen sie aber erst einmal ganz bei sich sein.

Numerologie
In der 9 ist die 3 dreimal enthalten. Die 9 versinnbildlicht die Erhebung über die drei Ebenen von Körper, Gefühl und Verstand in die reine Seelenebene. Abschluss, Vollendung, Selbstlosigkeit, Mitgefühl, Ablösung, Meditation, Medialität, Intuition; Geduld, Toleranz, Liebe. Die potenzierte heilige 3. Auch: menschlich, mutig, selbstbewusst, dynamisch, begeisterungsfähig.

Astrologie
Der Planet Saturn, der Gott der Zeit und damit der Herrscher von Schicksal, irdischen Begrenzungen und festen Strukturen. Dieser Planet erinnert an die Verantwortung, die wir haben, in der Zeit über unser Leben nachzudenken und es so zu gestalten, dass es uns über die Zeit hinausführt. Insofern geht es eben auch um Innenschau und darum, konsequent klare Ziele anzustreben.

Farben
Grau, weiß, silber

Steine
Obsidian, Hämatit

Der Eremit als ...

... Lebenskarte
Dieses Leben dient vor allem der Suche und dem Finden des inneren Lichtes, das den eigenen Weg erhellt und anderen hilft, ihren Weg zu gehen. Dazu gehört auch die Bereitschaft, den eigenen Schatten zu begegnen.

... Jahreskarte
Ziehen Sie sich doch eine Zeit lang einfach einmal zurück, finden Sie Zeit für sich selbst und das, was Ihnen im Leben wirklich wichtig ist. Einkehr und Besinnung fallen leichter, wenn man weitgehend auf äußere Reize verzichtet.

... Beziehungskarte
Achten Sie darauf, dass Ihre Beziehung die Erfahrung des inneren Lichtes unterstützt und damit das, was alle Höhen und Tiefen des Lebens überdauert. Finden Sie in Ihrer Partnerschaft auch Zeit, für sich zu sein. Das ist oft segensreich.

Schattenaspekt
Auf der Suche nach dem inneren Licht begegnen wir unweigerlich Schatten: Widerständen, Todeswünschen, Lebensverneinung, Trauer und so fort, die sich schmerzvoll auf unsere Lebendigkeit gelegt haben. Wer beständig durch sie hindurchschaut, findet das ursprüngliche Licht und die Liebe darunter! Auch: selbst auferlegte Isolation, Stillstand in der Kommunikation.

Entwicklungsziel
Finden Sie die innere Wahrheit, jenes geistige Licht, die unerschöpfliche ewige Quelle von Leben, Freude und Sein, die in jedem Menschen verborgen ist: den Körperaugen zwar meist unsichtbar (außer in Blicken der Liebe, Güte und Weisheit), aber persönlich spürbar und erfahrbar. Suchen Sie zumindest danach. Das alte Wort der Bibel gilt wirklich: *Wer suchet, der findet, wer anklopfet, dem wird aufgetan.* Klopfen Sie an!

Fragen zum nächsten Schritt
- Gibt es etwas, das Sie schmerzt oder das Ihnen fehlt?
- Sind Sie bereit, das Licht zu suchen, auch wenn Sie dabei Schatten begegnen, durch die Sie hindurchgehen müssen, um das Licht zu finden?
- Wo und wem bringen Sie durch Ihr Sein mehr Licht in das Leben?

X Rad des Schicksals
Neuer Zyklus, gute Wendung, Durchbruch

Grundsymbole
Ein Rad mit vielen Speichen. An bzw. auf ihm haften drei Gestalten: oben eine Sphinx als Symbol des erwachten oder vom Schicksal begünstigten Menschen; im Abstieg eine Schlange, ein krokodilartiges Wesen bzw. ein Dämon als Symbol des gefallenen oder vom Schicksal „verstoßenen" Menschen. Im Aufstieg bereitet sich ein schakalköpfiger Mensch, ein Pavian oder ein tierisches Mischwesen darauf vor, auch einmal ganz oben im Leben zu sein bzw. das volle Bewusstsein zu erlangen.

Kernaussage
Glückliche Erweiterung, Einengendes loslassen, Öffnung für das „große Glück". Visionen und Herzenswünsche können Wirklichkeit werden. Wir haben die Kraft zur Veränderung in uns. Jetzt ist es Zeit, den Sprung zu wagen, über den wir schon nachgedacht haben. Oder die Arbeit zu wechseln, die energetisch nicht mehr für uns stimmt, Ortswechsel nicht ausgeschlossen. Bereitschaft für und Einstieg in einen völlig neuen Lebensabschnitt, in dem sich unser brachliegendes Potenzial entfalten kann.

Rider-Waite

Crowley
(Hier: Glück)

Tarot de Marseille

Liebe / Beziehung
Mit dieser Karte können wir uns auf eine große, glückliche Erweiterung oder Wende in unserem Liebesleben einstellen. Alles, was sich jetzt wandelt, geschieht zu unserem Besten und bereichert uns. Daher sollten wir nicht länger an einengenden Beziehungsmustern festhalten, sondern uns für das Neue, Große öffnen, auch wenn dies für uns noch unbekannt ist. Jetzt ist es an der Zeit, sich selbst anzuerkennen und lieben zu lernen, um die Geschenke der Liebesbegegnungen ganz anzunehmen. Wenn wir mit unserem Geliebten ganz offen und präsent sind, können wir grenzenloses Glück erleben. Jedes Glück, das durch einen geliebten Menschen in unser Leben kommt, ist ein Hinweis auf die Glückseligkeit unserer wahren Natur. Tiefe Erfüllung stellt sich ein, wenn wir uns der Liebe und dem Leben ganz öffnen und vor allem dem, was wir in jedem Moment sind, fühlen und erleben.

Familie / Kinder / Eltern

Was sich durch Rückbesinnung und Rückzug auf der seelischen Ebene im Stadium der Karte 9, Der Eremit, vorbereitet und meist nur indirekt angekündigt hat, wird nun in der äußeren Welt manifestiert. Es kommt zu neuen Konstellationen in der Familie, und andere Formen der Zusammenarbeit, neue Aspekte der Beziehungen zeigen und manifestieren sich. Es kann auch ein unverhofftes Ereignis eintreten, gute Nachrichten, unerwartete finanzielle Zuwendungen. Es kommt darauf an, sich auf den speziellen Rhythmus des Flusses der Lebensenergien einzulassen und nicht gegen diesen Fluss anzuschwimmen, sondern ihn zu nutzen und sich davon zu neuen Ufern tragen zu lassen. Es kommt Bewegung in Familie und Verwandtschaft, in Beziehungen und Freundschaften, die wunderbare neue Möglichkeiten eröffnet.

Beruf / Erfolg / Geld

Gibt es etwas, was Sie sich ausdrücklich wünschen oder heimlich erhoffen, aber bisher nicht für möglich hielten? Jetzt ist die Zeit, dass Sie das empfangen! Öffnen Sie sich für neue Dimensionen von Glück, Erfolg und Freiheit. Unerwartete Möglichkeiten bieten sich. Lassen Sie es zu, dass Ihr Leben bereichert wird, und halten Sie sich für neue Impulse, Methoden, Hilfen und unvorhersehbare Fügungen offen.

Kreativität / Selbstverwirklichung / Spiritualität

Diese Karte deutet auf eine glückhafte Erweiterung in allen Bereichen unseres Lebens hin. Vieles, was uns früher begrenzt und eingeschränkt hat, kann und muss nun zurückgelassen werden. So entsteht Raum für das Neue und Große, das auf uns wartet. Wenn sich das Rad des Schicksals dreht, gibt es ein ständiges Auf und Ab, solange wir auf den äußeren Rand schauen. Zur Mitte hin wird die Bewegung immer geringer. Wie die Sonne als Mittelpunkt unseres Sonnensystems unverändert leuchtet, strahlt die innere Sonne immer und erfüllt uns mit Glück und Erfolg.

Herausforderungen und Entscheidungen

Das Leben bringt jetzt unerwartete neue Möglichkeiten. Entscheiden Sie sich dafür, diese Chancen anzunehmen, um so Ihren Lebenskreis zu erweitern und völlig neue Erfahrungen zu machen. Achten Sie dabei darauf, dass Ihre Ideale und Werte die Richtschnur dafür darstellen, worauf Sie sich einlassen und worauf nicht. Vertrauen Sie gelassen dem Leben.

Inspiration

Wahres Glück ist es, im Einklang mit den eigenen höchsten Werten zu leben. Wenn Sie sich bewusst machen, dass Sie vom Leben geliebt und getragen werden, dass es immer wieder weitergeht, dann fällt es vermutlich leichter, alle Erfahrungen als Geschenke anzunehmen und wertzuschätzen.

Ich bin offen für die Strömungen des Lebens und fließe frei mit.

Station der Seelenreise

Solange wir in Raum und Zeit leben, verläuft das Leben scheinbar immer vorwärts, nie rückwärts. Dreht sich unser Leben aber wie im Kreise, so dass wir fürchten, Stillstand zu erleiden? Oder ist es wie eine Spirale, die uns für eine immer höhere Entwicklung öffnet? In dieser Lebensphase finden Sie hier mehr Klarheit und Selbstbestimmung.

Vom Narren bis zur Welt

X

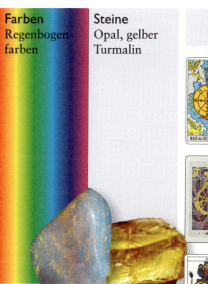

Numerologie
Die 10 bedeutet stetige Bewegung, das Auf und Ab. Der 7 des Schicksals wird die 3(-Einigkeit) der Schöpfung hinzugefügt. Deshalb Durchbruch, Entwicklung auf einer höheren Ebene, Erfolg; Reifung der Persönlichkeit und Pläne. Das Ganze. Erfolgsbewusst und zielgerichtet; im Bewusstsein einer höheren Kraft lebend und handelnd. Für die Karte 10 gilt zusätzlich auch die Numerologie der 1.

Astrologie
Der Planet Jupiter: Das Leben steht nie still, sondern fließt immer weiter, dehnt sich aus, lässt keine Grenzen gelten. Neue Ideen, neue Lebensphasen, ein neues Glück allenthalben – ein stetes Auf und Ab, ein Vorwärts und Innehalten. Grundsätzlich geht es um Expansion, Wahrheitssuche, Lebensfreude, auch um den Gottesbezug. Die Ziele sind immer sehr weit gesteckt.

Farben
Regenbogenfarben

Steine
Opal, gelber Turmalin

Rad des Schicksals als …

… Lebenskarte
Sie können lernen und anderen vorleben, im Auf und Ab des Lebens gelassen und fröhlich zu sein, großzügig und vertrauensvoll. Es geht um eine Erweiterung des Horizonts, die nicht allen Menschen gegeben ist.

… Jahreskarte
Dies ist ein unglaublich intensives Jahr für die Betroffenen. Ihre innere Jupiterkraft drängt nach Expansion, manchmal ohne zu wissen, wie. Deshalb sollte man jetzt nichts festhalten, sondern offen und fröhlich das Neue empfangen.

… Beziehungskarte
Machen Sie sich das Glück bewusst, das durch Ihren Partner bzw. Ihre Partnerin in Ihr Leben gekommen ist. Er oder sie ist der beste Spiegel Ihrer selbst. Dankbarkeit und gegenseitige Großzügigkeit helfen, dieses Glück zu leben.

Schattenaspekt
Wenn wir nicht bereit sind, das Neue und Gute anzunehmen und unser Leben dafür zu öffnen, verstreichen die besten Chancen ungenutzt. Wir selbst tragen in jedem Augenblick des Lebens Verantwortung für unser Glück, schon durch eine stimmige Bewusstseinshaltung. Auch: Vorwürfe an das „Schicksal" für eigenes Ungemach und so Ohnmachts- und Opferhaltung.

Entwicklungsziel
Das vermutlich wichtigste Entwicklungsziel hier ist, die Umstände, Ereignisse und Erfahrungen des eigenen Lebens wirklich anzunehmen als etwas, was zu einem selbst gehört. Das bedeutet jedoch nicht Fatalismus, Passivität oder Opferhaltung, sondern beinhaltet auch die Einladung, mit eigenen Kräften „am Rad so zu drehen", dass die Bewegung nach oben geht.

Fragen zum nächsten Schritt
- Was bedeutet Glück für Sie und Ihr Leben?
- Was macht Sie wirklich glücklich?
- Wo suchen Sie Ihr Glück?

XI Kraft
Lebenslust, Liebeskraft, befreite Vitalität

Grundsymbole
Tarot de Marseille und Rider-Waite-Tarot zeigen eine voll bekleidete Frau, die einen Löwen mit Leichtigkeit zähmt, wie eine elegante Dompteuse. Über ihr die liegende 8, die Lemniskate; sie weist darauf hin, dass die Frau in Übereinstimmung mit höheren Ebenen und Energien wirkt. Crowley lässt daraus eine nackte Frau werden, die auf einem wilden Tier mit einem Löwen- und drei Männerköpfen reitet. Das Thema ist so oder so: Erfahrung und „gezähmter" Umgang mit Urinstinkten.

Kernaussage
Große Aufgaben und Herausforderungen werden gemeistert, weil viel Kraft zur Verfügung steht. Wir sind bereit, lustvollere Energie in unseren Adern zu spüren. Der heilige Gral des Lebens öffnet sich im Inneren und erfüllt uns mit ekstatischer Energie. Halten Sie nichts zurück, wenn diese Kraft in Ihnen erwacht! Sie ist wie ein Frühlingswind, der Sie aufleben lässt und mit sich trägt, wenn Sie sich das erlauben. Sie hören wieder mehr auf Ihren Körper und weniger auf Ihren Kopf!

Rider-Waite
(Bei Rider-Waite ist das die Karte VIII!)

Crowley
(Hier: Lust)

Tarot de Marseille

Liebe / Beziehung
Diese Tarotkarte lädt uns ein, unserer vollen, überschäumenden Kraft, Lebensfreude und Lust Raum und Ausdruck zu geben. Die Mischung aus prickelnder Energie, freudvoller Erregung und zärtlicher Achtsamkeit, lässt unsere Herzen überfließen und unsere Körper vibrieren. Dadurch können unsere Liebesbegegnungen zu einem grenzenlosen Feiern unserer Lebendigkeit werden. Mit dem bzw. der Geliebten lustvoll zusammen zu sein, bedeutet, gemeinsam mit ihm den Fluss unserer Körperenergien zu wecken, zu lenken, zu genießen, zu zelebrieren. Sobald die Regungen unserer Seelen und Sinne Raum zur Entfaltung bekommen, können Lust und Lebenskraft uns und unsere Geliebten tief und umfassend beglücken. Dies setzt in uns eine ursprüngliche Kraft frei, die unser Miteinander zu einem Spielfeld von Kreativität und Lebendigkeit macht.

XI

Familie / Kinder / Eltern
Alles dreht sich jetzt um das Erleben tieferer Verbindungen und eines Reifungsprozesses, der damit einhergeht. Gerade bei jüngeren Familienmitgliedern werden sich jetzt auch wildere, leidenschaftlichere Kräfte Bahn brechen. Und bei älteren Partnern, Angehörigen oder Freunden findet vielleicht so etwas wie ein zweiter oder dritter Frühling statt mit allen Höhepunkten für die Betroffenen, aber häufig auch Turbulenzen für die anderen Menschen im näheren Umfeld. Anima-Kräfte melden sich unübersehbar. Mit ihrer Hilfe können wir selbst schwierige Situationen meistern. Das geht dann, wenn wir bereit sind, die immensen Lebenskräfte, auch erotischer und sexueller Natur, zu nutzen, und zugleich unsere eigene Integrität bewahren. Yin und Yang gehören eben zusammen und bringen gemeinsam Erfolg!

Beruf / Erfolg / Geld
Arbeit darf Spaß machen, und sie soll es auch! Nur wenn wir wirklich motiviert sind, wenn wir tatsächlich Lust auf etwas haben, aktivieren wir unsere Kreativität, unsere schöpferischen Talente, unsere materiellen und ideellen Ressourcen und unsere körperlichen, geistigen und seelischen Kräfte. Vertrauen Sie Ihrer Lebenslust als Anzeichen dafür, ob ein berufliches Vorhaben oder ein finanzieller Plan erfolgversprechend ist. Lebendigkeit, Lebensfreude, Zugang zur inneren Quelle sind auch hier wesentliche Grundlagen für Erfolg.

Kreativität / Selbstverwirklichung / Spiritualität
Indem wir unsere inneren Wirkkräfte vorurteilslos annehmen und in den Dienst der Liebe stellen, stehen sie uns als lebendiges Potenzial für den Selbstausdruck zur Verfügung. Die Botschaft dieser Karte ist eine Einladung, unserer vollen, ungebremsten Lebendigkeit genussvoll Raum zu geben. Wenn sich Lebenslust bewusst und achtsam entfaltet – sei es beim Essen, in Liebe und Sexualität, bei Spiel und Bewegung, bei spannenden Entdeckungen und allen anderen interessanten und intensiven Erfahrungen – fühlen wir uns glücklich und von innen her erfüllt.

Herausforderungen und Entscheidungen
Nicht altüberlieferte Sitten und Moralvorschriften sollen und können bestimmen, wie wir leben, sondern Herz und Lebensfreude. Was vermittelt dumpfe Schuldgefühle? Lassen Sie das los. Was vermittelt fröhliche Lebendigkeit? Wenden Sie sich dem zu. Erfüllung entsteht nicht durch ein schlechtes Gewissen, sondern durch lichtvolle Kraft.

Inspiration
Lebenslust, ganz gleich, in welchem Bereich wir sie erfahren, ist eine ursprüngliche und natürliche Weise, Ja zum irdischen Leben zu sagen und unseren Schöpfer zu ehren. Nehmen Sie instinkthafte, intuitive Seiten Ihrer Kraft in Besitz und erlauben Sie sich selbst, Ihr Leben in ein Abenteuer zu verwandeln.

Ich erlebe voller Freude die Kraft der Anima und gebe ihr Raum im Leben.

Station der Seelenreise
Die Urkraft unseres wahren Selbst will sich jetzt in jedem Bereich des Lebens voller Lebensfreude zum Ausdruck bringen. Genießen Sie das, was man Lebenslust nennen kann. Dazu zählen körperliche und emotionale Genüsse genauso wie seelische und spirituelle. Sie spüren erst jetzt so richtig, wie viel Kraft Sie wirklich haben.

Numerologie

Die 11 ist eine so genannte „Meisterzahl" (wohl deshalb, weil sich die 1 wiederholt). Es geht sicher um die Begegnung mit einer höheren Kraft, um Idealismus, vielleicht sogar Erleuchtung. Weitere Stichworte sind: inspiriert, veränderungsbereit und -fähig, visionär. Selbstverblendung und falsche Motivationen wären Schattenseiten der 11. Zur Karte XI gehört auch die Numerologie der Karte 2!

Astrologie

Löwe: Eine starke Persönlichkeit mit einer charismatischen Ausstrahlung, die allein durch Charme und Strahlkraft faszinieren und überwältigen kann. Selbstsicherheit, Loyalität und Großzügigkeit. Organisationstalent. Bisweilen Neigung zu Bequemlichkeit. Instinkt und Intuition verleihen Überzeugungskraft, die natürlichen Respekt schafft.

Farben

Rot-orange, kräftige Rottöne

Steine

Feueropal, Koralle

Kraft als ...

... Lebenskarte

Sie haben hier die Einladung, sich ganz eins zu erleben mit der Kraft und Intensität des Lebens, mit der Freude und Lust am Leben. Empfänglichkeit für eine tiefe Lebendigkeit, ohne Angst vor der eigenen Kraft.

... Jahreskarte

Sie können sich in diesem Jahr intensiv und lustvoll auf das „pralle Leben" einlassen. Sie stellen fest, dass diese Kraft nicht von außen kommt, sondern dass Sie Teil davon sind. Frühere Selbstbeschränkungen entfallen.

... Beziehungskarte

In der Partnerschaft geht es darum, erotisch-sexuelle Begegnung mit meditativ-geistigen Elementen so zu verbinden, dass eine freie Beziehung entsteht, in der das Leben und die Kreativität gefeiert werden.

Schattenaspekt

Sowohl das Verschleudern von Triebkräften oder die Gier nach immer neuen Höhepunkten wären Schattenseiten als auch die schiere Unterdrückung von Eros und Sexualität. Dahinter stecken häufig die Missachtung des Selbstwertes und mangelnde Wertschätzung des anderen. Damit steht die Sexualkraft nicht mehr für Kreativität und Transformation zur Verfügung.

Entwicklungsziel

Instinkt und Bewusstheit, ungestüme Kraft und Lust sowie Achtsamkeit und Weisheit schließen sich eben nicht aus. Lernen Sie, diese miteinander so zu verbinden, dass sich Herzensliebe entfalten kann. Ursprüngliche Lebens- und Liebeslust ist eine starke Antriebskraft, um für sich und andere das Leben fröhlicher und sogar ekstatischer zu gestalten.

Fragen zum nächsten Schritt

- Stehen Sie zu Ihrer inneren, urtümlichen Kraft?
- Können Sie das Leben genießen, allein oder zusammen mit anderen?
- Gibt es etwas, was Sie dabei bremst oder blockiert, Lust und Lebensfreude anzunehmen und selbst zu leben?

XII DER GEHÄNGTE
Neue Perspektive, Hingabe, Loslassen

Grundsymbole
Ein Mann hängt kopfüber von einem Baum oder Balken (bei Crowley von einem Henkelkreuz). Er ist aber nicht erhängt, sondern durchaus lebendig. Bei Rider-Waite und Crowley „tanzt" er sogar (drehen Sie die Karte einmal um!). Offensichtlich ist seine Lage, selbst wenn er unfreiwillig dort hineingeraten sein sollte, keineswegs lebensbedrohend. Vielmehr geht es darum, eine völlig neue Perspektive des Lebens zu gewinnen.

Kernaussage
Hingabe, den Eigenwillen loslassen. Der Gehängte bringt uns ein besonderes Geschenk: Wir können unsere Lebensansichten um 180 Grad verändern und eine große Portion der Vergangenheit, die bisher lähmend auf uns wirkte, loslassen. Dazu müssen wir jetzt wirklich stillhalten. Wir können uns selbst aus einem völlig neuen Blickwinkel betrachten – wie wir mit unseren Sorgen und Problemen umgehen, wie wir vielleicht sogar an ihnen festhalten. Eine neue geistige Freiheit bricht auf.

Rider-Waite

Crowley

Tarot de Marseille

Liebe / Beziehung
Wir sind aufgefordert, unser Liebesleben ganz neu zu betrachten. Jetzt ist es an der Zeit, Machtkämpfe zu beenden und uns in Nachgeben, Loslassen und Hingabe zu üben. Wir sollten darauf verzichten, den Partner oder die Beziehung verändern zu wollen. Stattdessen gilt es, alles ruhen zu lassen und uns selbst sowie unseren Partner – mit allem – so anzunehmen, wie wir sind. Dies lässt uns entspannen und wir können uns auf das, was ist, einlassen. Sobald wir innehalten und uns ganz öffnen, schenkt sich uns das Leben, die Liebe, die Intensität des Augenblicks. Indem wir lernen, ganz präsent und offen zu bleiben, wenn durch den Geliebten in uns Schmerz ausgelöst wird, kann die Liebe uns auch heilen und befreien. Das Geschenk des Einlassens und der Hingabe führt zu einem vollen Ja zu uns selbst und zu dem, was wir in jedem Moment erleben.

Familie / Kinder / Eltern

Diese Karte signalisiert die (vermutlich nicht ganz freiwillig gesuchte) Herausforderung, die Situation in Familie und Freundeskreis ganz neu zu betrachten. Sei es, weil man selbst alles „auf den Kopf" stellen möchte, sei es, weil ein Angehöriger „verrückt spielt". Eigensinn oder echter innerer Antrieb, unglückliche Umstände oder konsequente Folge früherer Entscheidungen: das ist hier nicht immer klar zu erkennen. Also gibt es eine Auszeit, eine Phase, in der sich der Betreffende überlegt, was er mit der Familie zu tun hat, wohin er gehört, was er als nächsten Entwicklungsschritt braucht. Symptome sind zum Beispiel, sich ganz anders zu kleiden, die Haare zu färben, das Zimmer zu streichen. So oder so: Jetzt geht es um eine neue Einstellung zu familiären oder freundschaftlichen Beziehungen.

Beruf / Erfolg / Geld

Sind Sie bereit, alles, was Sie bisher in Ihrem Leben erreicht haben, auch wieder loszulassen, wenn das für Ihre weitere Entwicklung und auch für künftigen, entweder noch größeren oder noch beständigeren Erfolg eine Voraussetzung darstellen sollte? Zum Rhythmus des Lebens gehören Einatmen und Ausatmen, Erreichen und Loslassen. Ohne ein Geben ist kein Empfangen möglich. Sie gewinnen jetzt eine völlig neue Sichtweise von Arbeit und Beruf, Karriere und Geld, Erfolg und Erfüllung. Es geht jetzt darum, innezuhalten und die Dinge neu zu sehen.

Kreativität / Selbstverwirklichung / Spiritualität

Wenn wir uns dem Leben öffnen und hingeben, sind Wunder möglich. Wir erkennen, wie unnötig es ist, in alten, überholten und erstarrten Sichtweisen zu bleiben und damit gegen den Fluss des Lebens anzukämpfen. Wenn wir unsere gewohnten Standpunkte freiwillig in Frage stellen, können schwierige Situationen und Lebenskrisen zu den größten Geschenken für unsere Selbstentfaltung und für unser spirituelles Wachstum werden. Sobald wir Widerstände aufgeben, erleben wir staunend, wie das Leben selbst sich um alles kümmert. Alles entfaltet sich auf vollkommene Weise.

Herausforderungen und Entscheidungen

Unsere Lage lässt nur zu, dass wir loslassen, uns hingeben, uns für eine göttliche, überpersönliche Lösung öffnen, und zwingt uns, eine völlig neue Sichtweise einzunehmen. Auf diesen Lerneffekt zielt diese Tarotkarte. Wir müssen abwarten und vertrauen, dass das Leben immer weitergeht, oft ganz anders, als wir denken.

Inspiration

Erst wenn wir unseren Eigenwillen loslassen, ist Raum für mehr. Die Ganzheit des Lebens bietet immer eine höhere Weisheit und Liebe an, die allen Beteiligten am besten nutzt. Gehen Sie mit der Haltung eines Entdeckers an Ihre Situationen heran und öffnen Sie sich für ungewöhnliche und aufregende neue Sichtweisen Ihrer Welt.

Ich gebe gewohnte Standpunkte auf und betrachte mein Leben ganz neu.

Station der Seelenreise

Das Leben zeigt Ihnen in diesem Stadium immer neue Perspektiven. Sie lernen (meist nicht ganz freiwillig) bislang unbekannte Sichtweisen, Denkabläufe und Wertvorstellungen kennen, die so gar nicht zu Ihrem bisherigen Leben passen. Seien Sie gewiss, dass es Ihnen in Zukunft sehr nutzen wird, sich jetzt darauf einzulassen.

Vom Narren bis zur Welt

XII

Numerologie
12 = 3 mal 4, Schöpfung und Formgebung. Ablösung von altem Karma ist möglich, auch Erfüllung der Lebensaufgabe. Der geschlossene Kreis (der 12 Tierkreiszeichen, der 12 Monate, der 12 Apostel). Weitere Stichworte: Bewusste Mitarbeit am schöpferischen Plan, hilfsbereit, kreativ. Selbstzufriedenheit und Selbstgerechtigkeit wären Fallen. Zur Karte 12 gehört auch die Numerologie der Karte 3.

Astrologie
Der Planet Neptun: Der Planet der Visionen und Illusionen steht in Beziehung zum Gehängten, weil auf der Karte jemand die Welt und das Leben aus einer völlig neuen Perspektive betrachten muss, die wie auf den Kopf gestellt ist. Da ist wie beim Neptun Stillehalten und Empfänglichkeit gefordert sowie die Öffnung für eine völlig neue Form der Kreativität.

Farben
Eis-, wasser-, wolkenfarben

Steine
Blauer Fluorit, Pyritwürfel

Der Gehängte als ...

... Lebenskarte
In diesem Leben ist eine entscheidende Lektion, Hingabe zu erfahren. Damit ist nicht Selbstaufgabe oder Opferhaltung gemeint, sondern die Bereitschaft, sich tief einzulassen auf das, was das Leben an Entwicklungschancen bringt.

... Jahreskarte
In diesem Lebensjahr geht es vor allem darum, den Eigenwillen mit der Entwicklungsrichtung der Ganzheit in Einklang zu bringen. Nachgeben; auch erlauben, sich im Herzen berühren zu lassen.

... Beziehungskarte
Eine spannende Beziehung, in der es keinen Sinn macht, an starren Strukturen oder eingefahrenen Mustern festzuhalten. Stattdessen besteht die Chance, sich in Freiheit immer wieder neu zu begegnen.

Schattenaspekt
Wir erleben uns vielleicht wie kopfüber gefangen, in vermeintlich ausweisloser Lage. Dann reagieren wir unter Umständen mit einem aussichtslosen Kampf gegen den „Tod" des Egos, mit dumpfer Resignation oder Verweigerung. Auch wenn es unfreiwillig, scheinbar „von außen" verursacht wird, müssen wir uns doch dazu bereitfinden, uns und unser Leben ganz neu anzuschauen.

Entwicklungsziel
Diese Karte fordert uns dazu auf, jederzeit bereit dafür zu sein, dass das Leben ganz anders kommt, als man denkt und erwartet. Die beste Hilfe ist dabei, schon mehrfach geübt zu haben, das Leben, Probleme, Chancen und Themen aus ganz anderen Blickwinkeln als den üblichen zu betrachten: von oben und von unten, von außen und von innen, auf dem Kopf.

Fragen zum nächsten Schritt
- Gibt es etwas, wogegen Sie Widerstand leisten oder wogegen Sie ankämpfen?
- Fühlen Sie sich in einer Situation festgefahren?
- In welchem Lebensbereich bzw. gegenüber welchem Menschen wird es Ihnen helfen, eine völlig neue Sichtweise einzunehmen?

XIII Tod
Transformation, Befreiung, Abschluss

Grundsymbole
Der Sensenmann geht um! Ein Skelett mit einer großen Sense (bei Rider-Waite in schwarzer Rüstung auf einem Schimmel) zieht durch die Lande. Eigentümlich dabei ist, dass beim Tarot de Marseille zwar Hände, Füße und Knochen umherliegen, aber auch höchst lebendig anmutende Köpfe und dass aus der Erde neues Grün aufkeimt. Bei Rider-Waite weisen drei lebende Menschen und vor allem die hinten aufgehende Sonne darauf hin, dass Tod nicht Ende, sondern Verwandlung und Neubeginn ist.

Kernaussage
Loslösung vom Alten. Großreinemachen, Abschied, Beendigung, Verwandlung. Wir können jetzt nichts mehr festhalten. Eine tief greifende Veränderung findet statt, mit oder ohne unser Zutun. Es ist eine radikale Transformation, und es geht nicht um den körperlichen Tod, sondern um eine umwälzende innere Ablösung. Alles Alte und Verbrauchte muss jetzt gehen. Ganz gleich, ob es innere Meinungen oder äußere Gegenstände sind, alles, was nicht mehr stimmt, wird losgelassen oder wird uns weggenommen.

Rider-Waite

Crowley

Tarot de Marseille

Liebe / Beziehung
Innere Einstellungen oder äußere, leblos gewordene Strukturen wollen sich auflösen, sodass etwas Neues, Frisches, Lebendiges in unser Leben einziehen kann. Wir sind aufgefordert loszulassen, was nicht mehr zu uns gehört und uns nicht länger glücklich macht. Abschied, Trennung und Loslassen sind wichtige Aspekte bzw. Phasen jeder Liebesbeziehung. Die Liebe kennt keinen Anfang und kein Ende, doch unsere Beziehungsformen können und müssen sich wandeln, um lebendig zu bleiben. Loslassen bedeutet nicht immer, etwas oder einen Menschen zu verlieren. Die Karte Tod ist vielmehr die Aufforderung, die Bilder, Illusionen und Vorstellungen, die wir auf das „Objekt unserer Begierde" projiziert haben, sterben zu lassen. Dies ist nur möglich, wenn wir uns vertrauensvoll dem Fluss der Liebe mit all seinen Veränderungen öffnen.

Familie / Kinder / Eltern

Seit längerer Zeit gärt eine tief greifende Veränderung, eine Transformation – möglicherweise ohne dass dies den Beteiligten bewusst ist. Das kann ein physischer Abschied, eine räumliche Trennung oder eine geistige Veränderung von gemeinsamen Grundlagen und Zielen sein. Vielleicht zieht ein Familienmitglied aus, weit weg. Widerstände gegen natürliche Veränderungen bringen meist nur unnötiges Leid mit sich. Hilfreicher und vernünftiger ist, sich den Sinn von Veränderung klarzumachen und sich für das Urvertrauen (erneut) zu öffnen, dass jeder Mensch, dass jede Seele immer geführt wird und dass wir uns alle auf dem bestmöglichen Weg zur Vervollkommnung befinden (obwohl das manchmal gar nicht so wirkt). Es ist eine Zeit der Klärung ohne Bewertung oder Verurteilung, um frei und bereit zu werden für das Neue.

Beruf / Erfolg / Geld

Welchen Reichtum, welche Fülle werden wir über den Tod hinaus haben? Das ist die eher philosophische Frage, wenn Sie diese Karte im Hinblick auf Beruf und Erfolg deuten. Eine andere naheliegende Frage ist: Von welchen überlebten, nutz- oder sinnlos gewordenen, „toten" Mustern, Zielen, Verhaltensweisen, Methoden sollten Sie sich jetzt trennen? Zugunsten eines Erfolgs, der über die unmittelbar überschaubare Zeitspanne hinausreicht! Das könnte ein Jahr sein, es könnten drei Jahre oder fünf sein und, wenn es um längerfristige Planungen geht, auch zehn bis zwanzig Jahre.

Kreativität / Selbstverwirklichung / Spiritualität

Ja sagen zu Veränderungen, zu Transformation ist ein Ja zum Leben. Altes muss ja erst vergehen, damit Neues entstehen kann. Wenn wir hingebungsvoll loslassen, entsteht eine ekstatische Befreiung vom Alten und wir erleben die Geburt des Neuen voller Freude. Natürlich ist es schmerzlich, wenn sich etwas Wichtiges aus unserem Leben verabschiedet. Wenn wir diesem Schmerz aber Raum geben und in der grenzenlos erscheinenden Trauer offen bleiben können, verwandelt sich Leid in Intensität und Hingabe. Es wird zum Tor zu unserem wahren, unbegrenzten Bewusst-Sein.

Herausforderungen und Entscheidungen

Die Einstellung des Loslassens wird hier noch intensiver als bei Karte 12 eingefordert. Sicher gibt es immer wieder Abschiede, Trennungen, wir müssen Menschen und Dinge aufgeben, wir erleben Verluste. Vor allem geht es jetzt darum, das in sich „sterben" zu lassen und abzugeben, was nicht mehr zu Ihnen, Ihrem Wesen, Ihrem Lebensweg passt.

Inspiration

Bei Abschied oder Verlusten erkennen wir oft erst das Wesentliche. Wenn wir durch das erste Leid hindurchspüren, stellen wir jedoch fest, dass dahinter etwas anderes, etwas Neues wartet. Der Tod ist wie eine Tür. Wir können nicht in ein Haus gehen oder in die Natur hinaustreten, wenn wir die Schwelle der Tür nicht überqueren.

Ich lasse Altes los und öffne mich für einen Neuanfang.

Station der Seelenreise

Achtung: Es geht *nicht* darum, dass Sie oder ein anderer Mensch sterben werden! Vielmehr steht diese Karte für die Einladung oder auch nachdrückliche Aufforderung, alles loszulassen, was sich von selbst, ganz natürlich also, aus Ihrem Leben verabschieden will. Halten Sie nichts fest, was gehen will. Je mehr Erstarrtes, Lebloses fortgeht, desto mehr Raum ist in Ihnen für Licht und neue Lebensfreude.

Numerologie

Es gab zwölf Jünger, mit Jesus als Meister. Das Jahr hat 13 Mondumläufe. Ist die 13 Unglücks- oder doch eher Glückszahl? Die 13 zeigt eine tief greifende Transformation für eine neue Bewusstseinsebene. In der 13 steckt numerologisch auch die 4!

Astrologie

Skorpion: Dieses Zeichen ist ein Doppelzeichen, nämlich der Skorpion auf der Erde und der Phönix, der sich aus der Asche in die Lüfte erhebt. Tod und Wiedergeburt, die Überwindung des letzten Schreckens des Lebens, Transformation, die in eine neue Existenz und auf eine neue Bewusstseinsebene führt. Ein stetiger Kampf, der zum „Sieg" führt.

Farben
Schwarz-weiß

Steine
Granit, Rauchquarz

Tod als …

… Lebenskarte
Ein Thema dieses Lebens ist das ewige „Stirb und werde", von dem schon Goethe sprach. Es geht also um Transformation auf jeder Ebene, an jedem Tag des Lebens. Nach jedem Loslassen oder Verlust folgt etwas Neues, eine Wiedergeburt. Aus Wandlungen und Krisen können wir gestärkt und befreit hervorgehen (und anderen helfen, dies auch zu tun).

… Jahreskarte
In diesem Jahr können Sie viel alten Ballast loslassen oder auch aktiv abwerfen. Alles, was nicht wirklich zu Ihnen gehört, darf sich jetzt auflösen und gehen, damit Ihre Wahrheit wie neugeboren erblüht. (Die Karte bedeutet *nicht*, dass Sie oder jemand anderes in diesem Jahr stirbt!)

… Beziehungskarte
Diese Beziehung ist geeignet, gemeinsam durch tief greifende Wandlungsprozesse zu gehen. Es ist wichtig, nicht bei den ersten kleineren oder größeren Krisen zu fliehen, sondern Herausforderungen gemeinsam zu meistern. So wird man auch zu einem Vorbild für andere.

Schattenaspekt
Schatten des Todes erleben wir meist beim Verlust von Menschen, Dingen oder Lebensumständen. Wirklich bedrückende Schatten entstehen jedoch erst dann, wenn wir unseren Gefühlen von Schmerz, Wut und Trauer nicht erlauben, ganz zum Ausdruck zu kommen, oder wenn wir uns weigern, das Verlorene auch innerlich loszulassen. Angst aus Unkenntnis über das ewige Leben.

Entwicklungsziel
Panta rhei – so nannten die alten Griechen den Umstand, dass alles fließt. In der Welt der Formen, in Raum und Zeit bleibt nichts immer gleich. Der Bach, in den Sie hineinsteigen, ist ein anderer als der, aus dem Sie herauskommen. Sich erfreuen an dem, was ist. Das, was weggeht, loslassen. Jeder Tag „stirbt" in der Nacht, jede kleine Veränderung ist eine Verwandlung. Erspüren Sie, was sich inmitten der Formen nicht wandelt.

Fragen zum nächsten Schritt
- Was fällt Ihnen schwer, loszulassen oder freizugeben?
- Wovor haben Sie wirklich Angst?
- Welche Chancen sehen oder spüren Sie, wenn Sie etwas Überholtes, Altes jetzt gehen lassen und sich einer unbekannten neuen Ebene öffnen?

XIV Mässigkeit
Ganzwerdung, Alchemie, ganzheitliche Harmonie

Grundsymbole
Eine übergroße menschliche Gestalt steht im Zentrum. Sie hat oft Engelsflügel und ein eher androgynes oder sogar weibliches Aussehen. Sie vollzieht eine bedeutsame Handlung: Sie gießt etwas aus einem Kelch in einen anderen; vielleicht ist es das „Wasser des ewigen Lebens", das vom Himmel kommt und in den Erdenkelch gegossen wird. Es geht bei dieser Karte immer um eine alchemistische Vereinigung.

Kernaussage
Innere Alchemie, müheloses Fließen und Geschehenlassen. Diese Karte ist eine wundervolle Botschaft aus dem innersten Wesen, dass wir nun bereit sein sollten, den Kampf gegen uns selbst aufzugeben und in Frieden mit all unseren Energien und Kräften zu leben. Dazu müssen wir lernen, uns anzunehmen, wie wir sind, und nicht, wie wir sein sollten! Dazu gehört, dass wir Ideale und Instinkte harmonisch aufeinander abstimmen. Gegensätze lösen sich auf, und Konflikte enden.

Rider-Waite

Crowley
(Hier: Kunst)

Tarot de Marseille
(Hier: Der Ausgleich)

Liebe / Beziehung
Diese Tarotkarte zeigt die Verbindung und Vereinigung von Gegenpolen und deutet somit auf einen alchemistischen Prozess innerer Verwandlung und Transformation. Für eine Partnerschaft weist dies auf eine Zeit großer Harmonie, intensiver Nähe und erfüllender Liebesbegegnungen hin. Das liebevolle Miteinander wird zu einer Quelle von heilender Kraft und nährendem Glück. Liebende können sich gegenseitig zu Entwicklungsschritten verhelfen, für die jeder allein wahrscheinlich eine viel längere Zeit benötigt hätte. Indem wir uns einer solch segensreichen Partnerschaft ganz öffnen und schenken, wird uns der Engel der Liebe vollkommen erfüllen. Diese Karte ist die höhere Oktave zu den Liebenden. Während sich die Liebenden noch im Anblick ihres Gegenpoles spiegeln, geschieht hier eine echte Vereinigung und Verschmelzung der Gegenpole zu einem größeren Ganzen.

Familie / Kinder / Eltern

Eine Chance für wachsendes gegenseitiges Verständnis und Toleranz für die Eigenheiten der Familienangehörigen bzw. Freunde. Wachstumsprozesse können nun ohne allzu große psychische Belastungen vollzogen oder abgeschlossen werden. Man versteht sich gut und ergänzt sich auf kreative Weise. So entsteht eine neue schöpferische und dabei „sanfte" Energie. Menschen erkennen mit einem Mal, dass die Verwandtschaft und die Wahlfamilie Seelenpartner sind, mit denen sie bestimmte Aufgaben, Vorlieben oder Erlebnisse verbinden. Jetzt ist die Zeit, sich – ohne Oberflächlichkeit aus purer Harmoniesucht – einander zuzuwenden und tiefere Verbindungen zu schaffen bzw. zu erkennen. So entsteht eine sichere innere Grundlage, um Zeiten zu durchleben, in denen die Archetypen der Karten XV und XVI akut werden.

Beruf / Erfolg / Geld

Wenn unser innerer Reichtum mit dem äußeren übereinstimmt und der äußere mit dem inneren, dann ist unser Leben in Harmonie mit unserer wahren Bestimmung. Genießen Sie die Fülle all dessen, was Ihnen zufließt, was Sie an Talenten und Fertigkeiten entwickelt haben. Gestatten Sie sich selbst, diese Gaben und Fähigkeiten kreativ und voller Leichtigkeit auszudrücken. Sie müssen jetzt nicht mehr kämpfen.

Kreativität / Selbstverwirklichung / Spiritualität

Wenn die Gegenpole in uns und der Welt in uns zu einer Ganzheit verschmelzen, erleben wir Vollständigkeit und tiefe Verbundenheit. Dazu lösen wir uns von Bewertungen, um so zu einem großen Ja zu den unterschiedlichen, manchmal auch widersprüchlichen Seiten zu kommen. Wir fühlen uns dann wie neugeboren. Eine harmonische Kraft aus unserer Wesensmitte übernimmt die Regie und fügt die Dinge auf wunderbare Weise. Wir erkennen, dass in unserem Leben eine höhere Weisheit wirkt, die weit über die Grenzen von Kontrolle und Verstand hinausgeht. Ihr können wir uns anvertrauen.

Herausforderungen und Entscheidungen

Es gibt so etwas wie eine Alchemie des Lebens: Aus Leben und Tod entsteht etwas Neues. Leid und Verluste sind ebenso wie Liebe und Fülle Bestandteile ein und derselben Ganzheit. Die Karte Mäßigkeit lädt Sie dazu ein, sich ohne Kampf und Krampf für das zu öffnen, was die Ganzheit in Ihnen ohnehin werden will. Es geht um Sowohl-als-Auch, nicht um Entweder-Oder.

Inspiration

Vertrauensvolle Annahme dessen, was ist, führt uns in eine Hingabe und Offenheit, die es der Liebe des Lebens möglich machen, uns zu verwandeln. Wir alle sind vom Leben dazu aufgerufen, als Katalysator zu wirken, um den Himmel auf die Erde zu bringen. Tun Sie das auf Ihre Weise.

Ich lasse mich in die Harmonie von Leben und Ewigkeit ein.

Station der Seelenreise

In einem Prozess der Neuausrichtung verbindet sich die Essenz Ihrer Erfahrungen mit Ihren Visionen. So entsteht ein neuer, eigener und einzigartiger Weg, Himmel und Erde zu vereinen. Damit schenken Sie anderen Hoffnung und Segen.

Vom Narren bis zur Welt

XIV

Numerologie
Es gibt 14 Nothelfer in der katholischen Kirche. Jeweils 14 bzw. ein Vielfaches davon beträgt die Zahl der Generationen (von Abraham bis David 14 Generationen, von David bis zur Babylonischen Gefangenschaft 14, von dann bis zu Christus ebenfalls wieder 14 Generationen). Schließlich gibt es auch 14 Kreuzstationen. Die 14 bildet eine Brücke zwischen Erde und Himmel. Diese Zahl enthält numerologisch auch die 5.

Astrologie
Der Planet Venus: Die Göttin der Liebe und Schönheit zeigt ein himmlisches Maß und eine höhere Kunst an. Dies manifestiert sich in Beziehungen, nicht nur den zwischenmenschlichen, sondern auch in solchen zwischen unserem Bewusstsein und dem Gefühl, dass sich Himmel und Erde in uns vollendet verbinden.

Farben
Himmelblau, gold

Steine
Aquamarin, Amethrin

Mäßigkeit als ...

... Lebenskarte
Das Leben lädt Sie ein, sich auf der Seelenebene tief zu entspannen und in Ihrem Sein zu ruhen. Alle notwendigen Transformationsprozesse, um Gegensätze aufzuheben und neue Harmonie hervorzubringen, laufen wie von selbst ab.

... Jahreskarte
Ihr Lebensjahr soll für Sie wie eine Oase sein, die Sie auf Ihrem manchmal beschwerlichen Lebensweg erreicht haben. Sie dürfen sich jetzt also ausruhen und aus der Quelle der schöpferischen Fülle schöpfen.

... Beziehungskarte
Sie beide haben die Chance, in einer Art von alchemistischem Prozess die Energien von Yin und Yang so zu verbinden, dass wirklich ein Ganzes, das Tao, gebildet wird, und Sie Ihre Individualität dabei bewahren.

Schattenaspekt
Der mit dieser Karte angezeigte wunderbar angenehme Zustand könnte dazu verleiten, träge und unachtsam zu werden. Aber es liegt in der Selbstentwicklung noch eine gute Strecke Weges vor uns. Wenn wir an dem schönen Gefühl festhalten wollten, würde uns das Leben von sich aus, eher unsanft, weiterdrängen.

Entwicklungsziel
Jeder von uns besitzt auch eine „Engelnatur", wie sie die meisten Darstellungen dieser Tarotkarte nahelegen. Wir erkennen, dass es ein Leben und Bewusstsein über den Körpertod hinaus gibt. Wir lernen, Himmel und Erde auf schöpferische und segensreiche Weise zu verbinden. Das allein ist schon ein ganzes Lebens-Lernprogramm, nicht wahr?

Fragen zum nächsten Schritt
- Was unterstützt Ihre innere Harmonie?
- Welche Gefühle und Erfahrungen können Sie jetzt im Herzen annehmen?
- In welcher Angelegenheit können Sie jetzt mit Vertrauen in die Himmelskräfte eine Harmonisierung bewirken oder zumindest fördern?

XV DER TEUFEL
Schöpferische Energie, Eigenwille, unbefreite Sexualität

Grundsymbole
Ein Teufel mit Bocksbeinen, halb tierisch, halb menschlichem Antlitz, mächtigen Hörnern (im Tarot de Marseille mit Fledermausflügeln). Kleinere nackte Menschen, eine Frau und ein Mann, sind angekettet. Richtig unglücklich sehen sie allerdings nicht aus! Im Crowley-Tarot sieht man einen Ziegenbock mit drittem Auge vor einem stilisierten Phallus, in dessen Hoden Menschlein wohl auf ihre baldige Verkörperung warten. So oder so geht es symbolisch um das Thema von Bindung und Verstrickung.

Kernaussage
Große kreative Kraft. Die Gefahr von Verstrickung oder Verkettung, wenn man sie eigennützig missbraucht. Besitzergreifende Macht, in der Sexualität oder in der Sucht. Der Teufel, wie wir ihn aus Kirchenlehren kennen, ist eine menschliche Erfindung und wird meist missverstanden. In Wirklichkeit verkörpert dieser Archetyp enorme kreative Energie, die nur, wenn sie falsch eingesetzt wird, zu unguten Bindungen führen kann. Schöpferische Macht sollte aber weder verdammt noch zum Idol gemacht werden.

Rider-Waite

Crowley

Tarot de Marseille

Liebe / Beziehung
Der Teufel zeigt das Prinzip von großer Schöpferkraft in der materiellen Welt. Bezogen auf eine Partnerschaft deutet er auf die Möglichkeit hin, gemeinsam etwas Handfestes und Sichtbares zu erschaffen oder zu erwerben. Jede Art von Besitzdenken – auch in Bezug auf den Partner – kann zu Eifersucht, Machtmissbrauch sowie sexueller oder emotionaler Unfreiheit führen. Aus einem inneren Gefühl der Unvollständigkeit versuchen wir dann vergeblich, die Liebe und Macht, zu der wir den Zugang verloren haben, durch Kampf bzw. Manipulation zu erzwingen oder zu erkaufen. Wir müssen lernen, die eigenen Grenzen zu erkennen und zu respektieren, Projektionen zurückzunehmen und frei von Besitzansprüchen zu lieben. Wenn Anziehung zur Abhängigkeit, und Verbindung zum Gefängnis wird, ist aus Liebe Angst geworden. Das tiefe Annehmen und Befreien dieser Angst in uns schenkt Kraft und die Fähigkeit zu einer bedingungsfreien Liebe.

XV

Familie / Kinder / Eltern
Nicht vergessen: Beim Teufel geht es nicht und nie um einen Dämon! Vielmehr neigen wir dazu, uns selbst oder Charakterzüge an uns zu verteufeln; dann projizieren wir sie (unbewusst) auf andere Menschen. So kommt es zu schlimmen Missverständnissen. Im Hinblick auf Familie und Wahlfamilie steht vor allem die Bewertung von Sexualität und von erotischer Anziehungskraft im Zentrum. Da wird oft verdrängt oder unterdrückt, hemmungslos ausgelebt oder manipuliert. Man meint, der Sohn „treibt sich herum", die Tochter „fällt auf den erstbesten Schönling herein". Die Eltern wirken verklemmt und wollen die Kinder nie selbständig werden lassen. Freunde werden in ungelöste eigene Themen verstrickt. Die Lehre dieser Karte: Echte Freiheit in Würde anstreben!

Beruf / Erfolg / Geld
Solange die Selbsteinschätzung unseres Erfolgs nur davon abhängt, was wir besitzen und wie wir über Geld Macht ausüben können, wird sich das Gefühl eines echten Erfolgs nicht einstellen. Denn wir leiden dann immer noch unter Mangel an Selbstwert. Sie besitzen jedoch ein unglaublich großes kreatives Potenzial, mit dem Sie große Erfolge erzielen können. Dass Sie dabei Ihre Freiheit und Unabhängigkeit bewahren möchten, ist in Ordnung, solange keine anderen Menschen in Abhängigkeit von Ihnen geraten.

Kreativität / Selbstverwirklichung / Spiritualität
Große kreative Kräfte warten darauf, in Freiheit und Bewusstheit entfaltet zu werden. Wenn es gelingt, innerlich ungebunden zu bleiben, können die Ergebnisse unseres Denkens und Handelns dem Wohle aller Menschen dienen, während wir unser Potenzial und die Erfolge genießen. Nur in innerer Freiheit kann echte Liebe erblühen. Nur in wahrer Freiheit kann uns das Leben beschenken und erfüllen. Wir haben stets die Wahl, ob wir Kräfte und Fähigkeiten eigennützig einsetzen oder in den Dienst der Liebe stellen. Hier hängt alles von unserer Wachheit und Ehrlichkeit ab.

Herausforderungen und Entscheidungen
Übernehmen Sie Verantwortung für das, was in Ihrem Leben auftaucht, auch für Verstrickungen. Erst dann gelangen Sie in die Eigenermächtigung, um falsche Bindungen und unstimmige Verhaltensmuster auch wieder lösen zu können. Sonst bleiben Sie in einer passiven Opferhaltung stecken. Entscheiden Sie sich gerade jetzt für Freiheit, Unabhängigkeit und Kreativität!

Inspiration
Wenn die Liebe zum Irdischen dazu führt, dass wir das Göttliche in jedem Menschen vergessen, dann stecken wir in einem golden anmutenden Gefängnis aus materieller Genusssucht. Lassen wir uns von der Materie der Welt nicht fesseln, sondern nutzen wir ihre Mittel, um im Einklang mit dem Göttlichen schöpferisch zu wirken.

Ich löse alte, negative Muster auf und öffne mich für geistige Freiheit.

Station der Seelenreise
Sie werden herausgefordert, in allen Erscheinungsformen des irdischen Lebens das Göttliche zu sehen, zumindest den ursprünglichen göttlichen Funken. Und Sie bekommen die Chance zu prüfen, wo Sie sich selbst oder andere durch falsche Identifizierungen in Abhängigkeitsmustern festhalten. Dies ist eine Zeit, um echte Freiheit und Kreativität zu erlangen!

Numerologie

Offensichtliche mythische Bezüge zur 15 gibt es nicht. So deuten wir sie vor allem als eine Fortentwicklung der 6, also der Zahl der Tarotkarte die Liebenden. Bei der 15 geht es jedoch nicht mehr um die ersten „unschuldigen" Freuden der Liebe, sondern um die möglichen Folgen und Verstrickungen von Emotionen, wenn das Ego allzu sehr mitspielt. In der Zahl 15 steckt numerologisch auch die 6.

Astrologie

Steinbock: Ehrgeiz verbindet sich mit Entschlossenheit, Kraft mit Durchhaltevermögen, Ansprüche (auch an sich selbst) mit dem Willen, zu gestalten und zu beherrschen. Der Steinbock verfolgt eine Ordnung, die seine eigene ist; dahinter verbirgt sich manchmal große Verletzlichkeit. Kreativität und Lustempfinden sollten frei, nicht zwanghaft gelebt werden.

Farben
Schwarz-rot

Steine
Onyx, Heliotrop

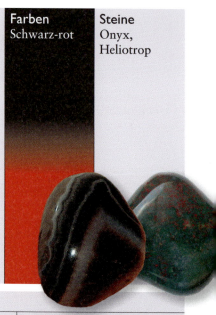

Der Teufel als ...

... Lebenskarte
Sie verfügen über unglaubliche kreative Kräfte. Nun müssen Sie lernen, die Möglichkeiten und Grenzen des eigenen Willens auszuloten und Ihre Kräfte sinnvoll einzusetzen, zum Nutzen aller Beteiligten.

... Jahreskarte
Dieses Lebensjahr bringt Ihnen unerwartete Chancen, Ideen umzusetzen und Pläne und Projekte zu verwirklichen. Kraft, Macht und Mittel werden dann langfristig wirksam, wenn Sie diese in den Dienst für die Ganzheit stellen.

... Beziehungskarte
Einerseits kann man sehr vieles gemeinsam in die Welt bringen und erreichen. Ein anderer Aspekt könnte sein, dass man alte karmische Verstrickungen besonders deutlich wahrnimmt, um sie zu lösen.

Schattenaspekt
Materie bindet unser Leben. Das ist sinnvoll, solange wir feste Grundlagen und schützende Häuser damit bauen und keine Gefängnismauern. Die schwierigen Aspekte haben mit Unbewusstheit zu tun: Dann unterdrücken wir Lebensfreude, freien Willen und schöpferische Energien und versuchen, Menschen, Dinge und sogar uns selbst zu versklaven. Ein Suchtverhalten, hinter dem eine Suche steckt!

Entwicklungsziel
Erkennen, dass es auf der Erde weder etwas ganz und gar Heiliges noch etwas vollständig Böses gibt. Bereit werden, Schatten anzuschauen und durch sie hindurch zu sehen, was dahinter steckt: göttliches Licht. Abhängigkeiten auflösen, dabei die eigene Kreativität und Lebenslust bewahren. Übrigens: Auch Luzifer ist göttlich und hat eine Aufgabe!

Fragen zum nächsten Schritt
- Fühlen Sie sich von einem Menschen, einer Situation oder einem Muster abhängig?
- Gibt es etwas, woran Sie sich voller Sorge oder Angst „klammern"?
- Setzen Sie Ihre Macht und Ihren Einfluss bewusst, achtsam und in Würdigung aller Beteiligten ein?

XVI DER TURM
Unfreiwillige Veränderung, Befreiung, Erneuerung

Grundsymbole
In einen hohen, starken Turm schlägt ein Blitz vom Himmel ein. Der Turm wirkt wie ein Verlies. Im Marseiller und im Rider-Waite-Tarot gibt es oben Fenster, unten jedoch keine Tür. Erst nachdem der Turm zerstört wird, gelangen die Menschen, die darin waren, nun heraus. Sie fallen zwar zu Boden, man hat aber nicht den Eindruck, dass sie sterben werden. Vielmehr verlieren sie ihre Masken. Im Crowley-Tarot blickt ein großes Auge auf die Zerstörung, die hier von unten kommt.

Kernaussage
Tief greifende Transformation (meist unfreiwillig), hohe Intensität. Radikale, rasche Veränderung. Festhalten bringt Schmerz und Leiden, Loslassen jedoch große Befreiung. Uns erreicht Hilfe von außen, selbst errichtete Gefängnisse zu verlassen. Das Schicksal selbst nimmt die Dinge für uns mit Macht in die Hand, wenn wir die Verstrickungen der vorigen Karte nicht aus eigener Kraft lösen. Die Chance, veraltete, beklemmende Umstände aufzugeben und uns aus selbst gebauten Kerkern zu befreien.

Rider-Waite

Crowley

Tarot de Marseille

Liebe / Beziehung
Als eine der stärksten Karten für Transformation und Befreiung schenkt uns der Turm eine wertvolle Gelegenheit, alte, erstarrte Beziehungsstrukturen aufzubrechen. Wir bekommen eine neue Chance, aus Gewohnheiten und Bequemlichkeiten in eine neue Lebendigkeit zu erwachen. Alle Beteiligten sind jetzt aufgefordert, innezuhalten und dem erforderlichen Umbruch vertrauensvoll Raum zu geben und ihn mit allen Konsequenzen anzunehmen. Wenn dies gelingt, werden die Kräfte des Wandels als befreiende Intensität erlebt. Hält man jedoch an bekannten Strukturen, bequemen Positionen oder Machtansprüchen fest, so verursacht dies nur unnötiges Leiden und eine Verlängerung des nicht zu vermeidenden Wandels, der jetzt ansteht. Nur jene Bereiche unseres Lebens werden zerstört und aufgelöst, die nicht mehr der inneren Wahrheit entsprechen und unserem optimalen Wachstum nicht mehr dienen.

Familie / Kinder / Eltern

Lebensgewohnheiten, die auf Schuldgefühlen, Ängsten, Machtansprüchen oder anderen überholten Denkmustern aufgebaut sind, werden unerwartet und scheinbar von außen zerschlagen. Das kann durch einen plötzlich notwendigen Ortswechsel erfolgen, durch eine neue Begegnung, die wie ein Blitz aus heiterem Himmel einschlägt, oder durch eine nicht vorhersehbare räumliche Trennung (zum Beispiel aufgrund von Umzug, Krankheit, Arbeitsplatzwechsel und so fort). Für Familie und Wahlfamilie heißt das: Masken fallen ab oder werden heruntergerissen; man muss sich gegenseitig wieder ganz neu und wie nackt zeigen und anschauen. Was wie ein drohendes Gewitter wirkt, führt jedoch in eine neue Freiheit, die man aus eigenen Kräften gar nicht hätte erreichen können. Der Umbruch bringt also einen Aufbruch.

Beruf / Erfolg / Geld

Wer sich zu stark nur über Besitz und Einkommen, über Stellung und Bankkonto definiert, lädt damit unwillkürlich auch Ängste vor Verlust und Abhängigkeit ein. Erfolg sollte eigentlich Glück und Sicherheit bescheren, verkehrt sich dann aber in einen Erfolgszwang. Bereits erstarrte und zu eng gewordene Strukturen müssen nun zuerst einmal wieder aufgebrochen werden, bevor neue Fülle in unser Leben gelangen kann, die mit Leichtigkeit errungene Erfolge mit sich bringt.

Kreativität / Selbstverwirklichung / Spiritualität

Die Masken fallen lassen und selbst gebauten Gefängnissen entfliehen! Wenn in Zeiten großer Veränderungen unsere Welt wie durch ein inneres Erdbeben erschüttert wird, gilt es, offen zu bleiben für alles, was sich in unserem Leben verwandeln will. Die Intensität dieser Verwandlung ist mitunter schmerzhaft. Meist ist sie jedoch großartig, aufregend und sogar lustvoll. Entscheidend dafür ist unsere innere Haltung. Bleiben wir offen und zur Hingabe bereit, kann jede Veränderung eine wertvolle Erweiterung unseres Horizontes und eine Bereicherung unseres Lebens sein.

Herausforderungen und Entscheidungen

Wenn wir notwendige Entscheidungen nicht selbst treffen (aus Angst davor, weil wir die Notwendigkeit nicht einsehen oder weil wir nicht wissen, wie wir vorgehen sollen), wird unser innerstes Leben, das höhere Selbst oder unser Unbewusstes, die Entscheidungen für uns treffen. Sie scheinen dann von außen zu kommen, bringen jedoch eine neue Wahrheit und Befreiung mit sich.

Inspiration

Alles Unechte, Erstarrte und Unstimmige wird uns genommen. Erst so wird eine Wiederauferstehung in ein neues, geklärtes und befreites Sein möglich. Umstände, in denen unser Leben erschüttert wird, bieten die Chance, sich auf die eigene innere Wahrheit und Kraft zu besinnen und Sicherheiten nicht am falschen Ort zu suchen.

Ich lasse Masken fallen und öffne mich für ein befreites Leben.

Station der Seelenreise

In diesem Lebensstadium erhalten Sie die wunderbare Chance, innere und äußere Fesseln zu sprengen. Wenn das Thema „dran" ist und Sie eigentlich (noch) nicht mögen, sorgt das Leben oder Ihr Unbewusstes auch ohne rationale Zustimmung dafür. Warum? Weil es Zeit ist, die Kraft und das Licht Ihres wahren Selbst ungehindert erstrahlen zu lassen.

Vom Narren bis zur Welt

XVI

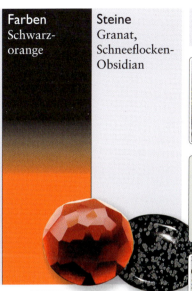

Numerologie
16 lässt sich „reduzieren" auf die 7. Turm und Wagen hängen somit numerologisch zusammen. Was sich bei der 7 an Ereignissen und Erfahrungen aufgrund vorhergehender eigener Entscheidungen klar ableiten und vorausplanen lässt, kommt bei der 16 als vermeintlich unpersönliche und unerwartete Schicksalswendung daher. Und doch haben wir dies im Verlauf der Zeit selbst bewirkt!

Astrologie
Der Planet Pluto: Der Planet der tiefgreifenden Transformation. Er wurde zeitgleich mit der Entdeckung der Atomspaltung und dem Entstehen von Krebs als Massenkrankheit entdeckt. Magie, Macht, Sexualität und Tod sind seine offensichtlichen Seiten. Tief greifende und oft nicht freiwillige Veränderung. Er führt über totale Verwandlung in eine neue Seinsform.

Farben
Schwarz-orange

Steine
Granat, Schneeflocken-Obsidian

Der Turm als ...

... Lebenskarte	... Jahreskarte	... Beziehungskarte
Ihr Leben wird vom Wunsch nach Entwicklung, Erweiterung, Veränderung und Vertiefung, also von Ihrem Drang nach Transformation auf allen Ebenen bestimmt. Nehmen Sie dies als Chance wahr und lassen Sie sich vom Leben selbst tragen.	Befreiung, Klarheit, Transparenz sind die Themen. Das geht vermutlich mit Umbrüchen einher, bei denen alte Ego-Strukturen aufgebrochen werden. Wenn wir nicht mehr festhalten müssen, erfahren wir neue Leichtigkeit.	Das Miteinander bringt eine Intensität, oft durch Kontraste oder Gegensätze ausgelöst, der man sich zu stellen hat. Macht und Ego können gelöst, sogar erlöst werden. Sie gewinnen Klarheit und die Kraft, alte Grenzen zu überwinden.

Schattenaspekt	Entwicklungsziel
Angst vor drastischen, aber unausweichlichen und letztlich befreienden Veränderungen. Man weigert sich, sich der persönlichen Transformation, der Wahrheit über das eigene Ego und das eigene Selbst zu stellen und ist in Sorge, wie „die Gesellschaft" darauf reagieren könnte, wenn Konventionen nicht mehr beachtet werden. Es geht um die „dunkle Nacht der Seele", die wir still durchzustehen lernen müssen.	Es gibt keinen Zufall, sondern nur die Notwendigkeit zur Entwicklung. Es gibt keine bösen äußeren Mächte, die etwas zerstören, sondern nur geistige Ursachen, die materielle Konsequenzen zeitigen. Um neue Möglichkeiten zu erlangen, muss ich bereit sein, alte Strukturen, die nur noch als Gefängnis taugen, aufzugeben. Dabei hilft uns oft der Himmel auf seine Weise.

Fragen zum nächsten Schritt
- Was will sich in Ihrem Leben verändern?
- Gibt es etwas, wovon Sie sich jetzt lösen wollen oder sollten?
- Welche Schritte oder Ereignisse wollen oder sollen Sie geschehen lassen?

XVII DER STERN
Inspiration, Transparenz, klare Visionen

Grundsymbole
Eine nackte Frau gießt aus zwei Krügen oder Kelchen Wasser oder ein Lebenselixier auf die Erde. Das Thema der Karte 14 (Mäßigkeit bzw. Kunst) taucht hier wieder auf. Die sicher segensreiche Flüssigkeit gelangt hier direkt zur Erde, um sie fruchtbar zu machen. Über der Frau strahlt ein heller großer Stern. Im Tarot de Marseille und bei Rider-Waite sehen wir all dies in einer blühenden Landschaft, bei Crowley eher in einem kosmischen Bezug (die Erde ist unten im Hintergrund als Horizont angedeutet).

Kernaussage
Kanal-Sein für das Göttliche, große Durchlässigkeit und Transparenz. Den „Himmel auf die Erde bringen" durch Ideen, Impulse und Visionen. Inspiriert dem Göttlichen dienen; Kristallisation. Der Stern ist immer ein Symbol der Hoffnung, ein Vorbote für Glück und eine Erinnerung an die himmlische Heimat! Wir sind ihr näher, als wir manchmal glauben. Das freie Fließenlassen der Energien bringt neue Zufriedenheit, überpersönliche Lebenskraft und Vertrauen in das Leben und seine Fülle.

Rider-Waite

Crowley

Tarot de Marseille

Liebe / Beziehung
Im Zustand der Offenheit und Transparenz, den der Stern repräsentiert, können die Energien von Liebe, Freude und Inspiration wieder frei fließen. Der Partner, der Ihnen jetzt nahe steht oder dem Sie begegnen, kann in Ihnen neue Dimensionen des Lebens öffnen. In Ihrem Miteinander erleben Sie sich offener und durchlässiger für kosmische Eingebungen. Gemeinsam sehen Sie die Welt mit neuen Augen. Alle Erfahrungen haben die Qualität von Leichtigkeit, Weite und Freiheit. Voller Staunen erleben Sie etwas Neues, Reines, Vollkommenes. Lassen Sie sich von der Schönheit und Freude Ihrer Liebesbegegnungen beflügeln und lassen Sie diese großzügig in Ihre Umgebung fließen, denn kaum etwas in dieser Welt ist für uns und andere so inspirierend, wie die Nähe zu einem Menschen, mit dem wir uns in wahrer Liebe verbunden fühlen.

XVII

Familie / Kinder / Eltern
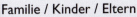
Nach dem „mittleren Erdbeben" bei Karte XVI sind hier alle Weichen auf eine gute neue Kommunikation gestellt. Geistige Tore öffnen sich für das Licht und die Inspiration aus höheren Ebenen. Eine liebevolle Art des Umgangs untereinander bekommt neue Chancen. Gemeinsame Ziele zeigen sich, die man miteinander anstreben und verwirklichen kann. Auch neue Freude am Familienleben und gemeinsame Unternehmungen. Das Vertrauen in die Angehörigen und Freunde wird stärker, weil wir selbst ein größeres Vertrauen in den „Himmel" und so auch zu uns selbst erleben. So wird die Familie zu einem Ort der geistigen Befruchtung und für kulturelle Interessen. Unter Umständen zeigt diese Karte auch eine ganz irdische Schwangerschaft an bzw. den Wunsch danach.

Beruf / Erfolg / Geld
Sie sind in einer Phase, in der Sie als „Kanal" für Visionen, Ideen, Pläne, Impulse und Vorhaben agieren können, die inneren, höheren Reichtum mit äußerlichem, irdischem Reichtum verbinden. Sie können jetzt wirklich Erfolg und Erfüllung manifestieren. Spüren Sie, was Ihnen Ihre feinen „Antennen" zum Kosmos, zum Himmel, zur höheren Inspiration übermitteln. Folgen Sie Ihrer inneren Stimme und geben Sie diesen Impulsen eine Chance, sich für Sie in Ihrem Leben praktisch zu verwirklichen. Das wird nicht nur Ihnen, sondern auch Ihrem Umfeld Nutzen bringen!

Kreativität / Selbstverwirklichung / Spiritualität
Die Möglichkeiten unserer Selbstentfaltung sind unbegrenzt. Das spüren wir ganz deutlich in kostbaren Momenten völliger Offenheit und Weite. Wir können jetzt unsere kreative Kraft freisetzen. In Situationen, in denen rationale Vorgehensweisen an ihre Grenze stoßen, kann eine erstaunliche Weisheit und Kraft von innen neue Perspektiven und Lösungen aufzeigen. Wir fühlen uns inspiriert und beflügelt und unsere bloße Gegenwart kann zum Segen für die Menschen in unserem Umfeld werden. Wir wirken als Kanal für die *eine Kraft*.

Herausforderungen und Entscheidungen
Hohe Herausforderungen sind nur dann zu meistern, schwierige Entscheidungen sind nur dann zu treffen, wenn wir uns in Verbindung mit spirituellen, überpersönlichen Kräften wissen und wenn wir aus einer kosmischen oder göttlichen Quelle Inspiration und Zuversicht ziehen. Dann wird auch das scheinbar Zufällige zum genau Richtigen.

Inspiration
Die beglückendsten Augenblicke des Lebens erfahren wir, wenn unsere Präsenz, Intensität und Hingabe die Türen zum Göttlichen öffnen. Dann werden wir zum Kanal für das höchste Licht. Bringen Sie Ihre Visionen mit Innigkeit und Kraft auf diese Erde und machen Sie sie so zu einer lebendigen, freudvollen Realität.

Ich lasse Harmonie aus höheren Ebenen durch mich ins Leben fließen.

Station der Seelenreise

Jetzt können Sie Ihre Schönheit und die des Lebens, Ihre Hoffnung in das göttliche Sein und die höheren Kräfte des Himmels frei in sich aufnehmen und durch sich hindurch in das ganze Leben und in Ihr Umfeld fließen lassen. Sie spüren jetzt, dass Sie selbst und Ihr Erden-Sein Ausdruck eines wundervollen schöpferischen Geistes sind.

Numerologie
Bernd A. Mertz nannte die 17 die Zahl der endlosen Hoffnung und Sehnsucht nach Liebe. Die Harmonie der Lemniskate, der 8, steckt numerologisch auch in der 17, aber bei der 17 geht es um eine höhere Bewusstseinsebene, nämlich um die Öffnung für die Harmonie der Sphären des ganzen Kosmos. Mit der 17 beginnt die entscheidende Wegstrecke auf der Reise zur Vollendung im Ganzheitsbewusstein.

Astrologie
Wassermann: Hier geht es um Visionen einer größeren Ganzheit, als deren Teil man sich versteht und erlebt. Persönliche Freiheit und gerechte soziale Verhältnisse werden angestrebt, weil man das Leben als Teil einer kosmischen Ordnung begreift, die keine kleinlichen Zwänge und Bestimmungen auferlegt, sondern zur schöpferischen Größe befreien will.

Farben
Türkis, hellviolett, weiß

Steine
Lapislazuli, Bergkristall

Der Stern als ...

... Lebenskarte
Sie können in diesem Leben lernen, als "Kanal" für das Göttliche zu wirken. So geben Sie Ihrem Leben eine Vision und einen Sinn, der über Sie als Person und über Tag und Jahr hinausreicht.

... Jahreskarte
Öffnen Sie sich in diesem Lebensjahr bewusst für die Eingebungen aus der geistigen Welt. Nutzen Sie die Zeit, Ihre Lebensvisionen zu erforschen und zu verwirklichen. Der Himmel hilft Ihnen dabei.

... Beziehungskarte
Sie haben als Paar eine große gemeinsame Ausstrahlung. Sie sind beide offen für kosmische Visionen und gemeinsame Aufgaben, mit denen Sie nicht nur sich und Ihrer Partnerschaft, sondern dem Leben dienen.

Schattenaspekt
Wer den Impuls zum harmonischen Neubeginn verschläft, fühlt sich zwar in dieser Sternenzeit durchaus wohl, verpasst aber die Inspiration und Freude, die das Auftauchen jedes Sterns mit sich bringen kann. Vorsicht vor vergangenen oder überholten Phantasiegebilden oder Projektionen, weil sonst die schöpferischen Entwicklungschancen versäumt werden.

Entwicklungsziel
Finden Sie Augenblicke oder sogar längere Zeiten der innigen Verbundenheit mit allem. Diese Erlebnisse von Einheitsbewusstsein öffnen Ihre Kanäle für jene Kräfte des Geistes, die Ihr Leben und das von uns allen erhellen und befruchten. Sie sind einer jener Menschen, die das Licht des Himmels sehen und auf die Erde bringen können. Sie sind ein Lichtarbeiter!

Fragen zum nächsten Schritt
- Was bedeutet es für Sie, Kanal für das Göttliche zu sein?
- Wie erleben Sie sich selbst dabei, wenn Sie sich für diese Möglichkeit öffnen?
- Was ist Ihre persönliche Lebensvision?

XVIII DER MOND
Sehnsucht, Geburt, letzte Prüfungen

Grundsymbole
Ein Krebs beginnt, aus seinem angestammten Wasserquartier herauszusteigen und sich auf eine lange Reise zum Mond am Himmel zu begeben. Diese offenbar gefährliche Reise führt ihn zwischen zwei Wachhunden oder Anubis-Schakalen und zwei Türmen oder Pyramiden hindurch auf eine Wüstenstraße durch ödes Land: einem milden Mondschein entgegen, der auch in Form eines Himmelsmannas seinen Segen herabregnen lässt.

Kernaussage
Schwelle zum Licht. Phase des Übergangs, der mit Identitätssuche und Ichkrisen zu tun hat. Geburt von etwas Neuem. Mit der Energie des Mondes befinden wir uns wie auf einer Gratwanderung: durch die innere Nacht der vom Ego bedeckten Seele gelangen wir zum Licht des höheren Selbst. Träume und tiefe Gefühle spielen in dieser Zeit eine wichtige Rolle. Wir sind aufgerufen, die Schleier unserer Ignoranz zu lüften und aufzuwachen. Es findet eine innere Initiation statt.

Rider-Waite

Crowley

Tarot de Marseille

Liebe / Beziehung
Es ist jetzt an der Zeit, dass in einer Partnerschaft etwas Neues geboren wird. Geburten sind in der Regel freudvolle Ereignisse, doch es gehören auch die Wehen, die Schmerzen und mitunter Krisen dazu. Machen Sie sich bewusst, dass alles, was jetzt in Ihrer Partnerschaft geschieht, Begleiterscheinungen eines natürlichen Prozesses sind, der in die glückliche Geburt von etwas Neuem münden kann. Diese Karte zeigt die Möglichkeit, gemeinsam einen entscheidenden Schritt hin zu Erkenntnis, Vergebung und Liebe zu machen. Wenn wir wirklich bereit sind, unseren Schattenbereich zu umarmen und zu durchschreiten, wird sich jede Mühe lohnen. Gerade die turbulenten Zeiten in einer Liebesverbindung können neue Räume der Verbundenheit öffnen. Wenn die Liebe und das Verständnis groß genug sind, wird jeder mutige Schritt zu einer Wachstumschance für ein befreites Leben.

Familie / Kinder / Eltern

Familie bedeutet naturgemäß Sicherheit, Geborgenheit, Wohlgefühl. Das ist unsere erste Lebenserfahrung (oder Sehnsucht, wenn wir das als Kleinkind nicht haben erfahren dürfen). Die Familie (schön oder schwierig) verliert in diesem Lebensstadium jedoch ihre bisherige Bedeutung, und eine andere Wirklichkeit taucht auf: der Aufbruch aus der Ursprungsfamilie in die Wahlfamilie. Es geht um Bewusstseinswandlung und den Entwicklungsweg von bequemen Gefühlen zur lichtvollen Erfüllung durch die gespürte Zusammengehörigkeit aller Wesen. So sehen wir uns und das Leben mit neuen Augen. Visionen und Hoffnungen von wahrer und dauerhafter Gemeinschaft überlagern gewohnte Rollenspiele und Höflichkeitsmasken. Wir sind auf dem Weg dorthin, wo alle ihre Heimat finden, wo wir uns alle als Familie erleben.

Beruf / Erfolg / Geld

Inzwischen ist bekannt und akzeptiert, dass rationale Intelligenz nicht reicht, um „Erfolg" im Leben zu haben. Wir wissen, dass es meistens viel mehr auf die „emotionale Intelligenz" ankommt, auf die Gefühle. Wie gehen wir mit unseren eigenen Gefühlen, Wünschen und Hoffnungen um? Achten wir die Gefühle unserer Kollegen, Vorgesetzten, Untergebenen, Mitarbeiter, Kunden? Gehen wir auch darauf ein? Die meisten von uns betreten echtes Neuland damit, Gefühle und Erfolg „unter einen Hut" zu bringen. Es lohnt sich: Sie werden eine ganz neue Welt der Fülle entdecken!

Kreativität / Selbstverwirklichung / Spiritualität

Wenn wir uns auf die Herausforderungen des Lebens bereitwillig einlassen, können wir auch aus schwierigen Situationen mit neuer Kraft und Klarheit hervorgehen. Es ist dafür entscheidend, den Kontakt zur inneren Wahrheit aufrecht zu erhalten. Dann können sogar Fehler und Irrwege zu Fortschritten werden. Wir sollten uns nun konsequent auf das Wesentliche besinnen und auf die Stimme des Herzens hören. So können wir die Sehnsucht stillen, das verborgene Licht zu finden, und neue Aspekte unseres Wesens verwirklichen.

Herausforderungen und Entscheidungen

Ihre Seele drängt darauf, neue Wege der Selbstverwirklichung, der Erfüllung von Lebensaufgaben und der Befreiung zu finden. Es geht jetzt nicht um den bequemen Weg des geringsten Widerstands, sondern darum, sich auf diese innerste Sehnsucht und Wachheit einzulassen, und um Aufrichtigkeit und Beharrlichkeit auf dem Weg, diese Sehnsucht zu stillen.

Inspiration

Wir sollten uns stets um Wachheit und Kraft bemühen, um die Prüfungen des Lebens zu bestehen und Krisen als Chancen zur Bewusstwerdung zu nutzen. Tauchen Sie ein in die reiche Fülle Ihrer oft tief verborgenen Schätze von Einfühlung, Mitgefühl, Fürsorge und dem Streben nach Licht.

Ich gehe meiner Sehnsucht nach und strebe sie als Ziel an.

Station der Seelenreise

Manchmal brauchen wir erst die Begegnung mit Schatten, um den notwendigen Impuls und die Motivation zu erhalten, ins Licht zu streben. Folgen Sie Ihren Gefühlen und verlassen Sie sich vertrauensvoll darauf, innere und höhere Führung, Hilfe und Schutz zu bekommen. Sie sind nicht allein!

Numerologie

Bernd A. Mertz schrieb dazu einmal: „Die 18 mit der Quersumme 9 gilt als 3x6 und steht als Symbol für die höhere Entscheidung." Sie hat numerologisch also mit der Karte Eremit zu tun, hier geht es jedoch nicht einfach um Abschluss und Einkehr, sondern vielmehr um Aufbruch in neue Gefilde. „Höhere Entscheidung" bezieht sich hier übrigens auf die spirituellen Lebensziele.

Astrologie

Krebs: Sensibilität, Mitgefühl (auch Mitleid?) und das Erfassen des Lebens über Gefühle sind wichtig. Man möchte dazugehören – zu einer Familie, zu einer Gruppe. Und man spürt eine tiefe Sehnsucht, sich aus den wohlig-vertrauten Wassern träumerischer Vorstellungen und fürsorglicher Zuwendung in eine neue Welt des klaren Lichtes zu erheben.

Farbe
Silber-weiß, hellviolett

Steine
Malachit, blau-grüner Amazonit

XVIII

Der Mond als …

… Lebenskarte	… Jahreskarte	… Beziehungskarte
Diese Menschen tragen eine tiefe Sehnsucht in Herz und Seele nach „mehr", die nicht an der Oberfläche der materiellen Welt gestillt wird. Sie sind auf dem Weg in eine lichte Transzendenz und können diesen Weg voller Liebe gehen.	Dieses Jahr wird vielleicht wie der Vorgang einer Geburt erscheinen: Ein Übergang von einem Element in ein anderes, neues, vermutlich verbunden mit Unsicherheit und „Wehen", bevor ein neues Leben im Lichte sichtbar wird.	Hier geht es um die Themen Gefühle, Familie, Mutterbild bzw. Mutterschaft. Damit hängen zusammen auch das Element Wasser, das Unbewusste, Schatten und die Gabe der Einfühlung und Intuition.

Schattenaspekt

Wenn sich innen und außen Zweifel, Sorgen und Ahnungen auftürmen, ist es schwierig, das Licht im Bewusstsein zu halten und das ersehnte Ziel weiter anzustreben. Vielleicht werden wir zur Beute selbst produzierter Illusionen und Ängste oder verlieren uns in übersinnlichen Eingebungen. Mondzeiten sind auch Krisenzeiten: Wir müssen Entscheidungen treffen.

Entwicklungsziel

So schwer es fällt, das angestammte gewohnte Leben zu verlassen und zu neuen, ungewissen Zielen aufzubrechen: es ist doch genau dies, was Ihre Aufgabe jetzt ist. In den meisten Fällen geht es dabei nicht gleich um die Existenz, sondern um einen Wohnort- oder Arbeitsplatzwechsel, um die Aufgabe von Bequemlichkeiten zugunsten eines hohen Lichtes.

Fragen zum nächsten Schritt
- Wonach sehnen Sie sich insgeheim am meisten?
- Mit welchen inneren Prüfungen beschäftigen Sie sich derzeit?
- Welche Schritte werden Sie unternehmen, um Ihrem Ziel (Ihren Zielen) entgegenzustreben?

XIX DIE SONNE
Lebensfreude, Kreativität, wahres Wesen

Grundsymbole
Zwei Menschlein, wohl Kinder (bei Crowley mit Flügeln) spielen vor einer schützenden Mauer, unter einer strahlenden Sonne. Ein Bild der Freude und Harmonie. Im Waite-Tarot ein einziges nacktes Kind, das auf einem jungen Schimmel sitzt. Die schützende Mauer wird hier von Sonnenblumen bekränzt. Im Tarot de Marseille lässt die Sonne (wie der Mond bei Karte 18 zuvor) eine Art Himmelsmanna herabregnen.

Kernaussage
Strahlende Manifestation, Lebensfreude, Lebendigkeit, Licht des wahren Wesens und der inneren und äußeren Natur. Segen durch Kinder. Erfolg. Wir leben mehr aus unserer Mitte heraus. Eine neue Reife beginnt, sich in uns zu manifestieren. Wir können Früchte ernten und genießen. Enthusiasmus und Freude begleiten diese Phase, und wir leben aus der Quelle unseres inneren Lichts. Sobald wir einmal dieses innere Licht erfahren haben, ist unser Weg niemals mehr dunkel.

Rider-Waite Crowley Tarot de Marseille

Liebe / Beziehung
Die Sonne als höchste Energiekarte im Tarot zeigt auch für eine Partnerschaft eine sehr glückliche und kreative Phase voller Liebe und Selbstausdruck. Jetzt können Sie sich mit Genuss und Begeisterung dem Spiel der Liebe und dem Tanz des Lebens öffnen und hingeben. Alle Türen für eine von Kreativität, Freiheit und Lebensfreude erfüllte Liebesbeziehung stehen jetzt offen. Bestehende Herausforderungen werden im rechten Licht gesehen, sodass sie ihre Ernsthaftigkeit und Schwere verlieren und sich wie Morgennebel in der Sonne auflösen. Das gemeinsame Leben kann spielerisch und humorvoll gemeistert werden. Wir erinnern uns an einen natürlichen Zustand grenzenlosen Glücks und eine ursprüngliche Lebendigkeit. Es gehört zu unserer Bestimmung, ekstatisch zu lieben und Liebe in Fülle zu empfangen. Dann existiert keine Trennung mehr, und Liebe wird als grenzenloser Raum des Lichts und des Glücks erlebt.

Vom Narren bis zur Welt

XIX

Familie / Kinder / Eltern

Diese Karte steht für Kindersegen, Freude durch Kinder oder innigen Kinderwunsch. Kurzum: für das, was als ein erfülltes Familienleben gilt. Auch Menschen, die keine eigenen Kinder haben (das sind heutzutage nicht wenige), können durch Kinder Segen erfahren. In entsprechenden Berufen (zum Beispiel als Erzieher/innen, Lehrer/innen oder Trainer/innen im Sportverein) können wir Kinder fördern und in ihren Augen dann und wann die Sonne leuchten sehen. Die Sonne erinnert uns auch daran, dass wir unseren eigenen Eltern (und die haben wir ja alle) von Herzen danken dürfen und sollen, dass wir durch sie dieses wundersame Leben führen. Auch wenn sie bereits hinübergegangen sind, können wir ihnen danken, in Gebet oder Meditation. Versöhnung, Wiedergutmachung, Vergebung stehen jetzt unter einem guten Stern. Feiern Sie Ihre Familie!

Beruf / Erfolg / Geld

Ihre schöpferischen Kräfte und Ihre persönliche Lebensfreude sind die Grundlagen Ihres Erfolgs. Geben Sie diesen Kräften der Lebendigkeit genügend Raum, um sich in Ihrem Leben zu entfalten. Wenn Sie in Verbindung mit dem wärmenden Licht der höchsten Kraft der Erde sind, dann sind Sie zugleich beschützt und werden in Ihrer Entwicklung gefördert, all das auszudrücken, was Ihrem wahren Wesen entspricht. Eine Zeit des Segens, die Sie nutzen sollten!

Kreativität / Selbstverwirklichung / Spiritualität

Die Karte lädt ein zu befreiter Lebendigkeit und ungehemmter Lebensfreude. Eine große kreative Kraft erwächst aus der Wesensmitte. Wir erleben bedingungsfreie Liebe und tiefe Zufriedenheit, die den Ausdruck unserer schöpferischen Fähigkeiten fördern. Wir können alles erreichen, was unser Herz bewegt. Wenn wir wissen, welche Erfahrungen wir machen wollen, und bereits das Denken daran uns innerlich jubeln lässt, steht der Erfüllung unserer Herzenswünsche nichts im Weg. Eine überpersönliche Kraft wird die Führung übernehmen, und wir wachsen über uns selbst hinaus.

Herausforderungen und Entscheidungen

Halten Sie die Probleme und Krisen Ihres Lebens in das klare Licht Ihres wahren oder höheren Selbst. Wie würden Sie die Dinge sehen und entscheiden, wenn Sie sich vorstellen, zeitlich oder räumlich weiter davon entfernt zu sein, auf sie wie von einem Berg herabzublicken? Welche Aspekte würde das Licht einer geistigen Sonne sichtbar machen?

Inspiration

Sie sind das leuchtende Zentrum Ihres Lebens, die strahlende Sonne, die alles in Ihrer Umgebung erwärmt und erleuchtet. Folgen Sie dem inneren Kind und seiner unverstellten Weisheit. So laden Sie Offenheit, Lebensfreude und Fröhlichkeit in Ihr Leben ein. Spüren Sie die Kraft des Herzens und schenken Sie sich mit dieser Kraft.

Ich freue mich am Leben und bin dankbar dafür!

Station der Seelenreise

Was öffnet und erfreut Ihr Herz am stärksten? Welche Erfahrung, welche Fähigkeit, welcher Aspekt des Lebens wärmt Ihre Brust und weitet Ihren Geist, erhebt Sie und stärkt Sie, lässt Sie wachsen und strahlen? Richten Sie sich in dieser Lebensphase auf die Kräfte und Dinge aus, die solche Gefühle in Ihnen auslösen. Dann wird Ihr ganzes Sein wie eine Sonne leuchten.

Numerologie

Die 19 enthält die erste und letzte Ziffer der Zahlenreihe. Alle 19 Jahre gelangt der Mond als Neumond gradgenau an dieselbe Stelle des Tierkreises. 19 ist, nach Bernd A. Mertz, *die* Karmazahl schlechthin. Die 19 ist im Tarot der Sonne zugeordnet, deren Licht den Mond ja erst leuchten lässt. Die Kräfte beider Gestirne wirken zusammen. Die 19 ergibt in der Quersumme zwei weitere Zahlen: die 10 und die 1, sie ist daher mit beiden numerologisch verbunden.

Astrologie

Sonne: Lebensfreude und Lebenssinn, Selbstsicherheit und Großherzigkeit – man lässt andere an den schönen Dingen des Lebens teilhaben, lebt den individuellen Selbstausdruck voller Vertrauen und Kraft und nimmt am Schicksal anderer Menschen Anteil, denen es (noch) nicht so gut geht bzw. die sich (noch) nicht so befreit fühlen.

Farben

Gold-weiß, gold-gelb, rot-gold

Steine

Bernstein, roter Aventurin

Die Sonne als ...

... Lebenskarte

Das Geschenk Ihres Lebens dient Ihrer Selbstverwirklichung. Das ist nicht etwa gleichbedeutend mit Egoismus, sondern lädt Sie vielmehr dazu ein, im Licht Ihres wahren Wesens zu leben und sich am Leben auch zu erfreuen.

... Jahreskarte

Nun können Sie endlich alle Vorhaben, die Sie sich schon lange erhofft haben, tatsächlich in die Praxis umsetzen. Lassen Sie sich dabei vom Gedanken leiten, wie mehr Licht für viele andere leuchten kann.

... Beziehungskarte

Alle Türen für eine erfüllte Liebesbeziehung stehen offen. Die wichtigsten Merkmale dafür sind: Kreativität, Individualität und Lebensfreude. Ihre Liebe findet auch spielerischen, humorvollen Ausdruck.

Schattenaspekt

Bei günstigen Lebensumständen vielleicht die Versuchung, oberflächlichen Genuss als das Höchste der Gefühle und Ziele anzusehen. Hang zur Selbstüberschätzung, zu Machtgelüsten und einem Mangel an gesellschaftlicher Verantwortung für das Ganze. Verborgenes Leid aufgrund von alten Herabsetzungen oder Geringschätzung in der Kinder- und Jugendzeit.

Entwicklungsziel

Die Freiheit, wir selbst zu sein und unser Leben aus einer inneren Wahrheit heraus zu gestalten, ist unser größtes Potenzial und zugleich unser natürlicher Zustand. Genauso sind es legitime Entwicklungsziele, ursprüngliche Lebensfreude und schöpferische Gestaltungskraft zu erfahren und zu verwirklichen. Denn erst dann können Sie Licht in Ihr Umfeld bringen.

Fragen zum nächsten Schritt

- Was möchten Sie jetzt mit Ihrer Kraft und Liebe durchleuchten?
- Auf welche Weise möchten Sie Ihre „innere Sonne" strahlen lassen?
- Wie werden Sie in der näheren Zukunft Ihr eigenes Licht bejahen und feiern?

XX GERICHT
Höhere Erkenntnis, Erlösung, Transzendenz

Grundsymbole
Ein gewaltiger Engel, der aus Wolken inmitten eines Strahlenkranzes auftaucht oder einfach im blauen Himmel erscheint und die Posaune bläst. Darunter springen Gräber auf, und Tote werden wiedererweckt (Rider-Waite), oder durch eine Art Jungbrunnen werden Menschen in ein neues Leben gerufen (Tarot de Marseille). Das Crowley-Tarot stellt den Entwurf eines kosmischen Menschen in den Mittelpunkt.

Kernaussage
Einsicht in die großen, übergeordneten Zusammenhänge des Lebens. Spirituelle Erkenntnis, geistige Auferstehung. Ablösung von der Vergangenheit, dem Ruf der inneren Stimme folgen. Sie weist auf inneres Wissen hin und erweckt uns, wenn wir hinhören, zu einem neuen Leben. Jetzt haben wir die Chance, andere Schwingungen unseres Energiekörpers in Tiefenentspannung oder Meditation wahrzunehmen. Es ist Zeit, die Welt hinter der Welt zu sehen und das Leben hinter dem Leben zu erspüren.

Rider-Waite

Crowley
(Hier: Aeon)

Tarot de Marseille

Liebe / Beziehung
Diese Karte deutet auf die Möglichkeit von tiefen, befreienden Erkenntnissen hin, die uns ermöglichen, Liebe und Partnerschaft mit neuen Augen zu betrachten und zu neuem Leben zu erwecken. Auf Grund der Erweiterung unseres Bewusstseins können wir uns aus den Bewertungen und Urteilen lösen, die möglicherweise unsere Beziehungen belastet und eingeengt haben. Mitunter können uns die Sicht- und Verhaltensweisen unserer Partner verwundern oder auch befremden. Betrachten wir die Welt einmal mit ihren Augen. Wenn es uns gelingt, uns in den anderen hineinzuversetzen, wird es möglich, ihm ein echtes Verständnis zu schenken, das seine Andersartigkeit umarmt. Dann kann sich das Miteinander immer wieder zu neuer Lebendigkeit und Frische erheben. Wenn wir aufhören, unsere Partner verändern oder richten zu wollen, können sie sich selbst und uns so sein lassen und wertschätzen, wie wir alle sind.

Familie / Kinder / Eltern

Der älteren Generation zeigt diese Karte einen zweiten oder dritten Frühling an; der jüngeren Generation eine neue Blickrichtung. Wir spielen nun nicht mehr die Rollen von Kind bzw. Mutter oder Vater, sondern erkennen, dass wir „multidimensionale" geistige Wesen sind, die aus dem Licht kommen und ins Licht gehen. So spielen auch im Familienleben und im Freundeskreis Werte und Ideale eine größere Rolle als die biologischen Verwandtschaftsgrade oder Alter, Geschlecht und so fort. Wir sollten jetzt auch besonders viel Verständnis dafür aufbringen, wenn ein Angehöriger oder ein Freund sich auf einen ganz eigenen Weg begibt, denn auf der inneren Ebene von Herz und Geist sind und bleiben wir immer verbunden, auch wenn einer von uns sich anscheinend ganz woandershin wendet bzw. gerufen wird.

Beruf / Erfolg / Geld

Was tragen Ihre berufliche Tätigkeit, Ihre Brotarbeit, Ihr gesellschaftlicher Erfolg und Ihre finanziellen Möglichkeiten dazu bei, dass Sie die Bestimmung Ihres Lebens erfüllen? Dass Sie sich selbst treu sind und im Vertrauen leben und handeln, dass Ihre Leistungen wichtiger Teil eines großen Ganzen sind. Sie und wir alle mögen dies zwar noch nicht recht überschauen, aber wir können im Vertrauen auf die Einbindung in eine höhere Bestimmung handeln.

Kreativität / Selbstverwirklichung / Spiritualität

Wir sind aufgefordert, ins Herz der Dinge zu sehen und nicht an ihrer Oberfläche zu verharren. Wir brauchen eine neue, höhere Sichtweise, um Einblick in die größeren Zusammenhänge des Lebens und der Welt zu gewinnen. Dann sehen wir hinter dem äußeren Schein einen tieferen Sinn. Wir werden uns dessen bewusst, dass die Weisheit des Herzens mehr erfasst und versteht als die Berechnungen des Verstandes. In uns wächst dann die Gewissheit eines vollkommenen Geführtseins auch inmitten oft unerklärlicher Ereignisse und Wendungen unseres Lebens.

Herausforderungen und Entscheidungen

Es gibt einerseits das Gesetz von Ursache und Wirkung. Das zwingt uns (allmählich, sanft oder rasch und nachdrücklich), Eigenverantwortung für unser Leben, unsere Gedanken, Gefühle, Worte, Handlungen, Entscheidungen und unsere Resonanz anzunehmen. Aber es gibt auch eine göttliche Gnade und Barmherzigkeit, die Erlösung und Befreiung schenkt.

Inspiration

Üben Sie sich immer wieder darin, aus der Froschperspektive des Massenbewusstseins auszusteigen und die Dinge von einer höheren Warte aus zu betrachten. Erlösung und Wiedergeburt entstehen, wenn wir Verzeihung üben, Güte erweisen, der Barmherzigkeit einen Raum geben. Am wichtigsten ist es oft, sich selbst zu vergeben!

Ich öffne mich für eine göttliche Lösung (der Aufgabe, des Problems ...).

Station der Seelenreise

Sie spüren, dass Sie aus einer „Himmelsebene" angerufen werden: zur Ganzwerdung, zur Erlösung aus falschen Begrenzungen, zur Auferstehung des wahren Selbst in seine Bewusstheit. Kein Mensch und auch keine höhere Instanz können Sie verurteilen, wenn Sie Ihrer inneren Wahrheit folgen. Achten Sie jetzt auf den Ruf, der Ihnen gilt.

Numerologie

20 ist die höhere Oktave der 2 und ist mit dieser numerologisch verbunden. Die Mondzahl 2 steht für die Begegnung des Menschen mit dem Unbewussten und dem inneren höheren Bewusstsein im Hier und Jetzt. Die 20 weist auf die Begegnung der Seele mit dem ewigen Jenseits hin. Wir hören den Ruf und erkennen unsere Teilhabe an einem großen Ganzen, das nur erlebt, nicht gedacht und beschrieben wird.

Astrologie

Jungfrau: Jetzt wird geerntet, was lange Zeit zuvor gesät worden ist. Gefühle, Gedanken und Taten, auch Hoffnungen und Vorstellungen. Menschenbild und Weltbild – also, was wir von uns und vom Leben glauben, ob wir ein „Jenseits", Gott, eine Ewigkeit für möglich halten – bestimmen, zu welchen Bewusstseinsebenen wir Zugang erlangen.

Farben
Lila-violett

Steine
Wassermelonen-Turmalin (rot-grün), Falkenauge

XX

Gericht als ...

... Lebenskarte
Eine wunderbare Möglichkeit, tiefen Sinn und übergeordnete Zusammenhänge zu erfassen. Damit können Sie sich selbst erkennen und auch andere besser verstehen. Nicht Urteile, sondern Vergebung ist wichtig.

... Jahreskarte
In diesem Lebensjahr erfahren Sie viel Licht und Leichtigkeit, wenn Sie beginnen, Bewertungen beiseitezulassen, allen Menschen zu verzeihen und damit auch sich selbst (!). Sie merken, dass es Sinn in Ihrem Leben gibt.

... Beziehungskarte
Sie haben großes Vertrauen in einen göttlichen Plan für Ihre Beziehung. Das erlaubt Ihnen beiden, das Mysterium von Partnerschaft und deren schicksalhafte Verknüpfungen und deren Sinn zu ergründen.

Schattenaspekt

Abgehobenheit von Weltlichem und Diesseitigem kann dazu führen, die Macht der irdischen Realität zu unterschätzen. Wer in allem und jedem esoterische Bedeutung sucht (und zu finden glaubt), hinter jedem Schnupfen unabdingbares Karma sieht und überall bedeutungsschwangere Omen wittert, wird den praktisch-konkreten Herausforderungen des Lebens nicht gewachsen sein.

Entwicklungsziel

Ein Ausdruck wahrer Freiheit besteht darin, dass wir uns frei wissen, alles, aber wirklich alles in Frage stellen zu können, was wir glauben, und dass wir nicht meinen, etwas glauben zu müssen, ohne selbst dessen Wahrheit persönlich erlebt zu haben. Nach jeder echten Ent-Täuschung sind wir wieder ein Stück freier, neu zu erwachen, sozusagen wiederaufzuerstehen.

Fragen zum nächsten Schritt

- Haben Sie innere Maßstäbe, die zu Urteilen über Sie selbst, über andere Menschen oder über das Leben führen, die Sie jetzt loslassen könnten oder sollten?
- Wo und wie suchen Sie nach Antworten auf Ihre Lebensfragen?
- Welchen Menschen können Sie helfen, einen besseren eigenen Weg zu finden?

XXI DIE WELT
Vollendung, All-Eins-Sein, Grenzenlosigkeit

Grundsymbole
Eine weibliche Gestalt tanzt beschwingt und leichtfüßig im All, umkränzt von einer Girlande oder einem Energieoval. In der Hand hält sie zwei Zauberstäbe (Magier, Hierophant u.a. haben nur einen). In den vier Ecken der Karte finden wir die Symbole der vier Evangelisten (Engels- bzw. Menschenkopf, Adlerkopf, Löwenkopf, Stierkopf), die zugleich auch für die vier Grundelemente der irdischen Welt stehen. Bei Crowley sind es die vier Cherubim. Hier tanzt eine Frau auf einer Schlange, welche die materielle Welt symbolisiert.

Kernaussage
Vollendung eines Lebensabschnittes oder Projektes. Im Einklang sein mit der Kraft und dem Willen des Ganzen. Bei sich selbst ankommen. Freiheit zum Neubeginn, Auflösung von altem Karma. Die Welt lädt uns auf einen Rundgang durch das Leben ein! Diesmal jedoch mit mehr Klarheit, Intelligenz und Liebe. Wir haben aus unserer Vergangenheit gelernt und schwingen freudiger mit. Wir sind nicht mehr mit allem Auf und Ab identifiziert. Der Absprung in ein ganz neues Leben ist möglich.

Rider-Waite

Crowley
(Hier: Das Universum)

Tarot de Marseille

Liebe / Beziehung
Diese letzte Karte im Zyklus der Großen Arkana deutet darauf hin, dass alles im Bereich von Liebe und Partnerschaft im vollkommenen Einklang mit dem kosmischen Ganzen ist. Unsere Partner sind wie Geschenke des Universums, die uns helfen, unsere eigene Vollständigkeit zu entwickeln. Damit vollendet sich in uns ein großer Lernzyklus, was gleichzeitig einen Neubeginn auf einer erweiterten Ebene unserer Liebesfähigkeit einleiten kann. Liebe strebt nach Vereinigung und Einheit. Sobald wir voller Wertschätzung in Einheit mit uns selbst sein können, werden wir auch alles bei unseren Geliebten zutiefst annehmen. Unser grenzenloses Sein mit einem geliebten Menschen bewusst zu teilen, ist das Größte, was Liebe im Menschsein verwirklichen kann.

Familie / Kinder / Eltern

Die Welt, das Universum, die Schöpfung – das bedeutet die Kontinuität des menschlichen Lebens, den Wechsel der Generationen, die karmischen Bündel, die wir von einer Existenzform in die nächste tragen. Wir spüren deutlicher als zuvor, dass Eltern, Großeltern und Ahnen, Kinder, Enkel und Verwandte, auch unsere Wahlfamilie etwas mit unserer Seelenherkunft und Seelenaufgabe zu tun haben. Wir fühlen die Verantwortung und zugleich die Chance, etwas weiterzugeben an eine neue Generation. Manchmal zeigt diese Karte auch die Geburt eines neuen Kindes in unser Universum an. Bisweilen vollzieht sich jetzt auch der Auszug in eine eigene und neue Wohnung, vielleicht sogar ein Umzug ins Ausland. Wir haben in uns eine Mitte gefunden, aus der heraus wir schöpferisch im Kreise unserer Lieben sein können.

Beruf / Erfolg / Geld

Eine der schönsten und zugleich für die meisten von uns schwierigsten Erkenntnisse bzw. Lektionen ist jene der Tarot-Karte 21: Reichtum, Fülle und Erfolg stehen jedem Lebewesen auf allen Ebenen des Seins ganz natürlich, ohne Kampf und Konkurrenz, sozusagen als Geburtsrecht offen und zur Verfügung. Der Bestseller von Rhonda Byrne, *The Secret*, hat diese Tatsache einem großen Publikum anschaulich und überzeugend nahegebracht. Wir müssen demnach zunächst unseren Eigenwert, unseren Selbstwert bejahen, um uns auch im tiefsten Inneren für die unendliche Fülle des Universums zu öffnen.

Kreativität / Selbstverwirklichung / Spiritualität

Ereignisse und Vorhaben können zu einem guten Abschluss geführt werden, da wir jetzt mit den Kräften des Universums im Einklang sind. Das Leben selbst unterstützt die Kreativität und Selbstverwirklichung. Was wir erfahren und vollenden, gehört zu unserem kosmischen Lebensplan. Alles, was wichtig und gut ist, wird wie von selbst auf uns zukommen. Wir brauchen nicht mehr zu kämpfen. Unsere Offenheit und das Vertrauen in das Ganze führen uns auf die nächste, höhere Ebene von Vollkommenheit. In dieser Welt ist alles mit allem verbunden, alles ist eins.

Herausforderungen und Entscheidungen

Eine der größten Lernaufgaben unseres Lebens scheint darin zu bestehen, uns auf die Ganzheit der Schöpfung einzulassen und zugleich den wesentlichen Anteil zu spüren, den unser individuell und eigenverantwortlich gestaltetes Leben dabei hat. Also: universal und unbegrenzt bewusst sein und zugleich in der irdischen Bedingtheit sein und „Es" wirken lassen.

Inspiration

Liebe ist die höchste und stärkste Kraft in diesem Universum. Von Liebe erfüllt zu sein bedeutet, in Einklang mit allem zu sein. Folgen Sie dem Ruf des Lebens zu Ganzheit und Harmonie voller Bereitschaft und Freude. Die Welt bietet Ihnen alles, was Sie erleben möchten, großzügig an.

Ich finde meine wahre Bestimmung im Einklang mit dem Universum.

Station der Seelenreise

Sie sind in einer neuen Dimension der Bewusstwerdung angekommen. Sie haben einen Grad der Selbsterkenntnis erreicht, der es Ihnen nun erlaubt, sich für noch größere, universale Zusammenhänge zu öffnen und schöpferische Geisteskräfte anzuwenden, um als kreativer Mitgestalter des Lebens zu wirken. Denken Sie dabei immer an den Dienst für alle.

Numerologie
Die 21 ist die Multiplikation der heiligen 3 mit der heiligen 7. Es ist die letzte und höchste Trumpfkarte. Die 21 ist die Vollendung des Entwicklungswegs entlang der 21 Stationen der Lebensreise (der Narr als 0 kann überall auftauchen). Die 21 ist die höhere Oktave der 3 und somit mit dieser numerologisch verbunden. Wo dort schöpferisches Leben auf der Erde geschieht, ist hier die Vereinigung mit der schöpferischen Quelle.

Astrologie
Fische: Mystik und Spiritualität, ein selbstverständlicher Umgang mit Ganzheit und All-Einheit. Natürliche Freude am Leben, an seinen Zyklen und Ereignissen, an seinen Phänomenen und Farben. Das Aufgehen oder Verschmelzen soll nicht zum Verlust von eigener Freiheit und Selbstbestimmung führen. Es braucht Mut, die Vollendung als „Lebenserbe" anzunehmen.

Farben
Tiefblau, weiß

Steine
Diamant, Amethyst

Die Welt als …

… Lebenskarte
In diesem Leben erfahren Sie die Vollendung von etwas, was seit Äonen als Seelenplan in Ihnen angelegt war. Es geht auch um den Einklang des individuellen Lebens mit der kosmischen Ordnung.

… Jahreskarte
Ein Lebensjahr der Vollendung, des Abschließens, auch der Erledigung. Sie bringen alle einzelnen Lebensbereiche in Einklang mit der Ganzheit Ihres Lebens. Sie erleben eine bislang ungeahnte Allverbundenheit.

… Beziehungskarte
Sie finden im Miteinander alles, was die Schöpfung für uns bereithält. Die Welt steht Ihnen offen und lädt Sie beide ein, mitzutanzen im kosmischen Reigen. Alles ist ganz genauso, wie es immer sein sollte.

Schattenaspekt
Alle positiven Resultate in unserem Leben sind nur zum Teil unsere persönlichen Erfolge, denn ohne den Segen des Ganzen blieben selbst unsere größten Bemühungen fruchtlos. Wer dies vergisst, fällt der Überheblichkeit und dem Hochmut anheim, grenzt sich von anderen Menschen ab und trennt sich selbst von der bewussten Verbundenheit mit dem Universum.

Entwicklungsziel
Als Teil der Welt entdecken wir gleichzeitig die Welt in uns. Als Teil der Schöpfung erfahren wir die in uns angelegten schöpferischen Kräfte. Als heiliges bewusstes Sein erleben wir, dass auch durch uns Heilung entsteht. Welche Beiträge können wir leisten, damit andere Menschen mehr Licht, Sinn, Erfüllung und Freude im Leben finden? Darum geht es bei dieser Karte.

Fragen zum nächsten Schritt
- Welche Situation, welchen Aspekt Ihres Lebens möchten Sie jetzt besonders und ausdrücklich feiern?
- Was möchten Sie jetzt dem Universum anvertrauen?
- Welche Unternehmung wartet darauf, dass Sie sie jetzt in Angriff nehmen, als Teil des universellen Plans Ihres Lebens?

5
Die 16 Hofkarten

Menschen und Vorbilder in unserem Leben

Diese Tarotkarten symbolisieren lebendige Menschen, nicht Archetypen, Qualitäten oder Stationen wie die Karten der Großen Arkana. Damit sind die 16 Hofkarten so genannte Personenkarten. Wenn eine oder mehrere Personenkarten in Ihrer Auslegung fallen, können Sie davon ausgehen, dass reale Personen für Ihre Frage eine Rolle spielen. Eine Karte kann sich sowohl auf Sie selbst als auch auf andere Menschen aus Umgebung, Familie, Freundeskreis oder Kollegenschaft beziehen.

Die Bezeichnungen für die Hofkarten variieren recht stark. Die meisten Decks zeigen drei männliche und eine weibliche Gestalt. Ich meine, dass es zwei weibliche und zwei männliche Edelleute sein sollten, nämlich zwei ältere und reifere und zwei jüngere.
- Rider-Waite nennt jedoch: König, Königin, Ritter, Bube.
- Crowley: Ritter (das ist im Crowley-Deck der König!), Königin, Prinz, Prinzessin.
- Tarot de Marseille: König, Königin, Ritter, Page (auch Bube).
- Nur ein weiteres Beispiel für zahlreiche andere, die gleich viele Männer wie Frauen zeigen, ist das Tarot der Liebe: König, Königin, Prinzessin, Prinz.

In diesem Buch verwende ich zwar die Kartenbenennungen von Rider-Waite, aber gemeint und auch so gedeutet sind es jeweils zwei männliche und zwei weibliche Gestalten, die folgendermaßen zu verstehen sind:
- König (entspricht bei Crowley dem Ritter) – souveräne Kraft der jeweiligen Eigenschaft; erwachsener bzw. reifer Mann, der innere Mann; Animus.
- Königin – souveräne Kraft der jeweiligen Eigenschaft; erblühte bzw. reife Frau, die innere Frau; Anima.
- Ritter (entspricht Prinz) – Entfaltung bzw. Botschaft der jeweiligen Eigenschaft; jüngerer Mann, der innere Junge; *puer aeternus* (der ewige Jüngling).
- Bube (entspricht Prinzessin) – Entfaltung bzw. Botschaft der jeweiligen Eigenschaft; jüngere Frau, das innere Mädchen; *puella aeterna* (das ewige Mädchen).

Die vier Elemente

Die vier Tarotfarben sind, wie bereits erwähnt, den vier Elementen zugeordnet (ich beschränke mich hier auf die gebräuchlichste Zuordnung):
- Stäbe: Feuer
- Kelche: Wasser
- Schwerter: Luft
- Münzen bzw. Scheiben: Erde

Wie kommt es zu dieser Zuordnung? Da es sich um die Darstellung höfischer Gestalten handelt, die aus dem alten Rittertum stammen, meinen manche Forscher, dass sich die Stäbe aus den Lanzen und die Scheiben aus den Schilden entwickelt haben. Die Schwerter sind geblieben, und die Kelche erinnern an den Heiligen Gral, dessen Auffinden für die Ritter der berühmten Artus-Runde eines der edelsten Ziele war.

Element Feuer: Stäbe
Das Feuer-Element symbolisiert in unserem Leben die Qualitäten von Aktion, Willen, Dynamik, Tatkraft, Entschlossenheit, Vorwärtsdrängen, Triebkraft. Feuer reinigt und läutert uns. Es trennt das Wesentliche vom Unwesentlichen, das Unvergängliche vom Vergänglichen. Es verwandelt kalte, tote Materie in lebendige Energie, es transformiert unsere innere Kälte und Dunkelheit in Wärme und Licht.

Element Wasser: Kelche
Das Wasser-Element repräsentiert in unserem Leben Gefühle, Empfindungen, Sehnsüchte, Sexualität, Beziehungen, Hingabe, Anpassung, Aufgeben von Kontrolle, Nähe, Liebe, den Wunsch nach Verschmelzung, das Sich-Einlassen auf den Fluss des Lebens. Vom Wasser lernen wir, Ja zu sagen, mitzufließen, unsere weichen und verletzlichen Seiten zu zeigen. Wasser gilt auch als Symbol der Heilung.

Element Luft: Schwerter
Das Luft-Element steht für Kommunikation, Austausch, Gedankenkräfte, Sprache, geistige Flexibilität, Weite, Freiheit, Phantasie, Übersicht, Planungen, Ziele, Intuition und Inspiration. Dieses Element fordert uns auf, die Kraft unserer Gedanken und Inspirationen zu gebrauchen, um unsere Herzenswünsche zu erkunden, Entscheidungen zu treffen sowie klare Absichten und Ziele zu formulieren.

Element Erde: Münzen bzw. Scheiben
Das Erd-Element repräsentiert materiellen Besitz, Körper, Körperlichkeit, Ernährung, Wohnung, Kleidung, Geld. Erde gilt als Symbol von Festigkeit, Verwurzelung, Sicherheit, Beharrlichkeit, Konstanz, Ordnung, Standfestigkeit, Stabilität und Naturverbundenheit. Wir können das Erd-Potenzial optimal zur Selbstverwirklichung nutzen, wenn wir uns auf die Schönheit, Vielfalt und Urwüchsigkeit der irdischen Formen einlassen.

Lesehilfe

Auf den Deutungsseiten zu den 16 Hofkarten finden Sie die folgenden Einträge:
- **Kernaussagen:** Prägnante Deutungen der wesentlichen Aspekte einer Karte.
- **Liebe / Beziehung:** Hier finden Sie Hinweise zur Deutung der jeweiligen Karte für die Bereiche Liebesbeziehung, Ehe und Lebenspartnerschaft.
- **Familie / Kinder / Eltern:** In dieser Rubrik geht es um die Beziehung zu den eigenen Eltern, den eigenen Kindern und zur Familie allgemein.
- **Beruf / Erfolg / Geld:** Deutungen an dieser Stelle beziehen sich nicht nur auf „Arbeit", sondern auch auf unbezahltes Wirken im sozialen Umfeld.
- **Kreativität / Selbstverwirklichung / Spiritualität:** Deutungen hier sind Angebote sowohl für den Bereich der „klassischen" Spiritualität als auch für das weite Feld von Selbsterfahrung und von künstlerischer oder anderweitig schöpferischer Tätigkeit.

- **Farben:** Die Stäbe sind generell der Farbe Rot zugeordnet (Feuer), die Kelche der Farbe Blau (Wasser), die Schwerter der Farbe Gelb bzw. Weiß (Luft) und die Münzen bzw. Scheiben der Farbe Grün bzw. Braun (Erde). Außerdem sind die vier Gestalten jeweils einem Element zugeordnet. Und zwar alle Könige (Ritter bei Crowley!) dem Element Feuer (Rottöne), alle Königinnen dem Element Wasser (Blautöne), alle Ritter bzw. Prinzen dem Element Luft (Gelb-weiß-Töne), und alle Buben bzw. Prinzessinnen dem Element Erde (Grün-braun-Töne). Deshalb finden Sie die entsprechenden Farbkombinationen bei allen Hofkarten.
- **Schattenaspekt:** An diesen Themen gilt es bewusst zu arbeiten.
- **Entwicklungsziel:** Ein Ausblick in die mögliche Zukunft.
- **Fragen zum nächsten Schritt:** Diese Fragen sollen Ihnen helfen, sich selbst noch klarer zu werden, wo Sie stehen.

Vom König der Stäbe bis zum Bube der Münzen

KÖNIG DER STÄBE
Tatkraft, Dynamik, Durchsetzungsvermögen

Kernaussage
Diese Karte repräsentiert inneres Wachstum und feurige Energien, die uns jetzt zugute kommen und helfen, uns aus einer festgefahrenen Situation zu befreien. Unser Tatendrang erwacht und wir können Hindernisse leichter überwinden, auch mit leidenschaftlicher Energie. Durchsetzungskraft, gepaart mit Weitsicht und Wohlwollen, kennzeichnet den kraftvollen König, der auf sein Ziel zustrebt. Die Karte weist auf mehr innere Bewusstheit, sie zeigt uns die nächsten Schritte an und ermahnt uns, Kraft nicht mit Nebensächlichkeiten zu vergeuden. Dieser König ermuntert uns durch seine lebensvertrauende Dynamik, seinem Beispiel zu folgen!

Rider-Waite

Crowley

Tarot de Marseille

Liebe / Beziehung
Diese Karte spiegelt uns die innere Bereitschaft, bestehende Herausforderungen in unserer Partnerschaft zu meistern und mögliche Hindernisse aus dem Weg zu räumen. Die reinigende und transformierende Kraft des Feuers hilft, vielleicht vorhandene Schwierigkeiten in Liebe zu umarmen und zu befreien. Nicht rücksichtsloses Agieren, sondern vielmehr die Hingabe an die Impulse des Feuers im Inneren eröffnen ganz neue Situationen und Möglichkeiten für ein befriedigendes und erfüllendes Miteinander. Wahre Liebe kann eine Kraft entfesseln, die verwandelt und befreit.

Familie / Kinder / Eltern
Der verständnisvolle Vater, der sich ruhig und umsichtig kümmert und anderen Familienmitgliedern Raum zur eigenen Entfaltung lässt. Es könnte auch ein Patriarch sein, der Autorität aus Lebenserfahrung und geistiger Überlegenheit ableitet. Damit fordert er (zumal bei Jüngeren) vielleicht Widerspruch heraus. Es geht auch um Hilfestellung durch einen reifen Mann bzw. durch ausgereifte Konzepte oder Pläne.

Beruf / Erfolg / Geld
Sie dürfen darauf vertrauen, dass sich die natürliche, durch Erfahrungen und Leistungen gewachsene Stärke Ihrer inneren Führung auch in Ihrem äußeren Leben immer wieder spiegeln wird. In dem Maße, wie Sie gelernt haben, Schatten anzunehmen, zu durchleuchten und damit zu verwandeln, wird Ihr inneres Lebensfeuer stärker. So zeigen sich immer wieder neue, nahezu unbegrenzte Möglichkeiten zur Selbstverwirklichung in Beruf und finanziellen Angelegenheiten. Durch sie ergibt sich Fülle auch für andere.

Kreativität / Selbstverwirklichung / Spiritualität
Um erfolgreich und kreativ zu sein, ist es jetzt wichtig, mit ganzer Kraft entschlossen zu handeln. Anstatt uns zaghaft zurückzuhalten, sollten wir unser inneres Feuer voller Begeisterung lodern lassen. Damit brennen wir alle Negativität und Hindernisse aus dem Weg. Wir haben nun den Mut, Ungewöhnliches zu wagen, uns selbst konsequent treu zu sein und uns aus Hemmungen und Ängsten zu befreien. Das Feuer unseres Herzens beflügelt uns, und wir folgen entschlossen dem Ruf der Freude und Liebe.

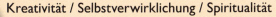

Farben
Feuerrot/mohnrot

Schattenaspekt
Manche Menschen haben Angst vor der eigenen Kraft und dem freien Ausdruck ihrer vorwärts drängenden Energie. Sie befürchten, andere zu verletzen oder (wie schon als Kind) für ihre Aktivität bestraft zu werden. Mit dieser Haltung bringen wir uns jedoch um einen Teil unserer Lebensfreude.

Entwicklungsziel
Wenn es etwas gibt, was Sie in Ihrem Leben erreichen möchten, dann geben Sie sich jetzt selbst die Freiheit, Ihre Tatkraft und Stärke mit Liebe und Freude zu leben. Indem wir unsere volle Kraft für das einsetzen, was unserer Wahrheit entspricht, finden und verwirklichen wir uns selbst.

Fragen zum nächsten Schritt
- Welcher Herausforderung möchten Sie sich jetzt stellen?
- Wohin ruft Sie Ihr inneres Feuer?
- Wie bringen Sie Ihre Zielausrichtung, Dynamik und Lebenserfahrung jetzt und in der überschaubaren nächsten Zeit am besten ein?

Königin der Stäbe
Sanfte Stärke, Mitgefühl, Selbsterkenntnis

Kernaussage
Eine erfahrene Frau, die Verständnis und Weisheit ausstrahlt und Sie auf sanfte Weise an die Hand nehmen kann. Diese Königin vergeudet keine Energie mehr mit unreifen Spielen. Sie muss nicht mehr im Außen nach sich selbst suchen. Sie erinnert an unsere eigenen Fähigkeiten und unsere eigene Mitte. Sie erweckt zur inneren Weisheit und Güte. Sie ist eine gute Partnerin bei jedem Versuch, selbstständig zu handeln und zu denken und den wahren inneren Werten mehr Gehör zu schenken. Eine belebende, Mut machende, weise Kraft, die weder andere noch sich selbst beherrschen muss, da sie aus einer natürlichen Form der inneren Autorität heraus lebt und wirkt.

Rider-Waite   Crowley   Tarot de Marseille

Liebe / Beziehung
Die Königin der Stäbe repräsentiert die Magie der Liebe, aus der heraus wir selbstbewusst und mitfühlend unserem Partner begegnen können. Jeder gemeinsame Schritt erfüllt uns beglückend mit neuer Liebeskraft. So finden wir wahre Erfüllung, die als Kreativität, Schönheit und tantrische Sexualität in unsere Liebesbegegnung fließt und harmonische Partnerschaften ermöglicht. Echtes Mitgefühl und wohlwollendes Verständnis machen es uns leicht, unseren Partner auch in seinen Schwächen liebevoll anzunehmen und in Krisenzeiten unterstützend zu begleiten.

Familie / Kinder / Eltern
Weiblich-ganzheitliche Urkräfte finden in den Führungseigenschaften der Mutterrolle einen deutlichen Ausdruck (der vielleicht manchmal als Überfürsorge oder Dominanz empfunden wird). Es ist die innerlich unabhängige Frau als Mutter, Schwester, Großmutter oder Tante bzw. eine Frau in dieser Funktion, die eine ebenbürtige Partnerin und Freundin in der Familie oder im erweiterten Freundeskreis der Wahlfamilie ist.

Beruf / Erfolg / Geld

Sie denken auch an das Glück und Wohlergehen anderer Menschen und handeln entsprechend. So blüht Ihr eigener Reichtum auf verschiedenen Ebenen immer weiter auf und Sie spüren keinen Mangel. Sie sind bereit, Wandlungsprozesse anzunehmen, als natürliche Durchgänge auf dem Weg der Fülle und des Erfolgs. Sie sind offen für sanfte Ideen und weibliche Impulse aus einer überpersönlichen Führung oder solche, die von außen zu Ihnen kommen. So werden Sie zur „Geburtshelferin" einer neuen Fülle.

Kreativität / Selbstverwirklichung / Spiritualität

Unsere bloße Gegenwart hat einen gewinnenden Einfluss auf die Menschen, wenn wir uns erlauben, leidenschaftlich und aktiv zu sein und gleichzeitig auch empfänglich und berührbar. Die aktive Kraft der Stäbe verbindet sich mit der weiblichen Präsenz einer starken, sich ihrer selbst bewussten Frau. Die Intensität, mit der wir fühlen und handeln, braucht Geduld, Verständnis und Zärtlichkeit. Die verwandelnde Kraft der Liebe öffnet unser Herz für Mitgefühl mit den Menschen in unserem Leben.

Farben
Feuerrot/königsblau

Schattenaspekt
Wir können und dürfen anderen nicht die Verantwortung dafür abnehmen, ihr eigenes Glück selbst zu finden. Jede Form von überheblicher Belehrung, Kritik oder Verurteilung schafft eine Trennung, die das Ziel unseres Engagements verfehlt und den Erfolg unserer Arbeit in Frage stellt.

Entwicklungsziel
Entscheiden Sie sich, auf welche Weise Sie Ihr kreatives Potenzial weiblicher Kräfte einsetzen und nutzen möchten. Nehmen Sie damit bewusst die Verantwortung für die aktive Lebensgestaltung an. Geben Sie Ihrer inneren Dynamik und nährenden Stärke Raum.

Fragen zum nächsten Schritt
- Auf welche Weise teilen Sie Ihre Kraft und Liebe mit anderen?
- Gibt es einen Menschen, dem Sie sich öffnen und anvertrauen können?
- Wie geben Sie Ihrem Selbstbewusstsein und Mitgefühl den besten Ausdruck im Alltagsleben?

Ritter der Stäbe
Mut, Kreativität, Freiheitsdrang

Kernaussage
Der junge Ritter bzw. Prinz ist wie ein Frühlingssturm, der unser Herz öffnet und uns an Zeiten in unserem Leben erinnert, wo wir genauso spontan und frei waren wie er. Auch wir tragen diese wundervolle, junge, vor Lebenslust sprudelnde Energie in uns, die jetzt an die Oberfläche dringen möchte, um sich in der äußeren Welt zu manifestieren. Spontaneität und Freiheit sind immer noch in uns vorhanden, vielleicht begraben unter all den Sorgen und Problemen des Alltags, aber trotzdem noch genauso lebendig wie früher. Daran möchte der Prinz uns erinnern, uns aufwecken und mitnehmen auf seine erregende, von Leben pulsierende Fahrt in eine neue Lebensphase.

Rider-Waite

Crowley

Tarot de Marseille

Liebe / Beziehung
Diese Karte deutet darauf hin, dass die Wachstums- und Entwicklungsmöglichkeiten in einer Partnerschaft geradezu unbegrenzt sind. Die ganze Welt steht uns offen. Dynamik und Risikobereitschaft, Optimismus und Leichtigkeit erfüllen alle Lebensbereiche. Gemeinsam können wir jetzt Aufgaben anpacken und Herausforderungen meistern, an die wir uns sonst kaum heranwagen würden. Der Ruf unseres Herzens macht uns mutig, auch ins Unbekannte zu gehen. Die Treue zu unserer Herzenswahrheit verleiht uns Flügel und überwindet alle Begrenzungen.

Familie / Kinder / Eltern
Vielleicht gibt es in Ihrer Familie oder im Freundeskreis männlichen Nachwuchs, einen „Stammhalter", oder einen Wunschprinzen als Schwiegersohn? Auf jeden Fall ist es eine gute Zeit, um den Austausch mit jungen Leuten zu suchen, der auch dann kreativ sein kann, wenn es noch nicht um ausgereifte Ideen geht. Jemand in Ihrem Umkreis bringt gute Vorschläge, die Sie zumindest einmal anhören sollten.

Beruf / Erfolg / Geld
Stellen Sie fest, was Sie wirklich anstreben. Richten Sie Ihre Energie klar und beständig auf das erkannte Ziel. Dann kann Sie nichts daran hindern, es auch zu erreichen. Analysieren Sie dabei nicht nur mit dem Verstand, sondern lassen Sie auch die Augen Ihres Herzens schauen und hören Sie dabei auf die Stimme Ihres höheren Selbst. Dann erfahren Sie, dass die ganze Welt immer ein Spiegel unseres ganzen Selbst ist, ein Feld voller Möglichkeiten, in dem wir selbst durch unsere Ausrichtung entscheiden, was wir anziehen.

Kreativität / Selbstverwirklichung / Spiritualität
Unsere jugendlich-frische Offenheit für neue Erfahrungen befreit uns aus den Bindungen der Vergangenheit. Indem wir uns mit weitem und offenem Herzen dem Leben anvertrauen, schöpfen wir neuen Mut und Lebensfreude. Natürlichkeit und Spontaneität sind unser bester Schutz und wir dürfen uns selbst einfach so sein lassen, wie wir sind. Wir wachsen über uns selbst hinaus und verbreiten Optimismus, Liebe und Freude.

Farben
Feuerrot/orangegelb

Schattenaspekt
Hier geht es um den verletzten Teil unseres inneren Kindes. Es wurde in seiner ursprünglichen Offenheit nicht angenommen und unterstützt. Deshalb fürchtet es sich vor Lebendigkeit, lehnt sie vielleicht sogar bei anderen ab und fühlt sich vom Leben ausgeschlossen.

Entwicklungsziel
Wahre Freiheit bedeutet nicht immer, das zu tun, was wir wollen, sondern die Offenheit dafür, den Willen der Ganzheit und die natürliche Entwicklung des Lebens durch uns wirken zu lassen. Lebendigkeit und Weisheit können Sie als zwei Seiten einer einzigen Medaille erfahren.

Fragen zum nächsten Schritt
- Für welche Erfahrungen sind Sie jetzt offen?
- Wofür möchten Sie Ihre Kraft und Fähigkeiten einsetzen?
- Welcher junge Mann bringt jetzt Ideale (und Wirbel) in Ihr Leben?

Bube der Stäbe
Optimismus, Neubeginn, Ekstase

Kernaussage
Der Bube bzw. die Prinzessin lockt uns mit einer neuen Freiheit. Wir können unsere oft selbst auferlegten Behinderungen loslassen, die eigenen Fesseln lösen und wieder mit unseren lebensspendenden Energien fließen. Wir haben die ungehemmte, angstfreie Kraft der Prinzessin auch in uns. Enthusiasmus und innere Freude liegen oft nur unter einer dünnen Schicht von Negativität begraben. Es ist Zeit, diese Freude hervorzuholen, damit ihre belebenden Kräfte unser ganzes Dasein erfüllen und wir alle Schleier von Traurigkeit und Energielosigkeit ablegen. Die freudige, optimistische und mutige Art der Prinzessin stimuliert dieselben Kräfte in uns!

Rider-Waite

Crowley

Tarot de Marseille

Liebe / Beziehung
Zu lieben bedeutet, sich achtsam sich selbst, einem geliebten Menschen und schließlich dem ganzen Leben zu öffnen. Dazu braucht es die Bereitschaft, allem in uns zu begegnen, was die Liebe sichtbar macht. Dies befreit uns von Angst und macht uns somit frei für die Liebe. Wir können uns jetzt angstfrei und offen zeigen. Denn Freiheit ist keine Flucht vor der Liebe, sondern wächst wie ein zartes Pflänzchen auf dem Boden tiefen Einlassens.

Familie / Kinder / Eltern
Jemand, meist eine jüngere Frau, in Familie oder im Freundeskreis der Wahlfamilie, braucht stillschweigende moralische Unterstützung. Es geht nicht darum, schon jetzt klar zu wissen, was wird, sondern urteilsfrei für diesen Menschen einfach „da zu sein" (vielleicht sind das sogar Sie selbst!). Alle Gedanken, Pläne und Unternehmungen, die mehr Lebensfreude in die Familie bringen, sind jetzt „angesagt".

Beruf / Erfolg / Geld
Sie beginnen, den Kräften des Lebens tiefer zu vertrauen, und entdecken so, vielleicht zum ersten Mal, dass Fülle und Reichtum aus einer inneren bzw. höheren Quelle sprudelt, die nie versiegt und für deren Fluss Sie auch nicht kämpfen müssen. Sie erproben, Ängste loszulassen und eine innere Gewissheit entstehen zu lassen, dass alles, was Sie zur Erfüllung von Herzenswünschen wirklich brauchen, tatsächlich immer vorhanden ist und Ihnen ganz von selbst zufließen möchte.

Kreativität / Selbstverwirklichung / Spiritualität
Wir sollten uns den Herausforderungen des Lebens stellen und das tun, was der inneren Wahrheit entspricht und Freude bereitet. Zaghaftes Denken und ängstliches Verhalten können wir jetzt ablegen bzw. überwinden. Wir können uns unbeschwert und vertrauensvoll den Kräften unserer Seele anvertrauen und überlassen, ohne allzu viel Rücksicht auf Sitten und Gewohnheiten zu nehmen. Indem wir mutig etwas Neues wagen, fühlen wir uns sicher geführt, erleichtert und wie von unsichtbaren Fesseln befreit.

Farben
Feuerrot/ziegelrot

Schattenaspekt
Die Angst vor Freiheit und Selbstverantwortung ist so weit verbreitet, dass sehr viele Menschen die vermeintliche Sicherheit von (sorgenvoller) Selbstbeschränkung einer Offenheit und Unbegrenztheit des Lebens vorziehen, die weniger sicher scheint, aber sprudelnde Lebensfreude bringt.

Entwicklungsziel
Das Leben ist voller Wunder. Folgen Sie Ihrer Abenteuerlust und gehen Sie auf neuen Wegen, vielleicht sogar auf ungewisse Ziele zu. Sie strahlen unbekümmerte Fröhlichkeit und herzliche Dankbarkeit aus, und schenken so Ihrer Umwelt etwas sehr Wertvolles.

Fragen zum nächsten Schritt
- Wovor hätten Sie derzeit am meisten Angst oder Sorge?
- Was wäre dabei die schlimmste Erfahrung und was würden Sie daraus lernen?
- Wie werden Sie Ernsthaftigkeit und jugendlichen Charme, neue Energie und Hoffnung in Ihre nächsten Schritte einbringen?

König der Kelche
Kraft der Liebe, Wahlfamilie, Hingabe

Kernaussage
Der König der Kelche hat die Hingabe und den Wunsch, sich mit seiner wahren (Seelen-) Familie zu verbinden. Dieselbe Kraft in uns zeigt sich auch als Sehnsucht nach einem echten Liebespartner, einem Seelenpartner, dem wir total vertrauen können. Wir möchten, wenn diese Karte gezogen wird, das Verlangen nach liebevoller Zuneigung bekunden und sind auch bereit, diese selbst zu geben. Dieser König hat keine Schwierigkeiten, seine Gefühle auszudrücken und auch andere an seinem tiefen Innenleben teilhaben zu lassen. Die Karte besagt, dass wir uns in diese Richtung öffnen und mit unseren Mitmenschen in Kontakt treten möchten.

Rider-Waite

Crowley

Tarot de Marseille

Liebe / Beziehung
Alle geliebten Menschen gehören zu den größten und wertvollsten Geschenken, die das Leben für uns bereithält. Diese Geschenke werden besonders in jenen Momenten erfahrbar, in denen wir uns einander ganz bewusst begegnen, uns einander zeigen und schenken. Damit gewähren wir dem anderen einen Einblick in das, was wir gerade fühlen und erleben. So bleibt unsere Liebe lebendig und frei – durch alle Prüfungen hindurch.

Familie / Kinder / Eltern
Die Familie, die der König der Kelche sucht, sind ähnlich fühlende sanfte und reife Menschen, in deren Energiefeld er wirklich er selbst sein darf. Es geht um das Idealbild eines liebevollen, gütigen Vaters, der auch seine weichen Seiten zeigen kann, als Vorbild oder Sehnsucht. In der Familie spielen künstlerische und musische Dinge eine wichtige Rolle; vielleicht auch ein Mäzen.

Beruf / Erfolg / Geld
Reich sein bedeutet zuallererst einmal, sich reich zu fühlen! Fühlen Sie sich reich beschenkt vom Leben: vom Leben an sich, von der Fähigkeit, zu fühlen und zu handeln, zu denken und zu streben … Dann werden Sie auch alles andere anziehen, was für Sie wertvoll ist, auch auf der mentalen und der materiellen Ebene. Vor allem aber sind die Beziehungen mit Menschen, denen Sie sich im Herzen verbunden fühlen, wesentlich für Ihren Lebensweg in wirklicher Fülle und mit bleibenden Erfolgen.

Kreativität / Selbstverwirklichung / Spiritualität
Wenn wir uns von der inneren Stimme leiten lassen, führt sie uns auch zu den Menschen, die uns inspirieren und in deren Nähe wir wachsen und unsere Potenziale entfalten können. Wir erhalten immer wieder neue Chancen, andere, noch unbekannte Farben der Kreativität zu erfahren, indem wir unsere Leidenschaften voller Liebe ausdrücken. Wir spüren immer deutlicher, welche spirituelle Sehnsucht sich in unseren Gefühlen ausdrückt und wie wir dieses Sehnen unseres Herzens auch erfüllen können.

Farben
Tiefblau/orangerot

Schattenaspekt
Die Sehnsucht nach einer Wahlfamilie drängt uns bisweilen, uns einer geschlossenen Gruppe (oder Sekte) anzuschließen. Das kann ein angeschlagenes Ego eine Zeit lang aufbauen, bringt uns jedoch nicht dem Ziel der Selbstbestimmung näher. Da gilt es wachsam zu sein.

Entwicklungsziel
Vertrauen Sie der Stimme Ihres Herzens und folgen Sie ihr. Wohin uns das Herz zieht, dort machen wir wertvolle Erfahrungen und Entwicklungsprozesse, die wir allein, ohne die Begegnung und Beziehung zu anderen Menschen, so nicht oder doch nur sehr viel langsamer machen würden.

Fragen zum nächsten Schritt
- Welche Gefühle setzen eine neue Energie der Lebendigkeit und Transformation frei?
- Welche Begegnungen von Herz zu Herz mit welchen Menschen werden Sie vorwärtsbringen?
- Was werden Sie von sich in den nächsten Wochen und Monaten geben?

KÖNIGIN DER KELCHE
Emotionale Integrität, offenes Herz, Mutterschaft

Kernaussage
Die integrierte weibliche Kraft der Königin zeichnet sich durch emotionale Balance und Offenheit aus, die wertvolle Begleiter auf unserem Lebensweg sind. Diese Energie können Sie jetzt dankbar empfangen und sich von der Stärke ihrer Sanftheit, Weichheit und Güte überraschen lassen. Ihre Kraft ist durchdringend, aber nie gewalttätig, sie ist verschmelzend, aber nie fordernd. Wenn wir uns erlauben, unsere eigene Weichheit und Herzenswärme auf liebevolle Art mehr und mehr zu leben, gewinnen wir Zugang zu einem völlig neuen Teil in uns selbst. Eine reife Frau, die aus vollem Herzen lebt, liebt und Sie auf ungeahnte Weise fördern wird.

Rider-Waite

Crowley

Tarot de Marseille

Liebe / Beziehung
Wenn wir die Geheimnisse einer intimen Verbindung zu einem sehr nahestehenden Menschen ergründen wollen, müssen wir tief in das Reich unserer Empfindungen eintauchen lernen. Hier können die kostbarsten Schätze unseres Lebens gefunden und voller Wertschätzung geborgen werden. Wenn beide bereit sind, sich in Offenheit einzulassen, eröffnet sich jetzt die Möglichkeit zu einer tiefen Begegnung. Die Königin der Kelche repräsentiert die subtile, feine Vereinigung, die in echter, liebender Hingabe möglich wird.

Familie / Kinder / Eltern
Eine mütterliche Frau, die aus vollem Herzen lebt, liebt und Sie auf ungeahnte Weise fördern wird. Wenn wir uns erlauben, unsere eigene Weichheit und Herzenswärme auf liebevolle Art mehr und mehr zu leben, gewinnen wir Zugang zu einem völlig neuen Teil in uns selbst. Unter Umständen auch Medialität bei Mutter, Großmutter, Frau oder Schwester. Gefühle zeigen und empfangen in liebevoller Atmosphäre.

Beruf / Erfolg / Geld

Die Liebe zu sich selbst bildet die Grundlage für alle Schätze, die Ihr Leben wahrhaft wertvoll machen. Sie sind fähig, mit weiblicher Einfühlungsgabe und Anpassungsfähigkeit Ihre Ziele dennoch ganz klar anzupeilen und Ihre Pläne entschlossen zu verwirklichen – verbindlich in der Form, dabei konsequent auf Erfolg und Fülle ausgerichtet, die allen Beteiligten zugute kommt. Sie können allen Menschen, mit denen Sie zu tun haben, offen und mit Liebe begegnen, wenn diese bereit sind, sich auf die Fülle aus dem Herzen einzulassen.

Kreativität / Selbstverwirklichung / Spiritualität

Die Qualitäten emotionaler Wärme sowie fürsorglicher und bedingungsfreier Liebe sind jetzt besonders wertvoll. Wir können aus dem inneren Liebesreichtum schöpfen und uns nahestehenden Menschen voller Achtsamkeit, Zärtlichkeit und Weisheit zuwenden. Die inneren Liebesfähigkeiten können erblühen und freizügig und großherzig geteilt werden. Je weiter wir uns öffnen und je mehr wir uns schenken, desto mehr fühlen wir uns alle wie in Liebe gebadet. Wir lieben, ohne uns selbst dabei zu verlieren.

Farben
Tiefblau/himmelblau

Schattenaspekt
Wer immer nur Liebe schenken will, ohne sich selbst zu lieben und sich selbst lieben zu lassen, wer immer nur auf die Bedürfnisse anderer Rücksicht nimmt, ohne sich selbst etwas zu gönnen, der wird bald nicht mehr viel zu geben haben. Das wäre weder für uns noch für unsere Lieben gut.

Entwicklungsziel
Nehmen Sie Gefühle, die Ihr Herz bewegen, urteilsfrei und bedingungslos an. Zur Liebe gehört die Selbstliebe und die Wertschätzung. Menschen mit einem gut entwickelten Selbstwert wissen auch andere zu schätzen. Sie vermögen Menschen mit einer überpersönlichen Liebe „anzustecken".

Fragen zum nächsten Schritt
- Was ist für Sie beim Kontakt mit anderen Menschen wesentlich?
- Zu welchen Menschen, zu welcher Wahlfamilie oder Gemeinschaft ruft Sie Ihr Herz?
- Welchen Gefühlskräften in sich dürfen Sie jetzt Raum geben, sich zu entfalten?

RITTER DER KELCHE
Romantik, Leidenschaft, Sexualität

Kernaussage
Dieser Ritter bzw. Prinz erinnert an unsere geheimen Sehnsüchte und Wünsche, an unerfüllte Phantasien. Wir sollen uns dieser Leidenschaften gewahr werden, sie nicht vor uns selbst verstecken. Dann lernen wir, mit ihnen umzugehen, und sie überfallen uns nicht mehr. Auch das Erleben einer natürlichen Sexualität spielt hier eine Rolle. Wir dürfen und sollen durch die Botschaft des Ritters bzw. Prinzen unsere tief vergrabene sexuelle Lust wieder wahrnehmen, sie jetzt ohne falsche Scham akzeptieren und auch ausleben.

Die romantische und mystische Seite dieses Prinzen (eines „Kavaliers der alten Schule") darf in uns ebenfalls Widerhall finden.

Rider-Waite

Crowley

Tarot de Marseille

Liebe / Beziehung
Liebe lässt sich nicht einsperren und begrenzen. Diese Karte lädt uns ein, den Impulsen von Anziehung und Leidenschaft zu folgen und unsere Liebe großzügig zu verschenken. Anziehung ist die Kraft, die Menschen zueinanderführen kann, um vorhandene Liebespotenziale zum Ausdruck zu bringen. Wenn sie in uns aktiv wird, führt sie uns machtvoll über unsere absichernden Begrenzungen. Falls es in Ihrem Leben einen Menschen gibt, von dem Sie sich angezogen fühlen, öffnen Sie sich jetzt dieser Empfindung und zeigen Sie sich damit, auch wenn dies mitunter Mut erfordert.

Familie / Kinder / Eltern
Gefühle spielen auch in der Familie eine wichtige Rolle und sie brauchen dafür genügend Raum und Beachtung. Leben soll und darf Spaß machen, auch in der Familie, Lebenslust ist etwas Positives. Deshalb ist es jetzt wichtig, dass du deine Gefühle und Bedürfnisse artikulierst und dass auch die anderen das dir gegenüber tun können, ohne dafür bewertet zu werden.

Beruf / Erfolg / Geld

Zu Erfolg gehören die Begeisterung und Leidenschaft für Arbeit und Beruf und sogar die Freude an Geld! Echte Lebendigkeit und das Feuer einer intensiven Zuwendung zu Ihren Plänen und Zielen helfen Ihnen, Erfolg und Erfüllung zu verbinden. Im Bewusstsein Ihres inneren Reichtums erkennen Sie dann in jeder Lebenserfahrung ein wertvolles Geschenk der Liebe.

Kreativität / Selbstverwirklichung / Spiritualität

Im Kontakt mit der Intensität der Gefühle lassen wir uns angstfrei auf Nähe und Tiefe ein. Wir erlauben uns, leidenschaftlich zu leben, und sind uns unserer erotischen Bedürfnisse bewusst. Sie können direkt als solche aufflammen oder sich in Begeisterung und Kreativität ausdrücken. Wir sind bereit, uns auf Abenteuer einzulassen, auf ein „totales" Leben, in dem wir unendlich viel lernen. Wenn wir uns bewusst aus Abhängigkeiten lösen, können sich sexuelle Anziehung und intensive Gefühle in Liebe verwandeln.

Farben
Tiefblau/zitronengelb

Schattenaspekt

Verurteilung oder Unterdrückung von Eros und Sexualität. Unfähigkeit zu echter Bindung. Liebloses Ausleben von Lust und Trieben, was die Würde anderer Menschen und die eigene verletzt. Missbrauchter Charme oder andere über eigene Gefühle im Unklaren lassen bzw. mit Gefühlen spielen.

Entwicklungsziel

Nehmen Sie sich die Freiheit, all dem, was Ihnen in Ihrem Leben wichtig ist, und selbstverständlich auch sich selbst gegenüber treu zu sein. Sie strahlen gerne Liebe aus und verdienen es auch, selbst Herzenswärme und Liebe zu empfangen. Das kann man sogar lernen.

Fragen zum nächsten Schritt

- Welche Einstellung haben Sie zu Ihrer Sexualität?
- Welche geheimen Wünsche gestehen Sie sich (noch) nicht ein?
- Gibt es Menschen in Ihrem Leben, die Sie leidenschaftlich anziehen?

BUBE DER KELCHE
Befreite Gefühle, Selbstliebe, Selbstvertrauen

Kernaussage
Die Liebe, welche diese Karte ausstrahlt, wirkt wie ein Lichtstrahl für unser Gemüt und lässt uns unsere eigene Liebe zu uns selbst wiederentdecken. So können wir diese Liebe auch wieder auf andere ausstrahlen. Der Bube bzw. die Prinzessin erinnert uns an unsere Verantwortung, zärtlich und sanft mit uns selbst zu sein. Sie ist bereit, andere an ihrem Glück teilhaben zu lassen. Sie hortet nichts, sie gibt freiwillig aus der unerschöpflichen Quelle, die sie jetzt in sich selbst gefunden hat! Eine Frau, die mit ihrer gerade erblühenden Weiblichkeit und ihrem offenen Gefühlsausdruck ein Beispiel für echte Lebensfreude gibt.

Rider-Waite — Crowley — Tarot de Marseille

Liebe / Beziehung
Eine tiefe und umfassende Liebe zu uns selbst ist der Boden für jeden Ausdruck unserer Liebe zu einem Menschen. So, wie wir mit uns selber umgehen, behandeln wir auch unsere Partner. Zärtlichkeit, Harmonie und verspielte Leichtigkeit können jetzt unser ganzes Sein erfüllen. Wir können uns in Einklang begeben mit uns selbst und mit dem, was uns umgibt. Aus dieser inneren Qualität heraus gewinnen unsere Beziehungen eine ganz neue, vertrauensvolle Offenheit.

Familie / Kinder / Eltern
Lang gehegte Träume oder Wünsche werden wahr, in einer harmonischen Atmosphäre. Eventuell gibt es weiblichen Nachwuchs im näheren Umfeld. Der Mensch, um den es geht (Sie selbst?), kann sich selbst geben und Anteil nehmen, ohne sich in anderen zu verlieren. Ihre Gefühle sind tief und ehrlich. Eifersucht ist überwunden. Abstand von eigenen Launen und Gefühlsschwankungen und damit eine wirklich neue Freiheit.

Beruf / Erfolg / Geld
Vertrauen Sie Ihren Gefühlen, sie sind Teil Ihres inneren Reichtums und dazu geeignet, auch Fülle und Erfolg auf den äußeren Ebenen anzuziehen bzw. bei der Wahl von Zielen sowie der Entscheidung über Mittel und Wege dorthin als Richtschnur zu dienen. Die gelassene Harmonie Ihres inneren Wesenskerns öffnet Ihnen und den Menschen, die an Ihren Visionen und Vorhaben beteiligt sind, neue Formen des Miteinanders, das frei und liebevoll und zugleich erfolgreich ist.

Kreativität / Selbstverwirklichung / Spiritualität
Jetzt geht es darum, sich ganz auf die Liebe einzulassen, gleichzeitig sich selbst und der inneren Freiheit treu zu bleiben. Wir öffnen unser Herz weit und bedingungsfrei. Wir fühlen uns umgeben und eingehüllt von Zärtlichkeit und Herzenswärme. Ein offenes, vertrauensvolles Herz und eine klare Motivation, die das Gute für alle, auch für uns selbst sucht, sind unser bester Schutz. Seien wir dankbar für Geringes und offen für Großes – so sind wir in Hingabe mit dem ganzen Leben verbunden.

Farben
Tiefblau/gelbgrün

Schattenaspekt
Starre, angstbeladene Gefühls- und Verhaltensmuster abzulegen bedeutet Öffnung und Verletzlichkeit. Davor schrecken viele Menschen zurück, denn sie befürchten eine Wiederholung früherer Verletzungen. Mit dieser Einstellung blockiert man jedoch die Chance auf eine echte Heilung.

Entwicklungsziel
Sie dürfen Liebe spielerisch erkunden und genießen. Sie sind eingeladen, alle Ihre Gefühle und Ihre Bedürfnisse nach Nähe und Intimität zu erforschen. Dazu gehören ebenso das Bedürfnis nach Distanz und der Wunsch, sich nicht auf andere Menschen einzulassen.

Fragen zum nächsten Schritt
- Wohin möchten Ihre Zärtlichkeit und Liebe fließen?
- Was bedeutet es für Sie, befreit zu lieben?
- Was ist für Sie erblühende Weiblichkeit oder junge Yin-Kraft?

KÖNIG DER SCHWERTER
Zielgerichtetheit, Ehrgeiz, Erfolgsstreben

Kernaussage
Dieser König kennt sein Ziel und ist durch nichts davon abzubringen. Er bewegt sich ohne Ablenkungen oder Seitensprünge darauf zu. Seine Zielstrebigkeit kommt aus seiner gedanklichen Klarheit: Er weiß genau, was er will, was er erreichen wird und wie er vorgehen kann. Diese Karte zeigt an, dass es ratsam ist, solche Kräfte auch in uns zu stärken. Es geht darum, direkt auf eine Sache zuzugehen und sie zu vollenden. Zunächst jedoch muss innere Klarheit in Bezug auf das Thema oder Problem herrschen, dann können auch die intellektuellen Fähigkeiten positiv eingesetzt werden. Geradlinigkeit, Ehrlichkeit und Genauigkeit im Planen sind notwendig.

Rider-Waite

Crowley

Tarot de Marseille

Liebe / Beziehung
Sie haben möglicherweise klare, feste Vorstellungen davon, was Sie zusammen mit Ihrem Partner leben und verwirklichen wollen. Ihre Klarheit und Zielgerichtetheit können wunderbar inspirierend, aber mitunter auch fordernd und unterdrückend sein. Wenn Sie das Schwert Ihrer Klarheit benutzen, dann achten Sie bitte auch darauf, die Standpunkte Ihrer Partner zu verstehen und anzuerkennen. Was dann gemeinsam mit Ihrem Partner möglich wird, sollte als Geschenk erlebt werden und nicht als fauler Kompromiss oder als Geschäft.

Familie / Kinder / Eltern
Große Einsatzbereitschaft zum Wohle von Familie, Kindern und Eltern. Diese Karte ermuntert uns, den rechten Fokus zu finden und zumindest einige unserer Träume wahr zu machen! Ein reifer, erwachsener Mann, der seine Durchsetzungskraft auf einem Gebiet einsetzt, mit dem Sie direkt zu tun haben. Manchmal auch „hart, aber gerecht". Gemeinsame Pläne können mit Energie auch gemeinsam verwirklicht werden.

Beruf / Erfolg / Geld

Sie sind bereit, sich den Aufgaben zu stellen, die das Leben in Ihren Verantwortungsbereich stellt, und mit Ernsthaftigkeit und mentaler Klarheit Lösungen für Probleme zu finden und Chancen zur Entfaltung zu nutzen. So erfahren und mehren Sie Fülle für sich und die Ihnen verbundenen Menschen. Zielstrebigkeit und Beharrlichkeit helfen Ihnen, Ziele zu erreichen. Prüfen Sie im Kontakt mit Ihrer inneren Quelle, welche Ziele es wirklich wert sind, dass Sie sich dafür mit ganzer Kraft einsetzen.

Kreativität / Selbstverwirklichung / Spiritualität

Fragen wir uns immer wieder, was im Leben wesentlich und wichtig ist und was wir wirklich erreichen wollen. Dann erhält unsere Kreativität eine klare Ausrichtung. Diese hilft, dass wir uns nicht länger mit Nebensächlichkeiten aufhalten oder von Zerstreuungen ablenken lassen, sondern unbeirrt und zielgerichtet der inneren Wahrheit Ausdruck verleihen. Die Karte fordert uns auf, die Kraft unserer Gedanken zu bündeln und auf das zu lenken, was für unser Leben eine wahrhaft tiefe und zugleich hohe Bedeutung besitzt.

Farben
Polarweiß/rosarot

Schattenaspekt
Wer rastlos seinem Glück nachjagt, wird nie Zufriedenheit erlangen. Denn dann bleiben wir in der Illusion stecken, dass unser wahres Glück irgendwo außerhalb von uns zu finden sei. Ruhelosigkeit, Ungeborgenheit und Zweifel an der liebevollen Grundqualität des Lebens.

Entwicklungsziel
In bestimmten Situationen in unserem Leben ist der kompromisslose Gebrauch eines „Schwertes", also einer mentalen Klarheit und klarer Entscheidungen, ein angemessenes Verhalten, auch von Liebe! Sie lernen, freie und klare Entscheidungen zu treffen.

Fragen zum nächsten Schritt
- Wofür will ich leben?
- Welches sind meine wichtigsten Ziele?
- Welche Veränderungen habe ich geplant und wie setze ich sie wann auch in die Tat um?

Königin der Schwerter
Innere Klarheit, eigene Wahrheit, Demaskierung

Kernaussage
Diese Königin hat das Wunder der eigenen geistigen Wiedergeburt vollzogen und ist von keiner äußeren Meinung mehr abhängig. Sie ist, wer sie ist – und nicht mehr, wer sie sein sollte. Sie hat sich selbst erkannt und angenommen. Dieser innere Reifeprozess, der auch mit einer ganz nüchtern-rationalen Erkenntnis des Lebens und der Menschen einherging, spielt jetzt für uns eine Rolle. Wir dürfen den Sprung in ein ehrlicheres Dasein wagen. Diese Königin steht hinter uns und stützt unser Vorhaben, uns so anzunehmen, wie wir sind. Diese Karte symbolisiert einen wichtigen Teil in uns, der bereit ist, alle Masken fallen zu lassen.

Rider-Waite — Crowley — Tarot de Marseille

Liebe / Beziehung
Die Königin der Schwerter deutet auf einen günstigen Zeitpunkt für jede Art von Klärung in unseren Beziehungen. Je offener und ehrlicher wir einander begegnen, desto umfassender sind die Möglichkeiten eines echten Austauschs von Liebe. Solange wir daran glauben, unsere Schwächen und Unsicherheiten ganz oder teilweise vor unserem Partner verbergen zu müssen, glauben wir noch nicht wirklich an die Kraft und Tiefe unserer Liebe. Wenn wir den Mut haben, uns mit unserem wahren Gesicht zu begegnen, führt uns dies in eine neue Nähe und echte Vertrautheit.

Familie / Kinder / Eltern
Eine Frau meldet (legitime!) Ansprüche an, die zur gedanklichen Auseinandersetzung und Veränderung auffordern oder sogar „zwingen". Hier treffen wir auf die überwältigende, geradezu magnetische Anziehungskraft einer Frau, die sich mutig einsetzt. Befreien wir uns von Meinungen und Vorurteilen im Hinblick auf die Menschen unserer Familie und über uns selbst in ihr. Erst diese Wandlung bringt eine Freiheit, die allen guttut.

Beruf / Erfolg / Geld
Klarheit, Offenheit und Echtheit helfen Ihnen, Ihre persönlichen Ziele zu definieren, Ihre eigenen Wege zu finden und zu gehen und die Ihnen tatsächlich zur Verfügung stehenden Mittel zu erkennen und sinnvoll zu nutzen. Ein guter Maßstab für dauerhaften Erfolg und echte Erfüllung dabei ist, ob unsere Motivation nur auf uns oder ob sie auf das Wohl des Ganzen gerichtet ist. Sie können Ihre starken und hohen Kräfte zum Nutzen vieler einsetzen. Das wird Ihnen auch persönlich wahren Reichtum schenken.

Kreativität / Selbstverwirklichung / Spiritualität
Transparenz und vollständige Aufrichtigkeit befreien uns von allem, was nicht wirklich zu uns gehört. Die Bereitschaft, Masken abzulegen und uns offen und frei als der zu zeigen, der wir sind, lässt uns klar sehen und klar handeln. Offenheit und Wahrhaftigkeit lohnen sich, denn sie befreien uns selbst aus falschen Mustern und Ängsten und sie helfen den Mitmenschen. Sobald auch sie die Herzenswärme spüren, die Teil unserer eigenen inneren Transparenz ist, werden Sie sich gesehen und verstanden wissen.

Farben
Polarweiß/aquamarin

Schattenaspekt	Entwicklungsziel
Wer andere Menschen von ihren Masken, von Unechtheit und Angst befreien will, sollte zuerst seinen eigenen Unsicherheiten, Begrenzungen und Schwächen begegnen. Sonst entsteht eine Distanz aus Lieblosigkeit und Kälte zwischen den Menschen.	Gebrauchen Sie Ihren Mut, zur eigenen Wahrheit zu stehen. Damit schaffen Sie eine Grundlage für alles Wesentliche im Leben, für sich selbst und Ihre Umgebung. Prüfen Sie, wie Ihre Wahrnehmung „funktioniert", welche alten unklaren Muster Sie dabei noch behindern.

Fragen zum nächsten Schritt
- Was hilft Ihnen, Distanz und Unsicherheit zu überwinden?
- Gibt es noch Schutzmasken, die Sie manchmal tragen, um dahinter etwas zu verbergen?
- Welche Frau, die weiß, was sie will, kann durch ihr Beispiel gebendes Selbstvertrauen auch Ihr Selbstwertgefühl aufbauen und stärken?

RITTER DER SCHWERTER
Entschlossenheit, Unterscheidungskraft, kreatives Denken

Kernaussage
Dieser Ritter bzw. Prinz ist jene junge männliche Energie in uns, die sich gegen alle Konventionen sperrt und lieber mit sich selbst kämpft, als alte, ausgetretene Pfade zu gehen. Dabei werden viele Illusionen zerstört und Träume lösen sich in Luft auf. Diese Befreiungsphase ist ein ganz wichtiges Stadium in unserer Entwicklung. Bevor wir unsere eigene Wahrheit finden und annehmen können, müssen einige Hürden überwunden und viele Projektionen als solche erkannt werden. Diese Karte zeigt an, dass wir bereit sind, solche Schritte zu unternehmen und uns von allem freizukämpfen, was unser Wohlsein belastet und unsere Selbstfindung erschwert.

Rider-Waite

Crowley

Tarot de Marseille

Liebe / Beziehung
Es geht um ein Zurücklassen von einengenden Beziehungsstrukturen. Die Partnerschaft ist im Begriff, sich tiefgreifend zu wandeln. Beide Partner müssen bereit sein, längst überholte Beziehungsmuster in Frage zu stellen. Die Vorstellungen und Bedingungen, unter denen man einst die Beziehung einging, gelten wahrscheinlich nicht mehr in derselben Weise und sollten der aktuellen Realität angepasst werden. Haben beide Partner erfahren, dass Liebe keine Trennung kennt, wird Loslassen zu einer alltäglichen, bewussten Handlung, die Raum gibt, sich immer wieder neu zu finden.

Familie / Kinder / Eltern
Es geht um individuelle Bestrebungen, neue Freiheit zu gewinnen, um Verstrickungen, die jetzt gelöst werden, um den Kampf mit Projektionen und die Bemühung um Klarheit im Denken. Jeder Mensch muss sicher einige Male im Leben durch eine solche Phase gehen, bevor er erwachsen wird. Wem in unserer engeren oder weiteren (Wahl-)Familie steht jetzt der Raum und unsere Unterstützung bei diesem Prozess zu?

Beruf / Erfolg / Geld
Brauchen Ihre materiellen und ideellen Ziele jetzt Ihren kämpferischen Einsatz? Gilt es, Herausforderungen anzunehmen oder Unstimmigkeiten zu klären? Oder spüren Sie einfach, dass die Zeit einmal wieder reif ist für einen Aufbruch zu neuen Ufern, zu einem neuen Lebensglück? Folgen Sie Ihrer inneren Stimme und beachten Sie dabei, dass für Ihren Weg nicht nur Pioniergeist, sondern auch Klarheit und eine Motivation entscheidend sind, die überpersönliche Ziele anstreben.

Kreativität / Selbstverwirklichung / Spiritualität
Es kommt jetzt darauf an, in unserem Leben nur noch das zu akzeptieren, was unserer Wahrheit entspricht. Dazu kann es notwendig werden, Nein zu sagen und sich klar abzugrenzen. Ein Nein aus Liebe zu uns selbst kann sehr heilsam und befreiend wirken – nicht nur für uns selbst, sondern auch für die betroffenen Menschen. Unsere Auflehnung gegen überkommene, erstarrte und unnütze Gewohnheiten und Strukturen kann schlafendes Bewusstsein wachrütteln und den Weg freimachen für Ehrlichkeit, Klarheit und Liebe.

Farben
Polarweiß/hellgelb

Schattenaspekt
Oft klammern wir uns an das Gewohnte und Bekannte, nur um dem Neuen und Unsicheren auszuweichen. Dahinter verbirgt sich tiefes Misstrauen: dem Leben gegenüber, sich selbst gegenüber. Man hält dann lieber an etwas fest, auch wenn man darunter leidet, anstatt sich rechtzeitig zu lösen.

Entwicklungsziel
Freiheit liegt nicht weit entfernt irgendwo da draußen. Man findet sie im Hier und Jetzt, im wachen Selbst. Sind Sie bereit, vorurteilsfrei zu erforschen, was Freiheit für Sie wirklich bedeutet und wie Sie diese leben können? Folgen Sie Ihrer geistigen, lichtvollen Führung.

Fragen zum nächsten Schritt
- Von welchen Gedanken, Situationen oder Personen sollten Sie sich (in aller Freundschaft und Klarheit zugleich) verabschieden?
- Was schränkt Sie ein und hemmt Ihre Lebensfreude?
- Wie können Sie Mut zur eigenen Wahrheit entwickeln und praktisch umsetzen?

Bube der Schwerter
Freiheitsstreben, Selbstüberwindung, Emanzipation

Kernaussage
Dieser Bube bzw. diese Prinzessin will sich von allem befreien, was den klaren Durchblick trübt. Die Prinzessin lässt uns erkennen, dass auch wir unklare Energien in uns tragen und uns manchmal von einer Laune aus dem Gleichgewicht werfen lassen. Es braucht Wachheit und Übung, um mit widersprüchlichen Gefühlen klarzukommen. Diese Karte gibt den Wink, dass wir in der Lage sind, alte, schädliche Verhaltensmuster in uns zu durchschauen und loszulassen und uns damit mehr Raum und innere Klarheit zu schaffen. Eine junge Frau, die Ihre Sympathie gewinnt, weil Sie sich in ihrem Bemühen um Harmonie zwischen klarem Denken und aufrichtigen Gefühlen selbst wiedererkennen.

Rider-Waite

Crowley

Tarot de Marseille

Liebe / Beziehung
Diese Karte gibt wertvolle Hinweise für den Umgang mit Konflikten in Beziehungen. Mitunter sind unsere Geliebten nicht so, wie wir sie gerne hätten, und wir erwarten und fordern Dinge, die ihnen gar nicht entsprechen.
Dies löst Schmerz aus, und wir fühlen uns verletzt, irritiert und unverstanden. Jetzt brauchen die Emotionen Raum für Klärung, bevor sie uns zu Handlungen und Entscheidungen veranlassen, die wir bei klarem Bewusstsein bereuen würden. Wir müssen erkennen, dass unser Partner immer ein perfekter Spiegel unserer eigenen Überzeugungen und Urteile ist.

Familie / Kinder / Eltern
Lebendigkeit und Inspiration durch ungeschminkte Natürlichkeit im Ausdruck sowie Lebensfreude durch spritzige, unvermittelte Aktionen. Die Karte kann auch für eine bestandene Prüfung, einen Examenserfolg oder den Karrieresprung einer jüngeren Frau aus

Ihrem Familienkreis stehen. Es geht hier auch um Begeisterungsfähigkeit und unvermutete Einfälle, denen Sie (bei sich oder anderen) jetzt genügend Raum geben sollten. Eine frische weibliche Energie, die Neuland erkundet.

Beruf / Erfolg / Geld
Ihre kreativen Ideen geben Ihnen neue Impulse und wecken Ihre inneren Kräfte, sodass Sie erfolgreich voranschreiten können. Ängste und Sorgen lösen sich jetzt wie von selbst auf. Sie dürfen sich selbst und Ihre innere Wahrheit nun auch auf den äußeren Ebenen zeigen und Ihre Standpunkte zwar verbindlich, jedoch klar und deutlich vertreten. Damit geben Sie auch Menschen in Ihrer Umgebung die Chance, dass sie ihre eigene Wahrheit finden und vertreten und dass sie sich als ebenbürtig wertschätzen.

Kreativität / Selbstverwirklichung / Spiritualität
Verabschieden wir uns von allem, was sich nicht mehr gut und stimmig anfühlt. Wir sollten keine faulen Kompromisse verlängern oder eingehen. Stattdessen gilt es, der Intuition zu vertrauen, sich einzufühlen in die Situationen und sich für die innere Weisheit zu öffnen. Dann werden wir ganz natürlich wissen, was zu tun und was zu lassen ist. Indem wir uns von begrenzenden Vorstellungen lösen, wird es uns möglich, uns aus blockierenden Glaubensmustern und einschränkenden Lebensverhältnissen zu befreien.

Farben
Polarweiß/ziegelbraun

Schattenaspekt
Eine Gefahr käme auf, wenn wir im Eifer des Lebensgefechts den Kontakt zu unserem Herzen und damit zu unserem Mitgefühl verlieren. Dann neigen wir dazu, hart und kühl zu anderen und zu uns selbst zu werden. Das stößt Menschen vor den Kopf; es trennt uns von ihnen und von uns selbst.

Entwicklungsziel
Lassen Sie Ihre Vorstellungen in die Weite des Universums wandern und spielen Sie mit den unzähligen Möglichkeiten des Lebens. Ihre Gedanken und Gefühle können leicht und unbeschwert dorthin tanzen, wo Sie Freiheit und Klarheit spüren. Erkunden Sie Neuland, fangen Sie neu an.

Fragen zum nächsten Schritt
- Gibt es in Ihrem Leben oder im Umgang mit sich selbst faule Kompromisse?
- Wo sollten Sie Nein sagen und sich abgrenzen, wo und wann aus ganzem Herzen Ja?
- Wie gewinnen Sie noch mehr Klarheit über Ihre Ziele und eigene, freie Wege dorthin?

KÖNIG DER MÜNZEN
Einsatzkraft, Ernte, Kompetenz

Kernaussage
Meist fallen uns die Dinge nicht in den Schoß, und wenn sie es tun, schätzen wir sie oft nicht so hoch ein wie das, was wir uns selbst erarbeiten mussten. Wir möchten die Früchte von selbst gepflanzten Bäumen ernten – nur so entsteht ein gesunder Kreislauf von Geben und Nehmen. Dieser König kann auch eine Mahnung sein, sich zu erden, mit den Füßen auf dem Boden zu bleiben und sich nicht in bloßen Phantasien zu verlieren. Auch materieller Erfolg kündigt sich hier an, solange wir mit dem Herzen voll bei einer Sache sind und nicht vorzeitig die Flinte ins Korn werfen. Arbeit kann so auch zum Spiel werden und Spaß machen!

Rider-Waite

Crowley

Tarot de Marseille

Liebe / Beziehung
Potenziale, Aufgaben und Herausforderungen im praktischen Alltag. Sie betreffen vor allem die Bereiche von Körper und Gesundheit, sowie Geld und Besitz. Diese Angelegenheiten erfordern jetzt unsere ganze Aufmerksamkeit und den vollen Einsatz unseres Wissens und Könnens. Wir sind aufgefordert, unsere geistigen und physischen Kräfte ganz in den Dienst der Erde zu stellen. Arbeit an der Partnerschaft lohnt sich, denn sie dient dem Wachstum aller Beteiligten und beinhaltet auch die Chance, alte Wunden zu heilen.

Familie / Kinder / Eltern
Dieser König ist Symbol der erdigen Kraft, die Wachstum durch harte Arbeit möglich machte. Die Karte weist auf einen Mann hin, der mit gutem Beispiel hilft, unsere eigenen Fähigkeiten zu entwickeln und positiv mit Materie umzugehen. Es kann auch ein Patriarch sein, der auf das Wohl seiner Lieben achtet und auf gesellschaftliche Anerkennung. Eine realistische Lebenshaltung und so eine gute Basis für gesicherte Finanzen.

Beruf / Erfolg / Geld
Ihre Erfolge auf der materiellen Ebene werden nur einen Teil Ihrer Sehnsüchte stillen können. Immerhin erleben Sie darin jedoch, dass die Erde und die Welt Sie fördern wollen. Ideelle und spirituelle Sehnsüchte lassen sich leichter erfüllen, wenn wir uns nicht in die Erfolge auf der materiellen Ebene verstricken. Nutzen Sie die irdische Fülle, die Ihnen zufließen will, um noch kreativer zu werden und zu teilen und sich offen zu machen für eine geistige Fülle, die noch höher und weiter und länger trägt.

Kreativität / Selbstverwirklichung / Spiritualität
Diese Karte fordert dazu auf, die ganze Kraft zu mobilisieren und alles zu tun, was in unseren Möglichkeiten liegt, um schöpferische Fähigkeiten zu verwirklichen. Wenn wir bereit sind, alles zu geben und einzusetzen, werden die Ergebnisse großartig sein. Unsere Anstrengungen lohnen sich und führen dazu, dass wir tiefe Befriedigung und Freude, auch Liebe, schon bei unseren Tätigkeiten erleben. Das ist ein Teil der „Belohnung". Auch auf der irdisch-materiellen Ebene werden die Resultate in jeder Hinsicht ausgezeichnet sein.

Farben
Grün-Braun/ziegelrot

Schattenaspekt
Nur zu arbeiten und zu leisten, nur zu ernten und zu genießen, ohne dabei tieferen Sinn und höhere Bestimmung zu spüren, führt später zu einem Gefühl der geistigen Leere. Erst bewusst erlebte Werte, die man trotz aller Unvollkommenheit anstrebt, geben dem Leben wahre Erfüllung.

Entwicklungsziel
Freude an der irdischen Fülle können Sie mit innerer Freiheit und Großzügigkeit gegenüber den Menschen verbinden. Sie genießen Ihren materiellen und geistigen Besitz und lassen ihn auch zum Segen der Umgebung werden. Sie feiern das Leben in Gemeinschaft mit anderen.

Fragen zum nächsten Schritt
- Was verlangt den vollen Einsatz Ihrer Kräfte und Fähigkeiten?
- Gibt es ein spezielles Projekt, das Ihr Engagement erfordert, um ein Erfolg zu werden?
- Wie können Sie Ihre Möglichkeiten souverän und liebevoll zugleich einbringen, um das Leben schön und angenehm zu gestalten?

Königin der Münzen
Heilung, Entspannung, Genuss

Kernaussage
Wir dürfen jetzt auftanken und frische Kräfte sammeln. Dazu gehört auch zu genießen, loszulassen und zeitweise nichts zu tun. Das geht oft am besten in der Natur. Kontakt mit der Erde hilft, den geerdeten Kontakt mit uns selbst zu finden. Wir brauchen die Heilkräfte der Natur und einen Ort, an dem sich der Körper wohlfühlt und seine Kräfte erneuern kann. Sobald wir lernen, wieder mehr auf die Stimme unseres Körpers zu hören, werden wir uns nicht weiter sinnlos auf der Jagd nach Menschen oder Dingen verausgaben, die wir doch einmal zurücklassen müssen. Erinnern wir uns deshalb rechtzeitig an die Weisheit dieser Königin in uns!

Rider-Waite

Crowley

Tarot de Marseille

Liebe / Beziehung
Die Königin der Erde spiegelt uns unseren inneren Reichtum und erinnert uns daran, dass wir alles, was wir brauchen, in uns tragen. Wenn wir dies nach langen, oft mühsamen Wegen der Suche nach Erfüllung im Außen schließlich ganz erkennen, kann die Liebe in unserer Partnerschaft ganz von selbst und mühelos aus dieser inneren Quelle fließen. Jetzt ist es Zeit, die Früchte früherer Beziehungs- und Bewusstseinsarbeit zu genießen und uns an der Schönheit und Fülle unseres reichen Miteinanders zu erfreuen. Unser gegenseitiges Vertrauen lässt die Liebe erblühen.

Familie / Kinder / Eltern
Eine Frau in der (Wahl-)Familie sollte jetzt besonders auf ihre Gesundheit achten und Anstrengungen vermeiden. Es kann auch sein, dass diese Frau anderen dabei hilft, ohne dessen selbst zu bedürfen. Heilung geschieht innerlich und äußerlich. Der Rat dieser Karte

ist, eine echte Pause in unseren allzu hektischen Aktivitäten einzulegen und uns den Raum zu schaffen, endlich einmal tief zu entspannen.

Beruf / Erfolg / Geld
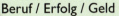
In den Landschaften Ihres inneren Paradieses finden Sie die Inspiration, Reichtum und Schönheit innen und außen zu entdecken bzw. zu gestalten und zu bewahren. Sie haben bis hierher einen langen, oft mühevollen Weg zurückgelegt. Jetzt dürfen Sie sich erholen, sich selbst wertschätzen und genießen, was das Leben Ihnen schenkt. Mit der Ihnen eigenen natürlichen Selbstverständlichkeit im Umgang mit Fülle, Harmonie und echten Schätzen werden Sie zu einem Vorbild und einer Inspiration für andere.

Kreativität / Selbstverwirklichung / Spiritualität
Zeit, auszuruhen und die Früchte unserer liebevollen Zuwendung und einsatzfreudigen Achtsamkeit zu feiern. Wir dürfen uns eine Pause gönnen; voller Anerkennung und mit Selbstwertgefühl können wir auf die vielen Stationen des Lebens zurückschauen. Wir erkennen, wie wunderbar wir geführt wurden. Alles hat dazu beigetragen, dass wir jetzt hier sind, an diesem Ort. Er kann für uns nun zu einer Oase des Friedens werden, wo wir uns entspannen, regenerieren und uns an den üppigen Geschenken des Lebens erfreuen.

Farben
Grün-Braun/tannengrün

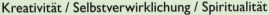

Schattenaspekt
Vielen Menschen fällt es schwer, aus der alltäglichen Betriebsamkeit auszusteigen und einmal völlig abzuschalten. Dahinter steckt womöglich Angst um die Existenz und ein Mangel an Vertrauen darauf, dass das Leben uns immer weiterführt und es immer einen nächsten Schritt gibt.

Entwicklungsziel
Bewusste Hingabe an die Erde und ihre Bedingungen öffnet einen Raum für Freiheit und Lebensfreude. Sie haben Dankbarkeit für die Geschenke des Lebens und entwickeln auf diese Weise auch eine „magische Kraft", die alles Schöne und Gute anzieht. Aus dieser inneren Mitte können Sie auch heilen.

Fragen zum nächsten Schritt
- Was möchten Sie in diesem Lebensabschnitt besonders genießen?
- Wie können Sie sich selbst oder anderen helfen zu heilen?
- Welche Gaben möchten Sie anderen Menschen jetzt machen? Und welche sind Sie bereit zu empfangen?

Ritter der Münzen
Aktivität, Selbstvertrauen, Lebenslust

Kernaussage
Der Wunsch nach einer erfüllenden Aktivität erwacht. Die innere Bereitschaft und Offenheit für eine neue Art des Erlebens entsteht. Ziele sind erreichbar durch Arbeit, die Freude bringt. Dieser Ritter bzw. Prinz hat eine Begabung, mit materiellen Dingen umzugehen und dabei in seiner geistigen Mitte zu bleiben. Wir können diese Begabung jetzt in uns entdecken und ausleben – jedoch der Versuchung widerstehen, nur noch irdischen Gütern nachzujagen, weil wir uns am schnellen Erfolg berauschen. Es geht darum, eigenen Ressourcen zu vertrauen und den Mut zu haben, einen angemessenen Arbeitsplatz zu finden, der auch unsere körperliche Gesundheit fördert.

Rider-Waite

Crowley

Tarot de Marseille

Liebe / Beziehung
Waites Ritter und Crowleys Prinz könnten gegensätzlicher kaum sein. Einer steckt in schwerer Rüstung, der andere ist nackt und voller Sinnlichkeit – zwei Möglichkeiten, sich in einer Partnerschaft zu begegnen. Die Rüstung, die im Kampf mit der Welt mitunter notwendig scheint, muss abgelegt werden, wenn Liebende sich begegnen wollen, um sich körperlich zu lieben. Wenn der materielle Rahmen für den Ausdruck der Liebe hergestellt ist, sollte er nicht länger unsere Aufmerksamkeit absorbieren. Er ist kein Selbstzweck, sondern dient dem Ausdruck unserer Liebe auf allen Ebenen.

Familie / Kinder / Eltern
Eine Periode der Ungewissheit macht einem tieferen Verständnis des eigenen Wesens und unserer Angehörigen und Freunde Platz. So kommen wir mit Menschen zusammen (vor allem mit Verwandten, deren Bedeutung für uns wir erst jetzt richtig schätzen), die entschei-

dend für Veränderungen unseres Lebens sein können. Zum Lebensunterhalt schon in jungen Jahren beitragen. Chance, schöne, gemeinsame Erfolge zu haben.

Beruf / Erfolg / Geld
Wenn Sie in einer wichtigen Angelegenheit bereits alles getan haben, was erforderlich und möglich war, dürfen Sie jetzt getrost darauf vertrauen, dass Ihre Früchte reifen, ohne dass Sie noch etwas unternehmen müssen. Zu Fülle und Reichtum zählt auch die Freude am irdischen Dasein in seiner ganzen Körperlichkeit, mit all den Freuden und Genüssen, die möglich sind, ohne anderen damit zu schaden. Nehmen Sie diese Geschenke auch an!

Kreativität / Selbstverwirklichung / Spiritualität
Jetzt ist es Zeit, sich für alles zu öffnen, was das Leben auf der Erde genussvoll macht. Wir sind nun eingeladen, die sinnlichen und emotionalen Seiten von Körper und Seele zu feiern und die Geschenke der materiellen Welt staunend und dankbar zu empfangen. Wenn sich unser ausdrückliches Ja zur Freude am irdischen Leben mit Weisheit und Liebe vereint, so erschließt sich uns dadurch ein erweitertes Verständnis für den Sinn unserer ganzen, unserer vollständigen Existenz.

Farben
Grün-Braun/rehbraun

Schattenaspekt
Wenn sinnlicher Genuss zur Sucht wird und wir glauben, ohne deren Befriedigung nicht mehr leben zu können, werden wir zu Sklaven von Trieben und Leidenschaften. Wir drehen uns egozentrisch im Kreis und betrachten die Welt nur noch unter dem Blickwinkel unserer emotionalen Zwänge.

Entwicklungsziel
Eine Aufgabe ist, die Talente und Mittel, die uns zur Verfügung stehen, in den Dienst der Ganzheit zu stellen. Mitverantwortung ist ein Ausdruck von geistiger Freiheit! Sie vertrauen zu Recht darauf, dass das Leben Ihnen alles das bringen wird, dessen Sie wirklich bedürfen.

Fragen zum nächsten Schritt
- Was möchten Sie noch bewusster leisten, erreichen bzw. genießen?
- Von welchen Begrenzungen für Ihr Wohlbefinden möchten Sie sich befreien?
- Von welchem jüngeren Mann können Sie sich mitreißen lassen, auch wenn die Umstände anfangs gar nicht so rosig aussehen?

BUBE DER MÜNZEN
Harmonie, Kanal sein, Kraft aus der Stille

Kernaussage
Etwas vollkommen Neues kommt auf uns zu. In freudiger Erwartung sind wir bereit, das unbekannte Neue zu empfangen. Wir dürfen das Gefühl der frohen Erwartung genießen, uns in ihm sonnen und innerlich entspannen. Je entspannter wir sind, desto mehr Freude und Harmonie empfinden wir! Jeder Akt oder jede Arbeit, die mit Freude ausgeführt wird, ist kreativ! Die weibliche Kraft der Hingebung, die wir alle in uns tragen, ist der Schlüssel zur inneren Ekstase, welche dieser Bube bzw. diese Prinzessin ausstrahlt und mit der sie uns einlädt, ihren Spuren zu folgen. Der Mut, das Neue in unser Leben einzuladen, entspringt dem Vertrauen, dass alles, was zu uns kommt, uns „zufällt" und deshalb kein Zufall ist!

Rider-Waite

Crowley

Tarot de Marseille

Liebe / Beziehung
Die Gegenwart unserer Partner unterstützt uns bei unserer Selbstfindung und bei der Verwirklichung unserer Ideen. In unserem Zusammensein kann eine innere Harmonie erblühen, die zu einer Quelle von Inspiration und bewusster Wahrnehmung wird. Das Miteinander kann zu einem Kraftort der Begegnung werden, zu einem grenzenlosen Raum des Lichts und Glücks, in dem sich alle Beteiligten stärken und aufladen können. Dieser Energieaustausch ist sehr kostbar, nährend, bereichernd und erfüllend und braucht unsere volle Achtsamkeit und Fürsorge.

Familie / Kinder / Eltern
Junges Mutterglück in Familie oder Freundeskreis. Das Streben nach Bequemlichkeit ist natürlich und legitim, auch bei jüngeren Menschen. Helfen Sie einer jüngeren Frau, ihre Kreativität auszuleben (falls Sie das selbst sind: Geben Sie sich dazu auch Ihre eigene

Erlaubnis!). Eine Frau, die Sie mit ihrem Optimismus und ihrer fröhlichen, vertrauensvollen Gelassenheit ansteckt. Fortuna lacht ganz unverhofft.

Beruf / Erfolg / Geld
Dankbarkeit für das, was Sie schon erreicht haben, bildet eine verlässliche Grundlage für Ihr weiteres Streben. Denn so laden Sie noch mehr Kräfte der Fülle und des Reichtums in Ihr Leben ein. Damit ist eine innere Harmonie verbunden, die Sie in dieser Zeit besonders pflegen sollten. Freude an Sinnesgenüssen, an Sinnlichkeit, an den Annehmlichkeiten und wunderbaren Geschenken des Lebens wird diese innere Harmonie nur fördern. Sie sollten sich deshalb jetzt die Erlaubnis geben, sie zu genießen.

Kreativität / Selbstverwirklichung / Spiritualität
Bereits unsere Gegenwart bringt neue Harmonie in die Welt, manchmal durch eine Idee, durch unterschiedliche Formen von Kreativität oder ganz einfach durch das, was uns Freude macht und worin sich unsere Liebe ausdrücken kann. Wie von selbst wächst und reift etwas in uns und wird sich, wenn die Zeit dafür gekommen ist, durch uns ausdrücken. Wir brauchen darum nicht zu kämpfen. Allein die Bereitschaft in unserer Harmonie und Offenheit lässt unsere schöpferische Fähigkeit aufblühen.

Farben
Grün-braun/frühlingsgrün

Schattenaspekt	Entwicklungsziel
Ungeduld und voreilige Erwartungen bzw. Handlungen. Alles im Leben hat seine eigenen Zeiten, sowohl im Hinblick auf den Beginn als auch auf die Dauer. Wenn wir das nicht beachten, zeigen sich die Situationen in unserem Leben eher von ihren problematischen und schwierigen Seiten.	Alle Erscheinungsformen der Welt sind ein Spiegel der Fülle Ihres eigenen Wesens: die zarte Schönheit der Blüte, die stille Kraft des Baumes, die majestätische Ruhe des Berges, die hohe Weite des Himmels, das muntere Pfeifen des Windes, die prasselnde Dynamik des Feuers, der tiefe Frieden des Sees …

Fragen zum nächsten Schritt
- Was könnte das Neue sein, mit dem Sie „schwanger gehen"?
- Welche Sorgen, Ängste oder Selbstbegrenzungen werden Sie jetzt ins Licht geben?
- Welche Form von Kreativität entsteht nicht in hektischer Aktivität, sondern in gesammelter Stille in Ihnen und will sich nun Ausdruck verschaffen?

6
Die 40 Zahlenkarten

Kurzfristige Einflüsse und Hinweise auf Zeitspannen

Die Karten der Großen Arkana versinnbildlichen u.a. Wendepunkte im Leben, die Hofkarten symbolisieren reale Menschen, die Zahlenkarten der Kleinen Arkana stehen für Ereignisse, die vorübergehend wirken. Sie dienen auch als Anzeiger für Zeit.

Die Deutung leitet sich weniger von den teilweise ziemlich willkürlichen Zusatzworten ab, die manche Tarotgestalter ihren Zahlenkarten gegeben haben, sondern von der Symbolik der Zahlen selbst. Es ist schwer einzusehen, warum zum Beispiel in einem Kartendeck drei Fünfer-Karten Enttäuschung, Niederlage bzw. Quälerei heißen, drei Siebener-Karten Verderbnis, Vergeblichkeit und Fehlschlag und drei Zehner-Karten Unterdrückung, Sattheit bzw. Untergang. Das hat mit der jeweiligen Karte und ihrer tieferen esoterischen Symbolik selbst nichts mehr zu tun, denn die Zahl 5 bezeichnet den freien menschlichen Willen, die Zahl 7 die Notwendigkeit des Schicksalslaufs und die Zahl 10 den Durchbruch auf eine höhere Ebene.

Schlüsselworte zu den Zahlenwerten sind:
- 1(As): Beginn, Aufbruch, Zielstrebigkeit, Kraft
- 2: Begegnung, Ausgleich von Interessen, Yin-Yang-Polarität
- 3: Schöpferische Verbindung, Aufbau, Kreativität
- 4: Sicherung, Fundamente, Tradition, Begrenzung
- 5: Möglichkeit, den freien Willen einzusetzen, Menschlichkeit
- 6: Harmonie, leichter Energiefluss, Sorglosigkeit
- 7: Konsequenzen von Schicksal und Karma, die manchmal als Zwang durch äußere Umstände erlebt werden
- 8: Kreislauf von Energien, der Mensch zwischen Erde und Kosmos
- 9: Vollendung, Abschluss, Vollkommenheit, Ende eines Zyklus
- 10: Durchbruch in eine höhere Dimension, völlig neue Kräfte

Von den teilweise mittelalterlich-düsteren Figuren und der Darstellung von eher bedrückenden denn wirklich anregenden Situationen auf manchen Zahlenkarten sollten Sie sich nicht abstoßen lassen. Eine willkürliche und oft unbegründet düstere Art, die Zahlenkarten zu präsentieren, verschreckt vor allem Tarot-EinsteigerInnen eher, als dass sie hilfreich wirkt. Suchen Sie sich deshalb zumindest anfangs entweder ein Tarotspiel, das von Formen und Farben her konstruktiv, kreativ und positiv wirkt (zum Beispiel das *Tarot der Liebe*), oder üben Sie sich darin, manche Bildunterschriften und Negativbilder bei Ihrer Deutung zu ignorieren und sich einer aufbauenden Deutung zuzuwenden, wie sie in diesem Buch angestrebt wird.

Zahlenkarten als „Zeitzeichen"

Nach meiner Erfahrung umfassen die Aussagen einer Tarotlegung in der Regel höchstens einen Zeitraum von sechs Monaten. Genauere Hinweise können Sie im Einzelfall den Zahlenkarten entnehmen. Als Anzeiger für Zeit können Sie diese folgendermaßen deuten:

- As bzw. 1 weist auf eine Zeitspanne von einem Tag, einer Woche oder einem Monat hin.
- 2, 3, 4, 5 und 6 deuten auf die entsprechende Anzahl von Tagen, Wochen oder Monaten hin.
- 7, 8, 9 und 10 umfassen Zeiträume von entsprechend vielen Tagen oder Wochen. Ob nun im speziellen Fall Tage, Wochen oder Monate gemeint sind, können Sie aus dem jeweiligen Kontext ersehen.

Farben bzw. Elemente

Die 40 Zahlenkarten sind wie die Hofkarten in vier Gruppen bzw. Farben aufgeteilt, die im Zusammenhang mit den vier Elementen Feuer, Wasser, Luft und Erde stehen. Näheres dazu finden Sie auf Seite 85.

Lesehilfe

Auf den Deutungsseiten zu den 40 Zahlenkarten finden Sie die folgenden Einträge.

- **Kernaussagen:** Eine prägnante Deutung der wesentlichen Aspekte einer Karte.
- **Liebe / Beziehung:** Hier finden Sie Hinweise zur Deutung der jeweiligen Karte für die Bereiche Liebesbeziehung, Ehe und Lebenspartnerschaft.
- **Familie / Kinder / Eltern:** In dieser Rubrik geht es um die Beziehungen zu den eigenen Eltern, den eigenen Kindern und zur Familie allgemein.
- **Beruf / Erfolg / Geld:** Deutungen an dieser Stelle beziehen sich nicht nur auf „Arbeit", sondern auch auf unbezahltes Wirken im sozialen Umfeld.
- **Kreativität / Selbstverwirklichung / Spiritualität:** Diese Deutungen sind Angebote sowohl für den Bereich der „klassischen" Spiritualität als auch für das weite Feld von Selbsterfahrung, künstlerischer oder anderweitig schöpferischer Tätigkeit.
- **Numerologie / Zeithinweise:** Die Deutung wird vom numerologischen Wert der jeweiligen Karte abgeleitet. Dieser Wert weist auch auf die mögliche Dauer der Gültigkeit einer Deutung hin.
- **Schattenaspekt:** Hier lesen Sie Stichworte zur eventuell problematischen Seite einer Karte.
- **Fragen zum nächsten Schritt:** Diese Fragen sollen Ihnen Impulse vermitteln, weiter über Ihre Situation nachzudenken und eigene Möglichkeiten zu überlegen.
- **Entwicklungsziel:** Hier finden Sie kurze Fingerzeige über einzelne Aspekte Ihres Potenzials, die Sie jetzt weiter entfalten können, wenn Sie möchten.

Vom As der Stäbe bis zur 10 der Münzen

As der Stäbe
Das innere Feuer entfachen

Kernaussage
Transformation, Stärke, Durchbruch, inspirierter Neuanfang. Ein gutes Zeichen, um einen echten Durchbruch auf eine höhere Ebene einzuleiten und zu erfahren. Gesteigerte Lebenskraft, die jetzt Ausdruck in einer neuen Richtung sucht und nicht gebremst werden sollte. Wir haben die Wahl, diese enorme Energie bewusst und damit richtig einzusetzen.

Liebe / Beziehung
Liebe kann bedeuten, durchs Feuer zu gehen. Nehmen Sie die hohe Intensität wach und mutig an. Kreativität und Lebendigkeit sind die Potenziale Ihrer Liebesverbindung. In einer gemeinsamen Ausrichtung darauf kann in der Partnerschaft etwas Wunderbares geschehen. Der geliebte Mensch, dem Sie offen begegnen, kann in Ihnen die Urkraft Ihrer Lebensenergie entfachen.

Familie / Kinder / Eltern
Ein neuer geistiger Mittelpunkt taucht auf. Gleiche Ideale verbinden. Es gibt eine neue Übereinstimmung unter Verwandten bzw. Freunden im Hinblick auf Ideen und Ziele. Kinder sollten genügend Freiraum zur Entwicklung bekommen. Wichtig ist jetzt eine klare Kommunikation und die Fähigkeit, direkt auf die anderen Beteiligten zuzugehen.

Beruf / Erfolg / Geld
Wenn die Kraft, mit der Sie Erfolg anstreben, Ihrer innersten Quelle entspringt, überwinden Sie bisherige Hindernisse und Blockaden mit Leichtigkeit und Freude. Nutzen Sie Ihr unbegrenztes Energiepotenzial auf kreative Weise. Dann bringt Ihr Leben Erfolg und Erfüllung. Sie können jetzt getrost einen neuen Anlauf unternehmen, um Ihre Pläne zu verwirklichen.

Kreativität / Selbstverwirklichung / Spiritualität
Mit neuem Schwung und kreativen Ideen ist es möglich, zuerst uns selbst und dann die Mitmenschen zu begeistern. Am glücklichsten sind wir, wenn sich Energie durch uns schöpferisch ausdrücken kann, denn Kreativität hat immer einen Bezug zu Liebe und Freude. Wenn wir der Liebe und Freude in uns folgen, werden wir auf ganz natürliche Weise kreativ und tief erfüllt.

Numerologie / Zeithinweise
Beginn, Aufbruch, Zielstrebigkeit, Kraft. 1 steht für Einheit. Sie enthält alle Kräfte und die Ursache aller Formen. Kraftvoll, erfinderisch, mutig, visionär, ehrgeizig. Evtl. autoritär, ungeduldig, eigensinnig, ängstlich. *Ein Tag, eine Woche oder ein Monat.*

Schattenaspekt
Unser ungeheures Energiepotenzial muss bewusst, konstruktiv und sinnvoll genutzt werden. Sonst richtet es sich gegen uns und das Leben. Viele Menschen haben Angst vor ihrer eigenen Intensität und sabotieren deshalb ihre eigene Vitalität.

Fragen zum nächsten Schritt
- Wofür brennen Sie?
- Was interessiert oder begeistert Sie?
- Wie möchte sich Ihre Lebenskraft kreativ durch Sie ausdrücken?

Entwicklungsziel
Freiheit bedeutet, das volle Potenzial Ihrer Kraft und Kreativität zu erkennen, und es dann auch anzunehmen und aktiv zum Ausdruck zu bringen. Lassen Sie Ihr inneres Feuer leuchten.

2 DER STÄBE
Aufforderung zu Klarheit und Zentrierung

Kernaussage
Meisterung einer Situation, wichtige Begegnung mit geistigen Argumenten. Konzentration auf das Ziel sowie Eingehen auf den Partner ist wichtig für die Entwicklung eines Projektes. Erweiterte Perspektiven bringen unerwartete Lösungen. Sie können den Herausforderungen Ihres Lebens begegnen, ohne einer Situation, aus der Sie lernen können, auszuweichen.

Liebe / Beziehung
Es stehen konstruktive Klärungen an. Stehen Sie zu sich selbst und achten Sie auf Zentriertheit und Würde. Fordern Sie Ihren Partner im Liebesspiel ruhig einmal heraus und genießen Sie es, kraftvoll und wild aufs Ganze zu gehen. Eine lebendige Partnerschaft ist wie ein schönes und sicheres Zuhause, aus dem heraus man offen und neugierig die Welt erkunden kann.

Familie / Kinder / Eltern
Es gibt den Impuls, sich mit einem speziellen Mitglied der Familie besonders auszutauschen. Daraus erwachsen neue Vorhaben, die man auch gemeinsam verwirklichen kann. Eine Kehrseite, wenn wir nicht genügend bewusst sind, wäre, dass wir auf den anderen negative Bilder von Mustern und Ängsten projizieren, die uns selbst umtreiben.

Beruf / Erfolg / Geld
Selbst dann, wenn Sie schon Einiges erreicht haben, können Sie nun noch viel mehr entdecken und erleben. Stehen Sie zu Ihrer Willenskraft. Verankern Sie diese Stärke in Ihrer Mitte, um bei Ihren nächsten Schritten Erfolg zu haben. Die Zusammenarbeit mit einem anderen Menschen ist in dieser Phase besonders wichtig für Ihre Ziele.

Kreativität / Selbstverwirklichung / Spiritualität
Ihre klare Ausrichtung auf Ihre Ziele tragen Sie immer wieder neuen Erfahrungen entgegen. Lassen Sie Ihre Entschlossenheit und Ihren Mut fest im Zentrum der Liebe, in Ihrem Herzen wurzeln. Ihre Möglichkeiten, Kreativität in dieser Welt aktiv auszudrücken, sind unbegrenzt. Ihr Herz entscheidet, wo und wie Sie sich kreativ einbringen.

Numerologie / Zeithinweise
Begegnung, Ausgleich von Interessen, Polarität, Dualität. Zusammenarbeit, Konfrontation, Paar oder Duett. Anpassungsfähig, vorsichtig, sanft, rücksichtsvoll, überzeugend, charmant; u.U. scheu, kritisch, irreführend, kleinlich. *Zwei Tage, zwei Wochen oder zwei Monate.*

Schattenaspekt
Manchmal neigen wir dazu, aus dem legitimen Wunsch, unser eigenes Leben zu beherrschen, eine Form der Herrschsucht oder Kontrollwut zu entwickeln, die uns und andere dann blockiert. Angst und Mangel an Liebe sind häufige Ursachen dafür.

Fragen zum nächsten Schritt
- Womit fordert Sie das Leben heraus?
- In welchen Situationen ist Ihr Kampfgeist gefragt?
- Wann müssen Sie Klarheit und Kraft aufbringen?

Entwicklungsziel
Gleich, was Sie im Leben schon erfahren und erreicht haben, gleich, was Ihnen dies an Sicherheit verleiht: Fühlen Sie sich frei, immer wieder neue, unbekannte Möglichkeiten zu erforschen.

3 DER STÄBE
Aufbruch ins Unbekannte

Kernaussage
Wenn wir der Kraft der Unschuld des Herzens folgen und sie auch in uns wieder aufblühen lassen, kann uns nichts im Leben anfechten. Die Reinheit des Herzens, die alle in sich tragen (wenn auch im hintersten Winkel versteckt), ist Ihre Verbindung mit der göttlichen Energie. Wenn Sie ihr entsprechend Handeln, werden Sie geistig schöpferisch und aufbauend wirken können.

Liebe / Beziehung
Seien Sie offen für einen Neubeginn in Liebe bzw. Partnerschaft, (auch mit demselben Menschen!). Wahre Liebe wird uns nie einschränken, sondern uns für die Fülle und den Reichtum des ganzen Lebens öffnen. Die Liebe und Zärtlichkeit, die Ihnen begegnen, sind ein Ausdruck der Kraft und des Potenzials, das Sie selbst in sich tragen.

Familie / Kinder / Eltern
Jetzt ist eine gute Zeit, zusammen etwas zu planen und anzupacken. Die Beteiligten verfügen über die Bereitschaft und die Fähigkeit zu einer konstruktiven Zusammenarbeit, vielleicht in einem Dreierteam von Angehörigen oder Freunden. Auf jeden Fall wird man gemeinsame Ziele jetzt besser und leichter als sonst erreichen können.

Beruf / Erfolg / Geld
Um den richtigen Weg zu wahrem Reichtum und Erfolg auf vielen Ebenen zu erkennen, sollten Sie sich auf Ihre kreativen Visionen, Freude an den Zielen und auf echte Hingabe einstimmen. Wenn Ihre Absichten klar und Ihre Motive nicht eigensüchtig sind, befinden Sie sich im Einklang mit Ihrem wahren Wesen. Fülle ist dann eine natürliche Folge.

Kreativität / Selbstverwirklichung / Spiritualität
Jede echte Vision weckt Kräfte in Ihnen, die Sie dann auch einsetzen können, um diese Vision zu verwirklichen und zu genießen. Indem Sie sich für die Weisheit der inneren Führung mit ihren Ideen und Visionen öffnen, kommt die Energie, diese auch zu manifestieren, von selbst in den Fluss. Was immer Sie noch entdecken oder erleben möchten: Jetzt ist Zeit für einen Neubeginn.

Numerologie / Zeithinweise
Schöpferische Verbindung, Aufbau, Kreativität. Die 3: das Neue aus der Begegnung von zweien. (Selbst-)Ausdruck, Lebensfreude, Manifestation, Synthese. Gewissenhaft, beliebt, fröhlich, aktiv. Evtl. verschwenderisch, oberflächlich, angeberisch. *Drei Tage, drei Wochen oder drei Monate.*

Schattenaspekt
Wenn Sie sich in Grübeleien verlieren oder noch an alten Verletzungen festhalten, verpassen Sie das Leben mit seinen neuen Geschenken. Vermeintliche Ernsthaftigkeit, die in Wahrheit nur Muster aus der Vergangenheit verdeckt, bringt Sie nicht vorwärts.

Fragen zum nächsten Schritt
- Wofür möchten Sie leben?
- Für welche Wünsche und Ziele wollen Sie Ihre Lebenskraft einsetzen?
- Womit möchte Ihr inneres Kind spielen?

Entwicklungsziel
In jeder Situation des Lebens können Sie entweder der Stimme des Verstandes oder jener des Herzens folgen. Ihr inneres Kind drängt darauf, das Unbekannte zu sehen und zu erkunden.

4 DER STÄBE
Einladung zur Vollendung

Kernaussage
Aufbau einer sicheren geistigen Lebensbasis, Loslassen der Vergangenheit. Sie schließen mit etwas ab. Festhalten an Altem würde Schmerzen verlängern. Unterschiede gleichen sich aus, es entwickelt sich Harmonie. Sie erkennen, dass außer den körperlichen, emotionalen und mentalen Seiten des Lebens auch die spirituellen Aspekte stimmen müssen. Daran gilt es jetzt zu arbeiten.

Liebe / Beziehung
In Ihrer Beziehung schließt sich ein Kreis. Sie beide haben jetzt die Möglichkeit, Ihre männlichen und weiblichen Energien harmonisch zu vereinen. Wo sich männliche und weibliche Kräfte ebenbürtig vereinen, wird sinnlicher Austausch zum Ausdruck kreativer Vollendung. Was schön und genussvoll in der Partnerschaft ist, können Sie jetzt aus ganzem Herzen feiern.

Familie / Kinder / Eltern
Die „Kleingruppe" der Familie (bzw. der Wahlfamilie) wird durch die meist stillschweigende Übereinkunft hinsichtlich gemeinsamer Werte zusammengehalten. Seit langem eingeübte Beziehungsmuster, die auf festen Ordnungsvorstellungen beruhen, bewähren sich jetzt oder sie werden ausdrücklich in Frage gestellt und müssen verändert werden.

Beruf / Erfolg / Geld
Dankbarkeit und die Bereitschaft, Ihren inneren Reichtum zu erkennen, legen den Grundstein für Fülle und Erfüllung auf allen Ebenen. Gegensätzliche Ziele und Kräfte werden in einen fairen Ausgleich gebracht. Erfolg ist möglich, indem männlich-aktive Absichten und Energien mit weiblich-empfänglichen in ein sinnvolles Miteinander, in eine fruchtbare Beziehung gebracht werden.

Kreativität / Selbstverwirklichung / Spiritualität
Öffnen Sie sich für die Begegnung Ihres inneren Mannes mit Ihrer inneren Frau. Lassen Sie sich überraschen, was daraus entstehen will. Aktivität und Hingabe verbinden sich dann in Ihnen und Sie können das Leben wieder neu feiern. Manche dieser Gelegenheiten kommen unerwartet, aber immer zum richtigen Zeitpunkt. Was berührt oder erfreut Sie heute besonders?

Numerologie / Zeithinweise
Sicherung, Tradition, Begrenzung. Irdische Formen schützen, sind aber vergänglich. Ordnung, Dienst, Gesetz, Arbeit, Disziplin. Praktisch, solide, organisiert, pünktlich, nützlich. Evtl. langsam, langweilig, engstirnig. *Vier Tage, vier Wochen oder vier Monate.*

Schattenaspekt	Fragen zum nächsten Schritt	Entwicklungsziel
Wenn wir glauben, alles erreicht zu haben, wenn wir meinen, dass wir am Ziel angekommen sind und uns ausruhen können, wenn wir denken, wir hätten alles gelernt und es gäbe nichts Neues mehr, wird uns das Leben eines Besseren belehren.	• Welche Gegensätze oder Gegenpole müssen Sie jetzt vereinen? • Was können Sie jetzt zum Abschluss bringen? • Was vollendet sich jetzt in Ihrem Leben?	Wenn Sie sich jene Freiheit selbst zugestehen, die aus Ihrem tiefsten Inneren erwächst und Sie immer trägt, dann werden Sie auch die Freude des Ankommens bei sich selbst erfahren.

5 DER STÄBE
Den Fluss der Energien befreien

Kernaussage
Jetzt haben Sie die Chance, sich frei zu entscheiden. Eine Situation wartet auf eine bewusste Lösung. Sie können Hürden nehmen, wenn Sie mit Geduld und Beharrlichkeit bei Ihrer geistigen Orientierung bleiben. Falls die Vision einmal aus dem Auge verloren wurde und das Leben dann als Last erscheint, muss Ihre Energie wieder in Fluss gebracht werden.

Liebe / Beziehung
Konstruktives Kräftemessen stärkt die Liebe. In Ihnen lebt eine natürliche Kraft, die weder Rechtfertigung noch Betonung braucht. Es ist unmöglich, einen anderen Menschen zu verändern. Nur Selbstveränderung funktioniert; sie führt dann auch zu neuen Chancen für die Beziehung. Erotik lässt sich nie erzwingen, sondern nur durch sensible Einfühlung erregen.

Familie / Kinder / Eltern
Es gibt die Chance, die Familienbeziehungen neu zu gestalten bzw. neue Freundschaften zu schließen. Es ist Zeit für eine offene Begegnung, bei der alle Beteiligten ihre Bedürfnisse und Wünsche zum Ausdruck bringen. Jetzt erfolgt die Weichenstellung für die nächste überschaubare Zeitspanne aufgrund Ihrer freien Willensentscheidung.

Beruf / Erfolg / Geld
Sie werden vom Leben eingeladen, sich frei dafür zu entscheiden, wie unterschiedliche Standpunkte und Interessen so unter einen Hut gebracht werden können, dass Erfolg und Erfüllung für alle Beteiligten entsteht. Dazu gilt es jetzt, begrenzte Vorstellungen und unbrauchbar gewordene Denk- und Verhaltensmuster loszulassen und sich der inneren Führung anzuvertrauen.

Kreativität / Selbstverwirklichung / Spiritualität
Nehmen Sie sich die Freiheit, Ihre inneren Impulse wahrzunehmen und ihnen im Leben Raum zu geben. Investieren Sie Energien nur in Ihre wirklichen Ziele. Lassen Sie sich nicht auf Halbherzigkeiten ein. Verlieren Sie sich nicht in unwesentlichen Aktivitäten, sondern stellen Sie zunächst Kontakt zu Ihrer inneren Führung her. Es gibt Ihren Weg!

Numerologie / Zeithinweise
Der freie Wille. Vermittlung, Veränderung, Abenteuer, Vielseitigkeit, schöpferische Aktivität. Lösungsorientiert, wissbegierig, reiselustig, anpassungsfähig, freiheitsliebend. Evtl. oberflächlich, clever, unruhig. *Fünf Tage, fünf Wochen oder fünf Monate.*

Schattenaspekt
Wenn wir versuchen, mit Macht unsere Ideen durchzusetzen und andere Menschen oder Situationen zu beherrschen, dann führt das zum Gegenteil dessen, was wir erwarten. Energie fließt nicht, sondern staut sich – und blockiert früher oder später uns selbst.

Fragen zum nächsten Schritt
- Was möchten Sie unbedingt haben oder durchsetzen?
- Was blockiert den freien Fluss Ihrer Energien?
- Haben Sie Angst, etwas zu verlieren?

Entwicklungsziel
Mit Willenskraft allein oder mit Kampf ist nichts erreichbar. Atmen Sie jetzt einfach immer wieder tief durch und geben Sie dem Leben eine neue Chance, wie von selbst zu fließen.

6 DER STÄBE
Sich an Erfolgen erfreuen

Kernaussage
Erfolg, Einheit der Energien. Jetzt können Sie Pläne ohne viele Schwierigkeiten ausführen und vollenden. Sie sind auf Erfolg eingestellt, der oft aus einer unerwarteten Richtung kommt. Sie genießen Erfolg und lassen auch andere daran teilhaben. Sie haben ihn verdient, wenn Sie ihn nicht zu Lasten anderer erreicht haben. Deshalb dürfen Sie ihn jetzt auch dankbar annehmen.

Liebe / Beziehung
Wenn wir zu uns selbst stehen und uns treu bleiben, gewinnen wir auch die Achtung und Liebe unserer wahren Partner. Sie ist die stärkste Kraft im Universum und kann weder verletzt noch begrenzt werden. Zeigen Sie Ihrem Partner Ihre wahren Bedürfnisse und gehen Sie auch auf seine ein. Ihre Offenheit macht es Ihnen beiden leichter, sich zu zeigen und zu schenken.

Familie / Kinder / Eltern
In Verwandtschaft und Freundeskreis erfreut man sich jetzt an einem Gleichklang der Gefühle. Ideen und Projekte können gemeinsam und auf harmonische Weise umgesetzt werden. Sie sollten jedoch aufpassen, dass Sie vorhandene Chancen der gemeinsamen Möglichkeiten nicht verpassen, weil Sie sich verschlossen zeigen.

Beruf / Erfolg / Geld
Natürliche Lebensfreude im Einklang mit der inneren Führung lässt jetzt jedes Ereignis im Leben zu einem schönen Erfolg werden. Sie können die unmittelbaren angenehmen Früchte Ihrer Entscheidungen und Handlungen genießen. Es wird Ihnen nutzen, an Ihren Erfolg wahrhaft zu glauben und sich die Freude daran auch wirklich zu gestatten.

Kreativität / Selbstverwirklichung / Spiritualität
Lassen Sie Ihr Leben im Glanz der inneren Sonne leuchten. Freuen Sie sich an Ihren Erfolgen und bleiben Sie sich selbst treu. Unsere wahre Größe entfaltet sich, wenn wir unseren kreativen Selbstausdruck mit Anteilnahme, Zuwendung und Achtsamkeit verbinden. Wenn wir uns so zeigen, wie wir sind, fließt die schöpferische Kraft frei und verbindet uns mit der Welt.

Numerologie / Zeithinweise
Harmonie, Sorglosigkeit. Liebe, Lebensfreude, Sensibilität, Ästhetik, Erotik, freudiger Eifer. Charismatisch, künstlerisch, liebevoll, verantwortungsbewusst, mitfühlend. Evtl. stur, dogmatisch, sorglos, rücksichtslos. *Sechs Tage, sechs Wochen oder sechs Monate.*

Schattenaspekt	Fragen zum nächsten Schritt	Entwicklungsziel
Wenn wir dazu neigen, unsere Erfolge zur Schau zu stellen oder Siege anstreben, die uns allein nutzen und nicht allen Beteiligten, dann erfährt die Qualität von Erfolg und Sieg eine negative Prägung, die früher oder später uns selbst schadet.	• Wie fühlt es sich an, siegreich zu sein? • Was bedeutet ganz allgemein eigentlich „Sieg" für Sie? • Was können Sie tun, um sich siegreicher zu fühlen?	Wahrer Erfolg ist, wenn man Siege und Niederlagen als wertvolle Lebenserfahrungen sowie als notwendige Durchgangsstadien zur Bewusstwerdung annehmen kann. Bleiben Sie frei!

7 DER STÄBE
Zu sich selbst stehen

Kernaussage
Tapferkeit, Risiko, geistige Entscheidungen, die scheinbar von außen kommen. Die eigene Realität und Wahrheit kann nicht länger unter den Tisch gekehrt werden. Sie müssen zu sich selbst stehen, auch wenn Sie auf Widerstand stoßen. Sie tragen die Verantwortung für sich und Ihr Tun. Kompromisse jeder Art sind unangebracht, da sie die eigene Wahrheit verleugnen. Sie stehen für sich und Ihren Weg ein.

Liebe / Beziehung
Wagen Sie jetzt einen mutigen Schritt nach vorn und sagen Sie Ihrem Partner klar, was Sie möchten. Auch in einer Liebesbeziehung braucht es Risikobereitschaft und Mut. Treten Sie offen für Ihre Bedürfnisse und Wünsche ein. Finden Sie dazu in sich selbst Frieden, um nicht äußerlich gegen etwas anzugehen, was zuerst in Ihrem Inneren auf Harmonie wartet.

Familie / Kinder / Eltern
Jetzt ist es besonders wichtig, dass jedes Familienmitglied (auch Sie selbst) den äußeren wie den geistigen Raum bekommen, die eigene Individualität zu leben. Dieser Freiraum ist auch in der Wahlfamilie bzw. im Freundeskreis als notwendig angesagt. Halt und Mitte müssen Sie bei sich selbst finden, nicht bei anderen.

Beruf / Erfolg / Geld
Sie sehen sich nun bestimmten Folgerungen aus früher getroffenen Entscheidungen gegenüber, mit denen Sie jetzt klarkommen müssen, so oder so. Das wird Ihnen vermutlich leichter fallen, wenn Sie sich nicht ängstlich in vermeintliche Sicherheiten zurückziehen, sondern sich dem Leben mutig stellen, beharrlich auf Ihrem Weg bleiben und sich zugleich für einen Segen „von oben" öffnen.

Kreativität / Selbstverwirklichung / Spiritualität
Vergeuden Sie Ihre Energie nicht im Kampf gegen das Leben. Setzen Sie sich für Ihre wahren Ziele ein. Wenn Ängste dazu verleiten, gegen das Leben anzukämpfen, sollten wir einige Augenblicke innehalten, um im Kontakt mit dem Herzen wieder Zugang zum Urvertrauen zu finden. Drücken Sie dann das aus, was Ihrer inneren Wahrheit entspricht.

Numerologie / Zeithinweise
Schicksal bzw. Karma oder Zwang durch die Umstände. Umbruch, Veränderung, Analyse, Verständnis, Heilung, Schicksal, Mystik. Introvertiert, unabhängig, wahrheitssuchend, still. Evtl. irritierbar, zweiflerisch, entrückt. *Sieben Tage oder sieben Wochen.*

Schattenaspekt
In der Regel haben wir gelernt, zu gehorchen und uns einzuordnen. Für solche Verhaltensweisen wurden wir belohnt und wir kommen mit dieser Strategie auch heute am besten durch. Doch damit unterdrücken wir einen Teil unserer freien Persönlichkeit.

Fragen zum nächsten Schritt
- Wofür sind Sie bereit, sich einzusetzen?
- In welchem Bereich ist es für Sie wichtig, keine faulen Kompromisse einzugehen?
- Wo fällt es Ihnen noch schwer, Farbe zu bekennen?

Entwicklungsziel
Solange wir gegen etwas ankämpfen, bindet das unsere Aufmerksamkeit und unsere Energie auf eine Weise, die sehr oft nicht weiterführt. Konzentrieren Sie sich lieber auf konstruktive Chancen.

8 DER STÄBE
Spontaneität des Herzens

Kernaussage
Klarheit, Schnelligkeit. Durch klare Kommunikation können Hindernisse schnell überwunden werden. Ein Problem, das zuvor überwältigend schien, kann jetzt seine angemessene Proportion einnehmen, da Sie Abstand gewonnen haben und die Dinge klarer sehen. Wenn Sie in Ihrer Mitte ruhen, können Sie bewusster und offener mit den täglichen Dingen umgehen und Probleme lösen.

Liebe / Beziehung
Tauschen Sie sich ruhig wieder spielerisch mit den Menschen aus, die Sie lieben. Ihr ehrlicher Selbstausdruck schafft neue Lebendigkeit. Je mehr Sie sich in Ihrem ganzen Sein schenken, desto freier fühlen Sie sich in Ihrer Liebe. Vertrauen Sie Ihrer natürlichen Spontaneität. Geben Sie Ihren Impulsen, das Leben zu genießen, genügend Raum.

Familie / Kinder / Eltern
Familienglück ist möglich, wenn Sie sich darauf einschwingen und einlassen. Die Sehnsucht nach einer lebendigen und dabei ruhigen Schwingung von Gemeinsamkeit und gegenseitiger Förderung und Befruchtung lässt sich jetzt gut erfüllen. Tragen Sie dazu selbst aktiv bei, auf eine gelassene und unaufdringliche Weise.

Beruf / Erfolg / Geld
Die Geschenke und Möglichkeiten des Lebens werden Sie in dem Maße wahrnehmen und genießen können, wie Sie sich für den stetigen Fluss von Energien, den unaufhörlichen Ausgleich von Geben und Nehmen öffnen und diesen Energiefluss zu einem Teil Ihres Lebens werden lassen. Sie können Ideen und Impulse jetzt spontan und rasch umsetzen und Fülle erhalten.

Kreativität / Selbstverwirklichung / Spiritualität
Kommunizieren Sie Ihre Lebendigkeit direkt und offen. So erhält sie die Nahrung, um noch heller und fröhlicher zu leuchten. Im Einklang mit Ihrer inneren Führung dehnen Sie Ihre Grenzen aus. Begeben Sie sich mutig auf Neuland. Nehmen Sie die Herausforderungen an, die das Leben Ihnen jetzt bietet, und richten Sie sich auf die Ziele Ihres Herzens aus.

Numerologie / Zeithinweise
Kreislauf von Energien; Mensch zwischen Erde und Kosmos. Fülle, lebendiger Strom, materielle Befriedigung. Urteilsfähig, ausgeglichen, lebendig, vertrauensvoll, beständig, loyal, energisch. Evtl. geizig, missverstanden, morbide. *Acht Tage oder acht Wochen.*

Schattenaspekt	Fragen zum nächsten Schritt	Entwicklungsziel
Wahrheit am falschen Ort und zur falschen Zeit kann verletzend sein und zerstörerisch wirken. Dieses Zuviel an Offenheit ist eine Seite dieser Schattenmedaille. Die andere Seite von „zu wenig" zeigt sich, wenn wir uns zieren, etwas mitzuteilen.	• Wem möchten Sie etwas sagen, wozu Sie bisher noch nicht genug Mut hatten? • Haben Sie Angst, auf andere Menschen zuzugehen? • Welches Missverständnis können Sie jetzt aufklären?	Wählen Sie bei Entscheidungen, die jetzt anstehen, jene Alternativen aus, die Ihnen und Ihrer Umwelt den Freiraum schaffen, mehr Liebe und Freude auszudrücken.

9 DER STÄBE
Schwächen in Stärken verwandeln

Kernaussage
Durch Selbsterkenntnis größere Zusammenhänge begreifen. Sie erfassen Kräfte aus dem Unbewussten und bringen sie durch das Licht Ihres höheren Selbst in Ihr Bewusstsein. Dadurch wird es möglich, vermeintliche Schwächen in neue Stärken zu verwandeln und die Gemeinsamkeiten von Gegenpolen zu sehen und zu nutzen.

Liebe / Beziehung
Sie können jetzt überholte Verhaltensmuster in einer Beziehung, die bisher vielleicht im Dunkeln lagen, erkennen und heilen. Das mag teilweise auch schmerzhafte Wandlungsprozesse auslösen, die Sie beide aber zu einer neuen Freiheit und Qualität der Beziehung führen. Es gibt meistens eine höhere Sichtweise, aus deren Blickwinkel sich Gegensätze auflösen.

Familie / Kinder / Eltern
Es kommt nun zu einer Ablösung und Befreiung von alten Strukturen, Rollenspielen und Ängsten, die keinem der Beteiligten mehr dienen. Sie können Angehörigen oder Freunden dabei helfen bzw. sich von ihnen helfen lassen. Unter Umständen auch Abschied von einer erstarrten Beziehung, was Ihnen neue Freiheit gibt.

Beruf / Erfolg / Geld
Die Bereitschaft, blinde Flecken auszuleuchten und Ihre Grenzen anzunehmen, verleiht wahre Stärke, auf der jeder Erfolg aufbaut. Vorsicht und Misstrauen sind nur förderlich, solange sie nicht Ihren Willen und Ihre Tatkraft schwächen, die Angelegenheiten, um die es geht, wirklich zu Ende und zum Erfolg zu führen.

Kreativität / Selbstverwirklichung / Spiritualität
Begegnen Sie den Schwächen anderer (und auch Ihren eigenen) nicht bewertend oder verurteilend, sondern voller Verständnis und Geduld. Helfen Sie anderen Menschen, ihre Kreativität weiterzuentwickeln – und gestehen Sie das auch sich selbst zu. Neue positive Impulse entstehen, wenn Sie Gegenpole als Teil eines Ganzen wahrnehmen.

Numerologie / Zeithinweise
Vollendung, Abschluss. Mitgefühl, Ablösung, Meditation, Medialität, Intuition. Geduld, Toleranz, Liebe. Menschlich, mutig, selbstbewusst, dynamisch, begeisterungsfähig. Evtl. träumerisch, impulsiv, ziellos, engstirnig, aggressiv. *Neun Tage oder neun Wochen.*

Schattenaspekt	Fragen zum nächsten Schritt	Entwicklungsziel
Der schwierigste Schatten ist Angst vor den eigenen Schatten. Es ist völlig normal und natürlich, dass jeder Mensch blinde Flecken und eben Schatten hat. Problematisch wird es, wenn diese abgespalten und verdrängt werden.	• Fühlen Sie sich derzeit eher stark oder schwach? • In welchem Bereich äußert sich bei Ihnen Angst vor der eigenen Stärke? • Welche Schwäche bei Ihnen oder anderen können Sie jetzt in eine Stärke umwandeln?	Achtsamer und liebevoller Kontakt zu Ihnen selbst verleiht die Stärke, die Sie jetzt brauchen. Sie können eine Schwäche, die Sie in sich spüren, annehmen und in Stärke verwandeln.

10 der Stäbe
Die eigene Lebendigkeit befreien

Kernaussage
Erkennen neuer Wahrheiten. Mit welchen Mustern stehen Sie sich im Alltag manchmal selbst im Weg? Es geht darum, die Lage ehrlich und schonungslos zu betrachten, blockierende Verhaltensmuster aufzuspüren und durch mehr Bewusstheit so zu verändern, dass Sie den großen Sprung zur Selbstverwirklichung, der jetzt möglich ist, auch in die Tat um setzen können.

Liebe / Beziehung
Ihre vorwärts drängenden Kräfte können sich auf liebevolle Weise ausdrücken, wenn Sie anfangen, sie nicht zum Kampf, sondern zum konstruktiven Austausch zu gebrauchen. Wenn Sie spüren, dass Verpflichtungen Ihre Liebe belasten, könnte es Zeit sein, einen Durchbruch zu wagen zur tiefsten inneren Wahrheit. Leben Sie auch Ihre Sexualität!

Familie / Kinder / Eltern
Sie gelangen zu einer neuen Sicht über die schicksalhaften, „karmischen" Beziehungen in der Familie oder Wahlfamilie. Das gibt Ihnen die Fähigkeit, in Ihren Beziehungen einen neuen Sinn zu erkennen bzw. diesen zu manifestieren. Daraus resultieren neue Herausforderungen, neue Ziele und neue Chancen. Verpassen Sie das nicht.

Beruf / Erfolg / Geld
Nutzen Sie äußeren Erfolg, materiellen und finanziellen sowie Anerkennung durch die Umwelt, als willkommene Grundlage, Ihre inneren Werte und Ziele zu bestimmen und anzustreben. Manchmal hindern wir den vollen und reichen Fluss von Energie und Fülle, weil wir aus Angst vor Zurückweisung nicht wagen unsere Lebensfreude auszudrücken.

Kreativität / Selbstverwirklichung / Spiritualität
Es geht jetzt darum, Kräfte zu sammeln, um den nächsten Schritt auf dem Weg zur Selbstverwirklichung erfolgreich machen zu können. Kontakt mit unserer inneren Führung hilft uns immer wieder, unsere Motivation zu prüfen und die notwendigen Energien für den bevorstehenden Durchbruch zu bündeln. Setzen Sie sich aus vollem Herzen und mit ganzer Kraft ein.

Numerologie / Zeithinweise
Durchbruch, neue Kräfte, Reinigung, Erlösung, Erfolg, Selbstbestimmung, Reife von Persönlichkeit oder Plänen. Zielgerichtet, im Bewusstsein einer höheren Kraft lebend und handelnd. Evtl. unsozial, egozentrisch, verständnislos. *Zehn Tage oder zehn Wochen.*

Schattenaspekt
Lebensenergie, die wir unterdrücken (lassen), verwandelt sich in eine destruktive Kraft, die sich gegen uns oder andere wendet. Energie geht nie verloren, sie verwandelt sich. So können Gift, Eifersucht, Hass, Bitterkeit oder Depression entstehen.

Fragen zum nächsten Schritt
- Wogegen wehren Sie sich?
- Was in Ihnen wartet darauf, liebevoll beachtet und angenommen zu werden?
- Welcher Furcht erlauben Sie, Ihre Lebensfreude zu blockieren?

Entwicklungsziel
Nutzen Sie die Freiheit, alles, was Sie im Augenblick belastet, anzunehmen und loszulassen, um so Ihrer tiefsten inneren Wahrheit zu entsprechen. Nicht vergessen: Dies ist Ihr Leben!

AS der KELCHE
Liebe frei fließen lassen

Kernaussage
Gefühlsreichtum. Ihr Herz öffnet sich jetzt ganz von selbst und verströmt Zuneigung und Liebe aus einer schier unerschöpflichen Quelle der Kraft. Empfindungen der Nächstenliebe, Freundschaft und Anteilnahme bereichern den Alltag und können Sie mit tiefer Freude und Zufriedenheit erfüllen. Sie dürfen aus vollem Herzen geben! Die Quelle des Herzens ist unendlich.

Liebe / Beziehung
Die Liebe zu einem einzigen Menschen kann in uns ein Tor zum Licht einer allumfassenden Liebe öffnen. Diese Öffnung für Weite und Glückseligkeit, welche die Liebe zu einem Menschen in uns auslöst, ist ein Hinweis auf das Potenzial, das wir noch entwickeln können. Lassen Sie auch Ihre Erotik und Sexualität zu einem ekstatischen Lebensgefühl werden, das alles erhöht.

Familie / Kinder / Eltern
Gefühle fließen frei und schwappen bisweilen über (was manchen zugeknöpften Menschen auch zu viel werden könnte). Aber echter Herzlichkeit kann sich letztlich niemand entziehen oder verweigern. Die Übereinstimmung gleicher Gefühlsregungen bildet eine feste Basis für eine vertiefte Freundschaft. Allgemeine Harmonie.

Beruf / Erfolg / Geld
Die wahre Quelle von Erfolg, der Sie auch emotional erfüllt und dabei andauert, beginnt in der Liebe, mit der Sie sich Menschen und Projekten zuwenden. Fülle und schöpferische Energien werden dann von Gefühlen der Liebe getragen und fließen Ihnen und durch Sie auch Ihrer Umgebung zu, wie aus einem unerschöpflichen Kelch.

Kreativität / Selbstverwirklichung / Spiritualität
Sie selbst sind ein Kelch der Freude, in den und aus dem der unendliche Strom von kreativer Liebe und Lebendigkeit immer wieder fließt. In Ihnen verbinden sich Himmel und Erde auf einzigartige Weise. Seien Sie der Kanal, durch den schöpferische Liebe frei fließt. Sie brauchen sich dafür gar nicht anzustrengen, sondern nur den freien Fluss geschehen zu lassen.

Numerologie / Zeithinweise
Beginn, Aufbruch, Zielstrebigkeit, Kraft. Die 1 steht für Einheit. Sie enthält alle Kräfte und die Ursache aller Formen. Kraftvoll, erfinderisch, mutig, visionär, ehrgeizig. Evtl. autoritär, ungeduldig, eigensinnig, ängstlich. *Ein Tag, eine Woche oder ein Monat.*

Schattenaspekt
Ein Mensch im Zustand der Einheit, den diese Karte symbolisiert, fällt in die Illusion des Getrenntseins zurück, wenn er annimmt, dass sein kleines Ich für Einheit zuständig sei. Das Ego kann Einheit nie herstellen; sie kommt aus dem Selbst.

Fragen zum nächsten Schritt
- Worum möchten Sie die universelle Kraft der Liebe bitten?
- Welchen Lebensbereich möchten Sie für den Strom der Liebe öffnen?
- Wie möchten Sie Liebe an andere Menschen weitergeben?

Entwicklungsziel
Suchen Sie die Verbindung mit Ihrer inneren Quelle, um in jeder Situation des Lebens die Freiheit und Freude zu genießen, aus ihr zu trinken und sich aus ihr inspirieren zu lassen.

2 DER KELCHE
Harmonische Liebesverbindung

Kernaussage
Glückliche Partnerschaft, Zuneigung. Eine erfüllende Liebesenergie zwischen zwei seelenverwandten Menschen. Der tiefe Wunsch nach einer solchen Partnerschaft kann jetzt in Erfüllung gehen. Diese Liebe ist rein und kommt von Gott. Sie strömt wie ein Lebenselixier durch den gesamten Körper. Wir sind bereit, uns dieser himmlischen Liebe zu öffnen!

Liebe / Beziehung
Echte Liebe ist frei und bedingungslos; sie findet von Augenblick zu Augenblick, von Begegnung zu Begegnung ihren spontanen Ausdruck. Was Ihr Partner Ihnen auch spiegeln mag: Erkennen Sie das als einen Ausdruck Ihrer selbst. Erotik und Sexualität sind umso erfüllender, je tiefer sie mit einer Liebe, die das Wesen des anderen erkennt und annimmt, verbunden sind.

Familie / Kinder / Eltern
Eine gute Zeit, um besonders darauf zu achten, sich im alltäglichen Umgang von der liebenswürdigen Seite zu zeigen. Sie suchen und finden eine neue Begegnung auf der Herzensebene mit einem Angehörigen oder jemandem aus Ihrer Wahlfamilie. Etwas in dieser persönlichen Beziehung fasziniert Sie und macht Sie lebendig.

Beruf / Erfolg / Geld
Der Austausch über die tiefsten Gefühle und Motive, die Sie und Ihre Kollegen oder Partner bewegen, hilft, eine gemeinsame Grundlage und Antriebskraft für Erfolg und Reichtum zu finden. Geben Sie Ihren Gefühlen und denen Ihrer Kollegen und Partner Raum, Liebe in ihre Vorhaben zu bringen.

Kreativität / Selbstverwirklichung / Spiritualität
Vertrauen Sie dem inneren Ruf und teilen Sie sich den Menschen mit, in deren Nähe Sie offen und sensibel sein können. Selbstverwirklichung kann sich nicht nur aufgrund von Kontrast und Reibung entwickeln, sondern auch infolge echter Begegnung von Herz zu Herz. Die Wachheit, die Sie für sich selbst haben, wird Sie wach für das Leben machen.

Numerologie / Zeithinweise
Begegnung, Ausgleich von Interessen, Polarität, Dualität. Zusammenarbeit oder Konfrontation, Paar oder Duett. Anpassungsfähig, vorsichtig, sanft, rücksichtsvoll, überzeugend, charmant. Evtl. scheu, kritisch, irreführend, kleinlich. *Zwei Tage, zwei Wochen oder zwei Monate.*

Schattenaspekt
Alles Leid im persönlichen Leben und in der Welt geht auf einen Mangel an Liebe zurück. Dann entstehen Ängste, der natürliche Austausch von Geben und Empfangen wird eingeschränkt oder unterbrochen, wir zweifeln an unserem Wert und unserem Dasein.

Fragen zum nächsten Schritt
- Wie würde die Liebe jetzt handeln?
- Wem möchten Sie heute Ihre Liebe schenken?
- Wie möchten Sie Liebe schenken und wie sich beschenken lassen?

Entwicklungsziel
Wenn Sie jemanden oder etwas wirklich lieben, sollten Sie ihn bzw. es freigeben! Was uns wirklich gehört, wird gerade durch diese Freigabe erhalten bleiben und wahrhaft beglücken.

3 DER KELCHE
Offen sein für die Fülle

Kernaussage
Fülle, Überfluss, Freude. Wir möchten innere Freude und Überfluss mit geliebten Menschen in unserer Nähe teilen! Es wird uns mehr und mehr bewusst, wie viel das Leben uns gibt. Die Dankbarkeit, die sich jetzt entwickelt, ist das wunderbarste Geschenk von allen. Wir lernen, die Hülle und Fülle, die uns jetzt zur Verfügung steht, wirklich zu genießen!

Liebe / Beziehung
Ihnen steht alles zu, was das Leben für Sie bereithält. Nichts ist natürlicher, als sinnliche Lebenslust zu genießen. Wenn wir unsere Lebensfreude mit anderen teilen, erleben wir alle eine tiefe gegenseitige Verbindung. Vertrauen Sie Ihrer Liebesfähigkeit und teilen Sie Ihre inneren Schätze mit den Menschen, von denen Sie sich angezogen fühlen.

Familie / Kinder / Eltern
Gegenseitiges Wohlwollen führt jetzt dazu, dass zwei aus Familie oder Freundeskreis eine dritte Person für eine Idee oder ein Vorhaben begeistern können. So lässt sich auch das vielleicht noch vorhandene Gefühl überwinden, vom Leben irgendwie benachteiligt worden zu sein. Echte Gefühle helfen, eine Beziehung zu festigen.

Beruf / Erfolg / Geld
Lassen Sie sich ein, widmen Sie sich Ihren Vorhaben ganz und gar. Sie werden jetzt reich fließende, gute Gefühlsenergie spüren, um mit Freude voranzuschreiten. Tun Sie sich mit anderen zusammen, die die gleichen Ziele anstreben, am gleichen Strang ziehen und auf einer Wellenlänge sind. Eine Zeit der Fülle bricht an. Nutzen und genießen Sie sie.

Kreativität / Selbstverwirklichung / Spiritualität
Feiern Sie die Fülle Ihres Bewusstseins, also Ihres bewussten Seins, in allen seinen Spielarten – Meditation, Naturerleben, künstlerische Tätigkeit, emotionaler Austausch. Öffnen Sie sich für Begegnungen und gemeinsames Tun mit Menschen, mit denen Sie Ihre kreative Freude und Ihre Interessen teilen können. Das ist Ihre Wahlfamilie, die Sie inspiriert.

Numerologie / Zeithinweise
Schöpferische Verbindung, Aufbau, Kreativität. Die 3: das Neue aus der Begegnung von zweien. (Selbst-)Ausdruck, Lebensfreude, Manifestation, Synthese. Gewissenhaft, beliebt, fröhlich, aktiv. Evtl. verschwenderisch, oberflächlich, angeberisch. *Drei Tage, drei Wochen oder drei Monate.*

Schattenaspekt
Viele Menschen hungern nach Liebe, werten aber das ab, was das Leben ihnen schenken möchte. Sie sind in der zwanghaften Vorstellung gefangen, das, was sie erhalten, sei nicht das Richtige für sie. Damit verhindern sie selbst die freie Fülle.

Fragen zum nächsten Schritt
- Worin zeigt sich Ihnen jetzt die Fülle des Lebens?
- Welche Liebe empfangen Sie, welche schenken Sie?
- Wozu lädt Sie die Fülle Ihres Lebens jetzt ein?

Entwicklungsziel
Lassen Sie sich von tiefer innerer Lebensfreude beglücken und befreien, um die grenzenlose Fülle und den wundervollen Reichtum der Liebe zu erfahren, die Ihnen zufließen möchten.

4 DER KELCHE
Emotionale Balance

Kernaussage
Zärtlichkeit, Liebe, emotionaler Reichtum. Wir sonnen uns in unserem reichen Gefühlsleben und werden von einem Menschen, der uns liebt, mit Zuneigung überschüttet. Können wir sie genießen, ohne davon abhängig zu werden? Wenn das Leben sich in einer solchen Fülle der Gefühle und glücklichen Stunden darbietet, brauchen wir nicht zu versuchen, etwas festzuhalten.

Liebe / Beziehung
Die emotionale Nähe zwischen Ihnen und Ihrem Partner kann jetzt noch tiefer und umfassender werden. Achten Sie dabei jedoch auch darauf, sich gegenseitig genug Freiräume zu geben. Gesunde Abgrenzung in einer Partnerschaft ist ein wichtiger und natürlicher Gegenpol zu Nähe und Intimität. Für das rechte, stimmige Maß braucht es echte Selbstverantwortung.

Familie / Kinder / Eltern
Sie und die Menschen um Sie herum sollten sich jetzt über die Beziehungen untereinander klar werden. Welchen Mustern folgen diese Beziehungen, welche emotionalen Bedürfnisse erfüllen sie, was für eine „Ordnung" der Menschen in Familie oder Freundeskreis ergibt sich daraus? Durch eine solche Klärung werden alle schöpferischer.

Beruf / Erfolg / Geld
Bleiben Sie offen für die Angebote und Chancen des Lebens. Es will uns jederzeit wertvolle Geschenke machen. Manchmal ist es schwierig, sich zu entscheiden, was davon uns fördert und was uns eher beengt. Die (Wahl-)Familie kann Ihnen jetzt Halt, Wärme und Geborgenheit geben. Sie können Erfolg haben und trotzdem emotional frei sein und bleiben.

Kreativität / Selbstverwirklichung / Spiritualität
Um in Ihre eigene schöpferische Kraft zu gelangen, ist es jetzt sehr hilfreich, dass Sie sich so gut und tief als möglich entspannen und das Leben mit seinen Geschenken und Angeboten einfach ruhig beachten und annehmen. Sie werden dann aus Ihrem eigenen Inneren die notwendigen Impulse und Anregungen erhalten, sich kreativ auszudrücken.

Numerologie / Zeithinweise
Sicherung, Tradition, Begrenzung. Irdische Formen schützen, sind aber vergänglich. Ordnung, Dienst, Gesetz, Arbeit, Disziplin. Praktisch, solide, organisiert, pünktlich, nützlich. Evtl. langsam, langweilig, engstirnig. *Vier Tage, vier Wochen oder vier Monate.*

Schattenaspekt	Fragen zum nächsten Schritt	Entwicklungsziel
Zur wahren Liebe gehören Verständnis und Akzeptanz, dem anderen zu erlauben, anders zu sein, als wir es selbst gerne hätten. Nur im Klima von Offenheit und Freiheit entsteht Raum für intensive Begegnungen, tiefe Verbindungen und echte Zuneigung.	• Sind Sie innerlich frei für einen reichen Liebesaustausch? • Gibt es in Ihrem Leben zu viel oder zu wenig an Gefühlen? • Haben Sie Mühe mit emotionalen Grenzen, bei sich oder anderen?	Lassen Sie von Ihrer Selbstbezogenheit etwas los, um sich von begrenzten Vorstellungen zu befreien. Das Leben wird Sie dann mit unerwarteten Geschenken überraschen. Trauen Sie sich.

5 DER KELCHE
Alte Wunden heilen

Kernaussage
Eine verwirrende Vielfalt von Gefühlen macht es schwer, sich frei für eines zu entscheiden. Jede Ent-Täuschung ist in Wirklichkeit der Vorbote einer neuen Freiheit. Manchmal sind unsere Erwartungen so hoch, dass sie niemand erfüllen kann, nicht einmal wir selbst. Unsere Aufgabe ist es, die innere Balance und Ausgeglichenheit in uns selbst wiederzufinden.

Liebe / Beziehung
Jede Beziehung besteht, damit wir daraus lernen, alte Muster aufzulösen und frühere Verletzungen heilen. Sie haben es selbst in der Hand bzw. im Herzen, wie Sie eigenverantwortlich mit Ihren Beziehungen umgehen, wie Sie sich offen und liebevoll auf andere Menschen einlassen und dabei durchaus auch Grenzen setzen, wo diese notwendig sind. Ihr Herz ist groß!

Familie / Kinder / Eltern
Eine Veränderung im bisher üblichen Gefüge von Familie oder Wahlfamilie. Kinder wollen etwas ganz anderes, ein neuer Freund taucht auf. Die Energien wandeln sich, weil Menschen sich verändern und neu orientieren. Bislang unbekannte Faktoren, die mit dem freien Willen zu tun haben, bereichern und transformieren die Beziehungen.

Beruf / Erfolg / Geld
Sie haben die freie Wahl zu Entscheidungen in Gefühlsangelegenheiten, die eng mit den Themen Freiheit und Fülle verbunden sind. Sie haben im Leben bereits Enttäuschungen, Sorgen und Kummer erlebt und Altes gehen lassen können oder müssen. Nun stehen Sie am Anfang einer ganz neuen Zeitspanne, in der Sie Ihre Gefühle über Erfolg und Reichtum bestimmen.

Kreativität / Selbstverwirklichung / Spiritualität
So unglaublich es klingen mag: Sie gestalten Ihre Kreativität letztlich selbst. Sie bestimmen selbst, auf welchen Wegen Sie zu sich finden wollen, wie Sie innere Schönheit und Göttlichkeit erkennen. Nicht äußere Faktoren wie Sitte und Tradition, Erziehung und Gesellschaft, sondern Ihre emotionale Ausrichtung und die Sehnsucht Ihrer Seele führen Sie zum Wesentlichen.

Numerologie / Zeithinweise
Der freie Wille. Vermittlung, Veränderung, Abenteuer, Vielseitigkeit, schöpferische Aktivität. Lösungsorientiert, wissbegierig, reiselustig, anpassungsfähig, freiheitsliebend. Evtl. oberflächlich, clever, unruhig. *Fünf Tage, fünf Wochen oder fünf Monate.*

Schattenaspekt
Alte Verletzungen können nicht wirklich heilen, solange wir sie leugnen und das mit ihnen verbundene Lebensthema abwehren. Um zu heilen, besteht der erste Schritt immer in einer mutigen und bedingungslosen Annahme dessen, was wir in uns vorfinden.

Fragen zum nächsten Schritt
- Sind Sie bereit, Ihre Gefühle zu befreien?
- Welche alten emotionalen Wunden werden gerade berührt?
- Fühlen Sie sich emotional eingeengt?

Entwicklungsziel
Seien Sie bereit, auch schmerzhafte Erfahrungen des Lebens anzunehmen und zu erkennen, dass Sie ohne diese nicht wären, wer Sie heute sind. Dann müssen Sie nicht mehr kämpfen und sind frei.

6 der Kelche
Genießen lernen

Kernaussage
Herzenergie, sexuelle Kraft. Offenheit, den richtigen Partner ins Leben einzuladen. Ihre Fühler sind ausgestreckt. In jedem Fall sind Sie innerlich bereit, einen Sprung in ein erfüllenderes Dasein zu wagen. Sie wissen, dass echtes Genießen ein Geschenk ist, und gönnen sich diese tiefe Befriedigung. Wenn der Mut dazu fehlt, sollten Sie nachsehen, was Sie hindert.

Liebe / Beziehung
Wenn Sie sich nährende und intensive Beziehungen wünschen, so erlauben Sie sich, nun Ihre innere Liebe ehrlich und offenherzig auszudrücken. Im Austausch von Freude, Zärtlichkeit, Begehren und Sinnlichkeit heilen Sie sich selbst und andere. Genießen Sie Ihre Gefühle und Ihre Sexualität, indem Sie sie bewusster und liebevoller erleben.

Familie / Kinder / Eltern
Zeit zu feiern. Die Stimmung ist gut, Zuneigung wird erwidert, auf beschwingte und zwanglose Weise fühlt man eine emotionale Verbundenheit im engeren Familien- oder Freundeskreis. Bisweilen täuscht die gute Stimmung aber darüber hinweg, dass es grundlegende Meinungsverschiedenheiten gibt, die bald geklärt werden sollten.

Beruf / Erfolg / Geld
Sie können die Früchte Ihrer früheren freien Entscheidungen jetzt auf freudvolle und spielerische Weise genießen. Sie erleben einen inneren emotionalen Reichtum, der eine wesentliche Grundkraft für äußeren, materiellen Erfolg darstellt. Geben Sie Ihrem inneren Kind Raum, sein Staunen und seine Abenteuerlust auszuleben. Umso mehr Lebendigkeit und Fülle erfahren Sie.

Kreativität / Selbstverwirklichung / Spiritualität
Abenteuerlust, die Verspieltheit Ihres inneren Kindes und ein spontanes Staunen über das Leben, das Sie bisher erfahren haben und jetzt weiter erfahren, vermitteln gute Impulse, um zu erspüren, auf welche nächsten spirituellen Ziele hin Sie sich jetzt ausrichten sollen. Ihre Lebensfreude wird Sie wie ganz von selbst zu den sinnvollen nächsten Schritten auf dem Weg zu diesen Zielen führen.

Numerologie / Zeithinweise
Harmonie, Sorglosigkeit, Liebe, Lebensfreude, Sensibilität, Ästhetik, Erotik, freudiger Eifer. Charismatisch, künstlerisch, liebevoll, verantwortungsbewusst, mitfühlend. Evtl. stur, dogmatisch, sorglos, rücksichtslos. *Sechs Tage, sechs Wochen oder sechs Monate.*

Schattenaspekt	Fragen zum nächsten Schritt	Entwicklungsziel
Wer nicht dem Genuss der Sinne einen gebührenden Platz im Leben einräumt, läuft Gefahr, sich von sich selbst, seinen Mitmenschen und schließlich von der Schöpfung abzuwenden. Wer nicht auch genießt, wird rasch selbst ungenießbar.	• Was möchten Sie genießen? • Gibt es etwas, was Ihre Lebensfreude und Ihren Genuss einschränkt? • Können Sie sich und anderen Genuss zugestehen?	Nehmen Sie das Leben an, mit allen Herausforderungen und Angeboten, ohne zu urteilen und sich damit zu begrenzen. So können Sie innere Offenheit und befreite Gelassenheit entwickeln.

7 DER KELCHE
Energien befreien und fließen lassen

Kernaussage
Erschütterung des Gefühlslebens, scheinbar von außen, Auflösung von Illusionen, Lustlosigkeit. Wenn wir uns überfordern, ist es kein Wunder, dass wir uns kraftlos und mutlos fühlen. Alte Wunden müssen zuerst heilen, bevor wir wieder munter auf Wanderschaft gehen und unser Herz feilbieten ... Eine kleine Pause bringt die Dinge wieder ins Lot und schafft neue Balance.

Liebe / Beziehung
Es ist Zeit, dass Sie sich und Ihrem Partner gegenüber aufrichtig sind und sich darüber klar werden, welche früheren Einstellungen und Entscheidungen noch tragen, und in welcher Hinsicht Sie sich jetzt bewusst wieder auf Verständnis und Freundschaft, auf Liebe und Hingabe einstimmen können. Eine emotionale „Reinigung" hilft allen weiter.

Familie / Kinder / Eltern
Es ist ganz normal, dass sich Zugehörigkeitsgefühle und gegenseitige Sympathien mit der Zeit „abnutzen" und man sich so daran gewöhnt hat, dass man sie nicht mehr richtig zu schätzen weiß. Deshalb wäre es jetzt wichtig, dass Sie den Fluss der emotionalen Energien bewusst beobachten und mit herzlicher Anteilnahme begleiten.

Beruf / Erfolg / Geld
Die Erfüllung unserer äußeren Wünsche und Träume wird uns nur dann wahrhaft beglücken, wenn wir darin einen Ausdruck unserer inneren Werte erkennen. Das bedeutet, dass wir auch lernen zu unterscheiden und bewusst auszuwählen, was wirklichen Erfolg ausmacht, und dass wir uns auch dann abgrenzen und Nein sagen, wenn das der inneren Wahrheit entspricht.

Kreativität / Selbstverwirklichung / Spiritualität
Warten Sie nicht darauf, dass sich Sehnsüchte automatisch erfüllen. Sie haben bestimmte Ideen gestaltet und Dinge unternommen, die jetzt Früchte tragen, wenn Sie weiter dranbleiben. Öffnen Sie Ihre geistige Schau und erkennen Sie, dass alles vorhanden ist. Ihr Inneres ist voller Wunder! Lassen Sie Ihr Herz das wählen, was für Sie jetzt stimmig ist.

Numerologie / Zeithinweise
Schicksal bzw. Karma oder scheinbarer Zwang durch äußere Umstände. Umbruch, Veränderung, Analyse, Verständnis, Heilung, Schicksal, Mystik. Introvertiert, unabhängig, wahrheitssuchend, still. Evtl. irritierbar, zweiflerisch, entrückt. *Sieben Tage oder sieben Wochen.*

Schattenaspekt
Wer in einer unbefriedigenden, Energie raubenden Situation verharrt, gibt einer Sucht nach. Der Emotionalkörper hat das Muster, leidvolle Erfahrungen immer zu wiederholen und neu aufzuladen. Man spürt, dass etwas unerfreulich ist, und tut es dennoch.

Fragen zum nächsten Schritt
- Wovon bzw. von wem fühlen Sie sich abhängig?
- Unter welchen Umständen verlieren Sie Energie?
- In welchen Situationen sollten Sie sich klarer abgrenzen?

Entwicklungsziel
Formulieren Sie solche Wünsche für das äußere Leben, die Sie in den geistigen Raum aussenden, welche auch Ihrer inneren Wahrheit entsprechen und deren Erfüllung wirklich stimmig ist.

8 DER KELCHE
Notwendige emotionale Klärung

Kernaussage
Überfließende Gefühle bzw. Unklarheit. Vergeuden Sie Ihre Kraft nicht in Verbindungen mit Menschen, von denen nichts zurückkommt. Wenn die Energie nicht harmonisch fließt und bereits stagniert, tut das weder uns noch den anderen gut. Manchmal muss man einen Schlussstrich ziehen, selbst wenn es weh tut. Stimmen Sie sich jetzt bewusst auf positive Situationen ein.

Liebe / Beziehung
Liebe ohne Selbstliebe ist nicht möglich. Denn sonst wäre Liebe ja Idealisierung und Opferhaltung, nicht Ebenbürtigkeit und Seelenbegegnung. Bei aller Schönheit des Zusammenseins ist auch das Alleinsein wesentlich. Geben Sie sich gegenseitig genügend Zeit und Raum, sich selbst zu spüren, um sich dann ohne abstumpfende Gewohnheitsmuster neu zu begegnen.

Familie / Kinder / Eltern
Sie können sich jetzt als Glied einer bald ewigen Kette von Generationen und dabei als Träger von Bewusstseinsimpulsen und Erfahrungen erleben, die durch Sie nun in einzigartiger Weise verwirklicht werden. Vielleicht vermittelt Ihnen das auch ein Stück Geborgenheit. Auf harmonische Weise erlebte Abwechslung.

Beruf / Erfolg / Geld
Sie dürfen sich jetzt getrost auf den natürlichen Fluss von Energie und Fülle einlassen. Das Fließen vollzieht sich wie in einer Lemniskate, der liegenden Acht, oder ist wie ein Pendelschlag. Mal geht es in diese Richtung, mal in jene. Machen Sie sich innerlich frei, Erfolge und Reichtum auf allen Ebenen anzunehmen, auf denen das Leben sie Ihnen zufließen lässt.

Kreativität / Selbstverwirklichung / Spiritualität
Selbstentfaltung braucht immer wieder das Unbekannte, das Neue, das Mysterium jener geistigen Räume und lebendigen Ereignisse, die nicht in fixierte Schablonen passen. Wenn wir unsere Bestimmung tatsächlich erkennen und verwirklichen möchten, brauchen wir den Mut, immer wieder Sprünge ins Ungewisse zu unternehmen.

Numerologie / Zeithinweise
Kreislauf von Energien. Mensch zwischen Erde und Kosmos. Fülle, lebendiger Strom, materielle Befriedigung. Urteilsfähig, ausgeglichen, lebendig, vertrauensvoll, beständig, loyal, energisch. Evtl. geizig, missverstanden, morbide. *Acht Tage oder acht Wochen.*

Schattenaspekt	Fragen zum nächsten Schritt	Entwicklungsziel
Wenn Sie sich emotional geschwächt und ausgelaugt fühlen, neigen Sie dazu, noch mehr Belastungsgefühle anzuziehen. So gerät man in einen Teufelskreis. Man verliert in der zunehmenden Kraftlosigkeit die Möglichkeit, situationsgerecht zu handeln.	• Haben Sie vor manchen Ihrer Bedürfnisse Angst? • Was hilft Ihnen, sich einzulassen anstatt auszuweichen? • Wie gehen Sie mit langsam fließender oder gestauter Energie um?	Lassen Sie Altes, das sich überlebt hat und Ihnen nicht mehr dient, hinter sich und gehen Sie neuen Ufern entgegen. So kann das Leben Sie mit einem neuen Zauber beschenken.

9 DER KELCHE
Freude als Tor zum Leben

Kernaussage
Freude, Glück. Eine Glückssträhne lässt tiefe Harmonie empfinden und befreit Sie zumindest jetzt einmal von Alltagssorgen. Nutzen Sie diese Zeit, damit sie nicht spurlos vorübergeht. Sie können neue Kräfte tanken und es sich rundum gut gehen lassen. Solche Tage des Glücks erinnern Sie in schweren Zeiten daran, dass Sie die Quelle der Freude in sich selbst finden!

Liebe / Beziehung
Vertrauen Sie auf Ihre Fähigkeit, Liebe und emotionale Wärme zu schenken und zu empfangen. Lust und Liebe sind Ausdrucksformen von Freude am Leben. Je mehr Lebenslust wir erfahren, desto mehr stärken wir Freude und Liebe in unserer Welt. Die Offenheit, die Sie im Austausch in Ihrer Beziehung erfahren, ist ein Tor, um die Fülle des Lebens auch anderen zu öffnen.

Familie / Kinder / Eltern
Ihr Familienleben vertieft sich. Sie können die liebevollen Leistungen Ihrer Eltern (auch, wenn sie schon verstorben sind) besser erkennen und dafür dankbar sein. Durch gegenseitiges Verzeihen und Vergeben entstehen neue emotionale Entwicklungsmöglichkeiten, Ihre Gefühlswelt wird weiter, freier und umfassender.

Beruf / Erfolg / Geld
Versuche, Fülle vom Ego her zu kontrollieren und zu lenken, sind ziemlich fruchtlos. Öffnen Sie jedoch Ihr Herz für das „Geburtsrecht" jedes Menschen: Die Erde und das Leben selbst bieten uns alle schöpferischen Möglichkeiten, damit wir unser Potenzial auch verwirklichen können. Je mehr Freude wir uns erlauben, desto reicher wird unser Leben und das unseres Umfeldes.

Kreativität / Selbstverwirklichung / Spiritualität
Sie brauchen jetzt nichts mehr zu kontrollieren, weil das Leben auf wunderbare Weise liebevolle Gefühle fließen lässt. Da ist dann auch keine Zeit, sich nur noch auf sich selbst zurückzuziehen. Denn auf unerwartete Weise tauchen aus dem geheimnisvollen, unbekannten Leben Wunder und Sinn auf, die wir mit anderen teilen dürfen.

Numerologie / Zeithinweise
Vollendung, Abschluss, Mitgefühl, Ablösung, Meditation, Medialität, Intuition, Geduld, Toleranz, Liebe. Menschlich, mutig, selbstbewusst, dynamisch, begeisterungsfähig. Evtl. träumerisch, impulsiv, ziellos, engstirnig, aggressiv. *Neun Tage oder neun Wochen.*

Schattenaspekt	Fragen zum nächsten Schritt	Entwicklungsziel
Bei dem, was diese Karte symbolisiert, gibt es eigentlich nur die Gefahr, dass man sein Glück und seine Freude von anderen Menschen oder den Umständen abhängig macht. Damit verliert man jedoch seine Freiheit und Selbstbestimmung.	• Was macht Ihnen am meisten Freude? • Was erfüllt Sie mit tiefem Glück? • Wie fördern Sie andere, Glück und Freude zu erfahren?	Betrachten Sie, in welchem Lebensbereich Sie Sorge haben, nicht genügend Liebe oder Anerkennung zu bekommen. Dann öffnen Sie sich in diesem Bereich für ein freies Fließen der Energien.

10 der Kelche
Erfüllender Liebesaustausch

Kernaussage
Zufriedenheit, Erfüllung, Fülle. Unser Leben fließt jetzt über vor Glück und Freude und schenkt uns tiefe innere Zufriedenheit und Harmonie. Viele Dinge, die Sie sich vielleicht schon lange gewünscht haben, werden jetzt wahr. Sie müssen nicht mehr darum kämpfen. Die Bereitschaft, Fülle und Erfüllung zu erleben und all das Wunderbare im Leben dankbar zu empfangen.

Liebe / Beziehung
In dem Maße, wie Sie sich mit einem Menschen liebevoll und innig verbinden, seelisch, sozial oder erotisch, werden Sie beide zu einem Kanal für eine reine, allumfassende Liebe, die Ihr innerstes Wesen entfaltet und auch anderen Menschen auf unsichtbare Weise hilft, dass sie mehr von ihrem innersten Kern von Liebe erfühlen. Bleiben Sie achtsam im Austausch.

Familie / Kinder / Eltern
Es gibt einen Durchbruch in Ihrem Familienleben bzw. dem Freundeskreis Ihrer Wahlfamilie. Sie können „erwachsener" und reifer miteinander umgehen und die jeweiligen emotionalen Bedürfnisse achtsam anerkennen. Bisherige Hindernisse auf der Gefühlsebene werden jetzt überwunden, weil Sie sich offen und ebenbürtig austauschen.

Beruf / Erfolg / Geld
Sie erleben einen Durchbruch bei der Verwirklichung von Möglichkeiten und Zielen. Feiern Sie Erfolge und sowohl äußeren wie inneren Reichtum. Darin drückt sich auch Dankbarkeit dem Leben gegenüber aus. Entspannen Sie sich und genießen Sie die Gewissheit, dass alles, was Sie brauchen, in Fülle vorhanden ist. Ihre erfüllten Gefühle werden zu Garanten Ihrer Erfolge.

Kreativität / Selbstverwirklichung / Spiritualität
Sie sind in eine wundervolle kosmische Ordnung eingebettet. Jetzt ist eine gute Zeit, auf eine Weise, die für Sie stimmig ist, Ihren Platz und Ihre Aufgaben in dieser Ordnung zu erfassen. Sie haben Gaben erhalten, die Sie mit anderen teilen dürfen und sollen. Und Sie dürfen und sollen auch Geschenke von anderen Menschen empfangen.

Numerologie / Zeithinweise
Durchbruch, neue Kräfte, Reinigung, Erlösung, Erfolg, Selbstbestimmung, Reife von Persönlichkeit oder Plänen. Zielgerichtet, im Bewusstsein einer höheren Kraft lebend und handelnd. Evtl. unsozial, egozentrisch, verständnislos. *Zehn Tage oder zehn Wochen.*

Schattenaspekt	Fragen zum nächsten Schritt	Entwicklungsziel
Wenn Sie sich Ihre emotionale Unterstützung nur im Außen suchen, ohne sich Zeit für ein Alleinsein zu nehmen, dann wird aus Sättigung leicht Übersättigung. Dann laufen Sie Gefahr, anstatt Erfüllung nur Leere oder Langeweile zu empfinden.	• Zu welchen Menschen fühlen Sie sich hingezogen? • Mit welchen Menschen möchten Sie nun mehr als bisher teilen? • Wem möchten Sie mehr als bislang Ihre Anerkennung und Dankbarkeit zeigen?	Erlauben Sie sich immer mehr und immer weiter, sich selbst als einen liebenswerten Teil dieser wunderbaren Schöpfung anzunehmen. Fühlen Sie sich frei, Lebendigkeit und Freude zu leben.

AS der Schwerter
Höchste Klarheit gewinnen

Kernaussage
Intellektuelle Klarheit, Inspiration. Sie gewinnen Klarheit über Ihr Leben und die Fähigkeit, Veränderungen einzuleiten. Sie spüren die Kraft, sich neuen Aufgaben zu widmen und diese auch durchzusetzen. Die Energie der Karte zeigt die Möglichkeit eines Aufbruchs zu neuen Ufern an, wenn Sie den Mut haben, der Realität des Lebens mit offenen Augen zu begegnen.

Liebe / Beziehung
Es macht nichts, eine Zeit lang mit Unklarheit oder Unwissenheit zu leben, solange das Herz für Klarheit und Wahrheit offen bleibt. Wahrheiten, die dann auftauchen, können auch schmerzhaft sein, werden jedoch eine höhere Bewusstheit beider Partner fördern und der Beziehung zu mehr Tiefe und Intensität verhelfen. Dann strahlt die Liebe in einem neuen Glanz.

Familie / Kinder / Eltern
Es gibt unerwartete Veränderungen im Familienleben, vielleicht durch Umzug, Arbeitswechsel oder eine überraschende Begegnung. Kinder verlieben sich und ziehen in eine andere Stadt, die Eltern brechen zu neuen Ufern auf. So oder so vollzieht sich eine Veränderung, die Chancen bietet, ganz neue Ideen und Pläne zu verwirklichen.

Beruf / Erfolg / Geld
Sie bekommen jetzt eine gute Gelegenheit, in Klarheit und mit Präsenz zu erkennen, wie sich Ihre innere Fülle ausdrücken möchte. Sie wissen auf der Ebene des höheren Selbst genau, worin für Sie echter Erfolg und wahrer Reichtum bestehen. So können Sie jetzt auch die richtigen Entscheidungen treffen und in einer wichtigen Sache einen Neubeginn machen.

Kreativität / Selbstverwirklichung / Spiritualität
Versuchen Sie, Ihr Leben jetzt einmal aus der Vogelperspektive zu betrachten. Sehen Sie Ihre Lebenswege, spüren Sie die Verbindung zur Erde und fühlen Sie zugleich die Inspiration durch hohe, luftige Himmel. So entwickelt sich die Weisheit des Herzens in tiefer Verbundenheit mit einer geistigen Klarheit, welche die Essenz der Dinge wahrnimmt.

Numerologie / Zeithinweise
Beginn, Aufbruch, Zielstrebigkeit, Kraft. Die 1 steht für Einheit. Sie enthält alle Kräfte und die Ursache aller Formen. Kraftvoll, erfinderisch, mutig, visionär, ehrgeizig. Evtl. autoritär, ungeduldig, eigensinnig, ängstlich. *Ein Tag, eine Woche oder ein Monat.*

Schattenaspekt
Wenn wir das Schwert unserer Klarheit nur benutzen, um Recht zu behalten und andere zu verurteilen, dann wird es zu einem Instrument der Vernichtung. Wir dürfen unser Erkenntnisvermögen nicht einsetzen, um die Schwächen anderer bloßzustellen.

Fragen zum nächsten Schritt
- Was verändert sich, wenn Sie unbeirrt Ihrer Wahrnehmung vertrauen?
- Welche Situation bedarf Ihrer unbestechlichen Klarheit?
- Haben Sie den Mut, Ihre eigene Wahrheit anzunehmen?

Entwicklungsziel
Lernen Sie, Liebe zur Wahrheit klar und kraftvoll, zugleich aber auch mit Mitgefühl und Wertschätzung für andere Menschen und Standpunkte zu vertreten. Das befreit alle Beteiligten.

2 DER SCHWERTER
Im Frieden mit sich und der Welt

Kernaussage
Innere Ruhe und Frieden. Begegnung mit einem Partner, der herausfordert. Wenn Sie das Geschenk eines inneren Friedens in sich spüren, finden Sie auch zu Harmonie im Alltagsleben. Sie können dann aus Ihrer Intuition heraus handeln. Eine kurze Zeit des Innehaltens steht vor der Tür und Sie sollten diese Chance nicht ungenutzt verstreichen lassen!

Liebe / Beziehung
Freiheit und Eigenverantwortung sind zwei entscheidende Grundlagen für jede Partnerschaft und jede Liebesbeziehung, die tiefgründig ist und auch den Stürmen des Lebens widersteht. Man kann Schwächen und Fehler bei sich und anderen sehen und sich und den anderen dennoch annehmen und lieben. So entstehen lebendige Harmonie und echter Frieden.

Familie / Kinder / Eltern
Sie sind bereit (oder spüren zumindest die Notwendigkeit), ein wichtiges Thema in aller Offenheit und Deutlichkeit in der Familie anzusprechen und zu einer Klärung zu gelangen. Dabei werden unterschiedliche Motive offenbar und es kommt zu einem ruhigen Abwägen, unter Umständen zu einem friedlichen Kräftemessen.

Beruf / Erfolg / Geld
Setzen Sie sich bewusst mit den Menschen über Ziele und Werte und Motive auseinander, um friedvolle Übereinstimmung anzustreben. Ein klarer Austausch ist Grundlage für Selbstsicherheit und ruhige Entscheidungen. Es geht darum, dass Sie Einverständnis mit anderen Menschen und dem Leben an sich erzielen. Dann folgen Erfolge wie von selbst.

Kreativität / Selbstverwirklichung / Spiritualität
Sie werden jetzt wesentliche Schritte auf Ihrem geistigen Weg machen können, indem Sie lebendige Gefühle und mentale Klarheit harmonisch aufeinander abstimmen. Wir leben immer in einem Wechselspiel zwischen Emotionen und Gedanken; beide brauchen ihren Raum und ihre Zeit. Dann sehen und spüren wir wieder mehr Sinn im Leben, der uns vorwärtsträgt.

Numerologie / Zeithinweise
Begegnung, Ausgleich von Interessen, Polarität, Dualität. Zusammenarbeit, Konfrontation, Paar oder Duett. Anpassungsfähig, vorsichtig, sanft, rücksichtsvoll, überzeugend, charmant. Evtl. scheu, kritisch, irreführend, kleinlich. *Zwei Tage, zwei Wochen oder zwei Monate.*

Schattenaspekt	Fragen zum nächsten Schritt	Entwicklungsziel
Wenn Sie Unangenehmes zudecken und offenen Auseinandersetzungen ausweichen, schließen Sie wichtige Aspekte des Lebens aus. Wenn Sie so persönliche Ängste und Bewertungen in den Vordergrund stellen, führt das zu Abspaltung und Trennung.	• Sind Ihr äußeres und Ihr inneres Leben miteinander im Einklang? • Was unterstützt Sie dabei, in Kontakt mit sich selbst zu sein? • Wobei erleben Sie am meisten Frieden und Freiheit?	Lassen Sie sich nicht vom Druck der Verhältnisse oder von Forderungen von Familie, Freunden oder Arbeitskollegen dazu verleiten, Entscheidungen zu treffen, die Sie so gar nicht wollen.

3 DER SCHWERTER
Kummer und Eifersucht loslassen

Kernaussage
Konstruktive Auseinandersetzung, realistische Einstellung zum Leben. Es gibt Zeiten, in denen die Angst vor etwas größer ist als das Problem. Wenn Sie das Problem mit Abstand betrachten, erkennen Sie die Lösung. Legen Sie angelernte Sorgenmachmuster ab. Jede Polarität führt zu einem neuen Dritten, das die Gegensätze integriert.

Liebe / Beziehung
In einer offenen Aussprache kann eine neue Sicht der Dinge wachsen und wir finden, wenn unser Herz dazu bereit ist, zu neuen Möglichkeiten und Lösungen. Es geht jetzt darum, dass wir unsere Ängste oder die des Partners wahrnehmen und achtsam damit umgehen. Dann kann Liebe wieder freier fließen. Sie und Ihr Partner brauchen jetzt heilsame Zuwendung.

Familie / Kinder / Eltern
Auf erfolgreiche und zugleich „feurige" Weise arbeiten Kräfte zusammen; Geistesblitze können Auslöser für eine fruchtbare neue Phase im Familienleben werden. Kinder unternehmen „ihr eigenes Ding", und Sie sollten ihnen den Freiraum dafür geben. Es wird notwendig, sich mit ungewohnten, aber konstruktiven Ideen zu beschäftigen.

Beruf / Erfolg / Geld
Eine konstruktive Einstellung, die Rücksicht darauf nimmt, dass unsere Erfolge andere nicht verletzen, sondern sie am Erfolg teilhaben lassen, ist in diesem Stadium eine entscheidende und starke Grundlage für die Fülle, die wir anstreben. Es ist möglich, Gewinn und Reichtum zu empfangen und dabei die Herzen der Menschen und ihre Wünsche zu achten.

Kreativität / Selbstverwirklichung / Spiritualität
Welche alten Wunden oder Wirrnisse, welche Irrwege oder Enttäuschungen blockieren Ihre weitere geistige Entwicklung? Schauen Sie sich diese Dinge ohne emotionale Bewertung an: Ohne sie wären Sie heute nicht der Mensch mit Ihrem gegenwärtigen Bewusstsein. Heilung und Mitgefühl, vor allem aber Vergebung und Selbstvergebung bringen einen Durchbruch.

Numerologie / Zeithinweise
Schöpferische Verbindung, Aufbau, Kreativität. Die 3: das Neue aus der Begegnung von zweien. (Selbst-)Ausdruck, Lebensfreude, Manifestation, Synthese. Gewissenhaft, beliebt, fröhlich, aktiv. Evtl. verschwenderisch, oberflächlich, angeberisch. *Drei Tage, drei Wochen oder drei Monate.*

Schattenaspekt
Wenn wir Schwierigkeiten und Kümmernisse erwarten, senden wir damit eine Energie aus, die es solchen Dingen leichter macht, in unser Leben zu treten. Offensichtlich versuchen wir gerade, einen inneren Mangel durch äußeren Erfolg zu kompensieren.

Fragen zum nächsten Schritt
- Was bekümmert Sie?
- Welche körperlichen Reaktionen spüren Sie bei Eifersucht, Kummer und Angst?
- Was verhilft Ihnen zu neuer Klarheit und Befreiung?

Entwicklungsziel
Sie bekommen gute Chancen, Ihre mentale Klarheit so einzusetzen, dass daraus für alle Beteiligten etwas Konstruktives erwächst. Manchmal müssen Sie solche Chancen selbst erst erzeugen.

4 DER SCHWERTER
Innehalten und Geduld üben

Kernaussage
Pause, Abwarten. Eine Sache ist zum Stillstand gekommen, Sie können Abstand gewinnen. Ein Ruhepunkt in der Hektik des Alltags lässt Sie die Sorgen für eine Weile vergessen, und Sie finden somit ein neues Verständnis, wie Sie mit Ihren Themen oder Problemen effektiver umgehen. Achten Sie darauf, ob Sie in diesem „Ruhezustand" vielleicht etwas unterdrücken.

Liebe / Beziehung
Eine gute Zeit, um innezuhalten, eine Besinnungspause einzulegen und einfach einmal ruhig zuzuschauen, wie sich die Dinge weiterentwickeln. Eine gewisse geistige Stille schafft Raum für eine gelassenere Art und Weise, die Beziehung und sich selbst und den Partner darin zu spüren. Harmonische Zentrierung ist jetzt wichtiger als heiße Leidenschaft.

Familie / Kinder / Eltern
Manche Menschen haben das Gefühl, ihre Familie oder ihr Freundeskreis sei so etwas wie eine Wagenburg, hinter der sie sich verschanzen und sicher fühlen können. Warum nicht, wenn das ihr Bedürfnis ist. Achten Sie jedoch darauf, die Gemeinsamkeiten einer Kleingruppe nicht allzu sehr vor Einflüssen von „draußen" abzuschotten.

Beruf / Erfolg / Geld
Die Kraft Ihrer Vorstellungen und die Stärke Ihrer rationalen Argumente sowie Ihr leidenschaftlicher Einsatz für Ihre Ziele dürfen jetzt alle einmal eine Auszeit nehmen. Betrachten Sie Ihre Situation mit einer gewissen mentalen Distanz und mit der Ausrichtung auf Ausgleich und Harmonie für alle Beteiligten. Die Dinge entwickeln sich schon von selbst richtig weiter.

Kreativität / Selbstverwirklichung / Spiritualität
Schöpferischer Selbstausdruck und spirituelle Entfaltung sind etwas für den lebendigen Alltag, nicht für das Sinnieren im isolierten Elfenbeinturm. Ein gewisser Abstand und die wache Überlegung, was weiterträgt und sinnvoll ist und was überholt ist und deshalb abgelegt werden kann, ist kein Widerspruch dazu. Lassen Sie sich von Ihrer inneren Weisheit führen.

Numerologie / Zeithinweise
Sicherung, Tradition, Begrenzung. Irdische Formen schützen, sind aber vergänglich. Ordnung, Dienst, Gesetz, Arbeit, Disziplin. Praktisch, solide, organisiert, pünktlich, nützlich. Evtl. langsam, langweilig, engstirnig. *Vier Tage, vier Wochen oder vier Monate.*

Schattenaspekt	Fragen zum nächsten Schritt	Entwicklungsziel
Waffenruhe ist noch kein Frieden. Es gibt eine Reihe ungelöster Probleme bzw. Herausforderungen, die erst noch gemeistert werden wollen. Es gibt zwar jetzt nichts aktiv zu tun, aber das ist kein Grund, sich und der Situation zu sicher zu sein.	• Können Sie sich selbst ganz annehmen, mit Körper, Gefühlen und Gedanken? • Was fällt Ihnen noch schwer, von sich selbst ganz anzunehmen? • In welcher Sache sollten Sie jetzt weniger kämpferisch vorgehen?	Suchen Sie nach heilenden Räumen (äußeren oder inneren), in denen Sie die Ruhe und den Frieden finden, die Sie brauchen, um sich nicht sinnlos für unwichtige Dinge zu verausgaben.

5 DER SCHWERTER
Neue Zuversicht entwickeln

Kernaussage
Chance, den freien Willen mit Verstand zu nutzen. Vielleicht Verlustängste. Wenn wir uns von vornherein richtig „programmieren", entlasten wir unser Gemüt von Ängsten und Sorgen. Jetzt ist es wichtig, sich nicht weiter von gedanklichen Dämonen quälen zu lassen! Erkennen Sie, dass Sie selbst sehr viel in der Hand haben: wie Sie denken, wie Sie handeln!

Liebe / Beziehung
Sie können einen mutigen Schritt vorwärts machen, zu größerer Klarheit in der Kommunikation, zu mehr Offenheit des Herzens, zu tieferer Intimität. Überall, wo wir lieblos sind, verletzt das nicht nur andere Menschen, sondern vor allem auch uns selbst. Deshalb sind bei aller Klarheit Verständnis und Weichheit jetzt so wichtig.

Familie / Kinder / Eltern
Sie – oder ein Angehöriger oder Freund – spüren jetzt den intensiven Wunsch, starre Strukturen zu verändern und zu überwinden, notfalls unter Einsatz großer Kräfte. Es geht um geistige Neuorientierung, Individualität und den freien Willen. Sie können jetzt auch gut bei Streitigkeiten in Ihrem näheren Umfeld als Vermittler wirken.

Beruf / Erfolg / Geld
Sie stehen vor einer wichtigen Entscheidung, die Sie frei treffen können. Damit stellen Sie in einer Sache die Weichen für eine überschaubare Zeitspanne. Falls Sie zögern: Spüren Sie tief in sich hinein, was Ihre innerste Quelle der Weisheit, die Stimme Ihres wahren Selbst, Ihnen nahelegt. Vertrauen Sie auf die höhere Führung und Sie werden Erfolg haben.

Kreativität / Selbstverwirklichung / Spiritualität
In jedem von uns und selbstverständlich auch in Ihnen ist eine schier unerschöpfliche Quelle von Klarheit und Lebendigkeit. Legen Sie jetzt etwa noch vorhandene Reste von Trauer über zerschlagene Träume ab, die Sie in Ihrer weiteren Entwicklung bremsen. Bekennen Sie sich zu Ihrer eigenverantwortlichen Ausgestaltung Ihres kreativen Potenzials.

Numerologie / Zeithinweise
Der freie Wille. Vermittlung, Veränderung, Abenteuer, Vielseitigkeit, schöpferische Aktivität. Lösungsorientiert, wissbegierig, reiselustig, anpassungsfähig, freiheitsliebend. Evtl. oberflächlich, clever, unruhig. *Fünf Tage, fünf Wochen oder fünf Monate.*

Schattenaspekt
Tiefe unbewusste Ängste werden aktiv. Sie untergraben Ihre Absichten und Pläne und stellen den Ausgang Ihrer Unternehmungen in Frage. Prüfen Sie noch einmal gründlich und aufrichtig alle Ihre Vorhaben. Vielleicht wollen Sie ja etwas verändern.

Fragen zum nächsten Schritt
- Was ist das Schlimmste und was ist das Schönste, was Ihnen passieren könnte?
- Wie sehr erwarten Sie Erfolg oder Misserfolg?
- Welche Vorstellungen lösen bei Ihnen Angst und welche Vorfreude aus?

Entwicklungsziel
Beobachten Sie, wann und wie Sie sich mit anderen vergleichen und ob solche Vergleiche Sie vorwärtsbringen oder Ihnen eher Energie abzapfen. Die Kraft Ihres Wesens ist genug!

6 DER SCHWERTER
Klare Ausrichtung auf das Wesentliche

Kernaussage
Wachsendes Lebensverständnis, Vision. Das Vertrauen in die eigenen Einsichten wächst und wird zur wertvollsten Komponente in unserem Wachstumsprozess. Sie sehen Ihr Leben wie aus neuen Augen und erkennen die Wahrheit Ihrer Einsichten. Gedankliche Objektivität hilft, belastende Situationen zu klären und aufzulösen. Zukunftsvisionen werden deutlicher.

Liebe / Beziehung
Sie ziehen oft den mentalen Austausch, die geistige Begegnung der emotionalen und sinnlichen vor. Genuss in allen Formen sollte in Ihrer Partnerschaft aber nicht zu kurz kommen. Intellektuelle Kontrolle und freies erotisch-sexuelles Erleben schließen sich gegenseitig aus. Aber Sie können sehr wohl klar und zentriert sein und dabei auch richtig genießen!

Familie / Kinder / Eltern
Ein schöpferischer Fluss von Energien zwischen Menschen, die sich zu schätzen wissen und aufeinander eingehen können. So etwas wie eine Sonntagsruhe im Lebensstrubel, ohne dass es einem dabei langweilig würde. Eine gute Zeit für gemeinsame sportliche Betätigungen, z.B. für eine Wanderung oder eine Radtour.

Beruf / Erfolg / Geld
Sie können sich jetzt auf neue Erfahrungen in neuen Bereichen freuen. Es ist nur natürlich, dass wir etwas hinter uns lassen, wenn wir vorwärtsgehen. Öffnen Sie sich und erweitern Sie Ihr Selbstbild um Freude an klaren Gedanken und Wegen, an Zielen und Werten, die Sinn für Sie machen. Die Fülle des Lebens besteht auch im Voranschreiten und Entdecken von Neuem.

Kreativität / Selbstverwirklichung / Spiritualität
Brechen Sie zu neuen geistigen Zielen auf, blicken Sie über die gewohnten Horizonte hinaus und machen Sie sich auf den Weg zu unbekannten Ufern. Wenn uns unsere innere Führung einlädt, alte Sicherheiten zu verlassen, dann können wir darauf bauen, dass etwas Neues, Besseres auf uns wartet. Vertrauen Sie der Weisheit Ihres Herzens.

Numerologie / Zeithinweise
Harmonie, Sorglosigkeit. Liebe, Lebensfreude, Sensibilität, Ästhetik, Erotik, freudiger Eifer. Charismatisch, künstlerisch, liebevoll, verantwortungsbewusst, mitfühlend. Evtl. stur, dogmatisch, sorglos, rücksichtslos. *Sechs Tage, sechs Wochen oder sechs Monate.*

Schattenaspekt	Fragen zum nächsten Schritt	Entwicklungsziel
Wenn wir unsere Ideen zu sehr mental und intellektuell prägen lassen, werden wir leicht kopflastig. Dann fehlt uns die Verbindung zu unserem eigentlichen Wesenskern. Dabei bleibt die mentale Aktivität an der Oberfläche des Seins verhaftet.	• Was ist für Ihr Leben wesentlich? • Was sollte jetzt Priorität genießen? • In welchem Bereich könnten Sie Ihre Gedankenkräfte klarer ausrichten?	Wo Sie sich zum Gefangenen von eigenen Vorstellungen oder Selbstbildern gemacht haben, können Sie sich nun lösen und für neue, befreiende und heilsame Aspekte Ihrer selbst öffnen.

7 DER SCHWERTER
An sich selbst und das Leben glauben

Kernaussage
Gespaltene Erwartungen, Selbstzweifel. Wir ziehen das an, was wir befürchten, wenn wir uns nicht von negativen Erwartungshaltungen lösen. Als Folge früherer Gedanken manifestieren sich entsprechende Dinge im äußeren Leben. Wir müssen eine Suppe auslöffeln, die wir uns früher selbst eingebrockt haben. Geduld, es hört auch wieder auf.

Liebe / Beziehung
Solange wir unsere Erfüllung vom Partner erwarten, befinden wir uns in einer Art von Abhängigkeit. Zudem werden wir mit dieser Einstellung vermutlich nie wirklich dauerhafte Erfüllung finden. Wenn wir uns selbst annehmen und lieben, werden wir auch anziehend für andere Menschen. Würde es Ihre Beziehung fördern, jetzt Geheimnisse mit dem anderen zu teilen?

Familie / Kinder / Eltern
Frühere Missverständnisse kommen jetzt zur Klärung auf den Tisch. Was in der Gemeinschaft vor einiger Zeit schiefgelaufen ist oder mit Druck und gegen einzelne Interessen entschieden wurde, wird wieder aufgerollt und muss in einen neuen echten Ausgleich gebracht werden. Kommen Sie dazu zuerst mit sich selbst ins Reine!

Beruf / Erfolg / Geld
Wenn es nicht ganz so läuft, wie wir uns das vorgestellt haben, liegt es meistens auch an eigenen Entscheidungen, die wir früher getroffen haben. Sie können zwar nicht ändern, was gerade ist, aber Sie können jetzt die Weichen stellen für die künftigen Entwicklungen. Wer aus einem Irrtum zu lernen bereit ist, wird schon in der nahen Zukunft sichtbare Erfolge erzielen.

Kreativität / Selbstverwirklichung / Spiritualität
Nehmen Sie das an und nutzen Sie es, was Sie stärkt und nährt. Lassen Sie zurück bzw. beiseite, was Sie auf dem geistigen Weg behindert oder die Kreativität blockiert. Entwickeln Sie mehr Klarheit und Unterscheidungskraft, um diese Dinge richtig zu sehen. Wenn ein Ansatz aussichtslos erscheint, lassen Sie ihn los und wenden Sie sich leichten Herzens einem anderen zu.

Numerologie / Zeithinweise
Schicksal bzw. Karma oder Zwang durch äußere Umstände. Umbruch, Veränderung, Analyse, Verständnis, Heilung, Schicksal, Mystik. Introvertiert, unabhängig, wahrheitssuchend. Evtl. irritierbar, zweiflerisch, entrückt. *Sieben Tage oder sieben Wochen.*

Schattenaspekt	Fragen zum nächsten Schritt	Entwicklungsziel
Ihre Zweifel an sich selbst, an Ihrer Kraft, an Ihren Motiven und Fähigkeiten, rauben Ihnen viel Energie und lösen innere Konflikte aus. Das führt manchmal so weit, dass die Entschlusskraft wie gelähmt wird und Unternehmungen vergeblich scheinen.	• Hegen Sie Zweifel oder Selbstzweifel? • Wovon lassen Sie sich negativ beeinflussen oder bremsen? • An wen oder was geben Sie die Macht, Sie zu entmutigen, zu blockieren oder sogar zu verletzen?	Nehmen Sie die Freiheit in Anspruch, ganz Sie selbst zu sein, mit allen Gedanken, Konzepten und Zielen, die für Sie stimmig sind. Es gibt von anderen nichts zu beurteilen.

8 DER SCHWERTER
Aufforderung zu klaren Entscheidungen

Kernaussage
Unsicherheit bei Entscheidungen. Manchmal erscheint jede Alternative als falsch. Dann muss man nicht sofort handeln, sondern sollte zuerst einen neuen Überblick über die Lage gewinnen. Die Energien müssen erst wieder harmonisch fließen, ehe es vorwärts geht. Im Geschäftsleben kann es zu einer Einmischung von außen kommen. Erfolgschancen durch schnelle Reaktionen, aber mit Risiko.

Liebe / Beziehung
Gibt es Besitzansprüche in Ihrer Partnerschaft? Sind damit Bindungen verknüpft, welche die spontane Lebensfreude und die natürliche Anziehung und Zuneigung einschränken? Dann bedarf es neuer, klarer Entscheidungen, denen auch entsprechende Handlungen folgen. Machen Sie keine faulen Kompromisse mehr, sondern stehen Sie zu Ihren Bedürfnissen.

Familie / Kinder / Eltern
Man hat sich zusammengerauft und genießt das Zusammenleben wieder mehr. Meinungsverschiedenheiten wurden erkannt und können ausgehalten werden. Auf der Grundlage der gemeinsam durchlebten Zeiten und Erfahrungen können Sie sich jetzt entweder entspannen und genießen oder sich in neue aufregende Vorhaben werfen.

Beruf / Erfolg / Geld
Gute Argumente im Hinblick auf berufliche und finanzielle Entscheidungen gibt es immer für beide Seiten, für das Für und das Wider. Spüren Sie, welche Gedanken- oder Verhaltensmuster Sie blockieren oder den Fluss der freien Energie der Fülle behindern. Lassen Sie dort, wo Sie festhalten, bewusst los, um Fülle in Ihr Leben einzuladen.

Kreativität / Selbstverwirklichung / Spiritualität
Es gibt unendliche Räume von Freude und Freiheit in Ihrem Inneren, die niemals von äußeren Umständen oder gewohnheitsmäßigen Verhaltensmustern ausgelöscht werden können. Falls Sie sich eingeengt fühlen im Hinblick auf Ihre geistige Entwicklung, sollten Sie nun Ihre inneren Begrenzungen erforschen und auflösen. So öffnen sich die Tore zur Freiheit.

Numerologie / Zeithinweise
Kreislauf von Energien. Mensch zwischen Erde und Kosmos. Fülle, lebendiger Strom, materielle Befriedigung. Urteilsfähig, ausgeglichen, lebendig, vertrauensvoll, beständig, loyal, energisch. Evtl. geizig, missverstanden, morbide. *Acht Tage oder acht Wochen.*

Schattenaspekt	Fragen zum nächsten Schritt	Entwicklungsziel
Wer Schwierigkeiten hat, selbstbestimmt zu entscheiden, und wer sich aus Angst vor den Folgen aus der Verantwortung schleichen will, bleibt Spielball fremder, manipulierender Kräfte und beraubt sich der Chance, sein einzigartiges Potenzial zu leben.	• Zwischen welchen gegensätzlichen Tendenzen müssen Sie sich entscheiden? • Gibt es Ängste, die Sie an einer klaren Entscheidung hindern? • Was müssen Sie loslassen, um wieder ganz Sie selbst zu sein?	Wahrheit verbunden mit Liebe befreit und führt zur Selbstermächtigung, die von Mitgefühl getragen wird. Es geht jetzt für Sie darum, diesen Ansatz im Alltag immer wieder zu leben.

9 der Schwerter
Sich selbst und anderen vergeben

Kernaussage
Abschluss einer Auseinandersetzung, Vollendung eines gedanklichen Konzepts. Märtyrertum. Es bietet sich eine Chance, dass Sie sich von einer Einstellung lösen, welche die Dinge einseitig unter dem Blickwinkel von Polarität oder Auseinandersetzung sieht. Aufforderung zur Meditation über ein Denken, das zur tragfähigen Basis des nächsten Lebensabschnitts werden kann.

Liebe / Beziehung
„Wenn es verletzt, ist es keine Liebe", weiß eine bekannte spirituelle Erkenntnis. Schmerzhafte Erfahrungen können wir auflösen, indem wir vergeben und vergessen. Und indem wir uns bis in die Zellen hinein „neu programmieren": mit Freude, Licht und Ebenbürtigkeit. Sie stehen vor einem echten Durchbruch Ihrer befreiten Liebesfähigkeit.

Familie / Kinder / Eltern
Es ist natürlich, dass in Familie bzw. Wahlfamilie alle unterschiedliche Bedürfnisse haben und eigene Ziele anstreben. Dagegen muss man nicht (mehr) ankämpfen. Versuchen Sie, eine gemeinsame mentale Basis zu finden. Erfahren Sie im Inneren, was äußerlich nie vollständig erreichbar ist: Ausgleich, Harmonie, Frieden.

Beruf / Erfolg / Geld
Öffnung für innere Führung und die Kraft der Liebe helfen, anstehende Angelegenheiten zu einem guten Ende zu bringen. Das stärkt unsere Bereitschaft, uns für neue Erfolgserfahrungen zu öffnen: Altes abschließen, um Neues einladen zu können. Eine Ihnen gestellte Aufgabe können Sie jetzt erfüllen, eine Auseinandersetzung beenden, eine überfällige Entscheidung treffen.

Kreativität / Selbstverwirklichung / Spiritualität
Sie haben nun die Chance, sich von allen Einschränkungen zu befreien, indem Sie Ihre klare und dabei zugleich einfühlsame Unterscheidungskraft einsetzen, um zu klären, was für Sie als nächster Schritt stimmig ist. Lassen Sie Ihre Zweifel einmal los und erlauben Sie Ihrer inneren Führung, Ihnen völlig neue Perspektiven von Sinn und Verwirklichung aufzuzeigen.

Numerologie / Zeithinweise
Vollendung, Abschluss. Mitgefühl, Ablösung, Meditation, Medialität, Intuition. Geduld, Toleranz, Liebe. Menschlich, mutig, selbstbewusst, dynamisch, begeisterungsfähig. Evtl. träumerisch, impulsiv, ziellos, engstirnig, aggressiv. *Neun Tage oder neun Wochen.*

Schattenaspekt	Fragen zum nächsten Schritt	Entwicklungsziel
Kritik und Selbstkritik führen unter Umständen zu einer Geisteshaltung, in der wir unser Leben von fremdbestimmten Bewertungen und Urteilen führen lassen, oft, ohne das überhaupt zu bemerken. Damit blockieren wir den freien Fluss unseres Lebens.	• Machen Sie sich selbst Vorwürfe? Warum? • Haben Sie sich bzw. anderen etwas noch nicht vergeben? • Welchen tiefen Schmerz müssen Sie überwinden, damit Sie aufbauende Gedanken, Worte und Taten finden?	Legen Sie Sorgen und Kummer, so verständlich er sein mag, zeitweise einfach ab. Probieren Sie in Ihrer Vorstellung aus, wie es wäre, wenn Sie ganz frei aus der innersten Quelle leben.

10 der Schwerter
Erstarrtes loslassen, neue Ideen einladen

Kernaussage
Weltliche Herausforderungen werden gemeistert, Durchsetzungskraft mit neuen Mitteln. Tatkräftiger Einsatz für ein Großreinemachen. Es ist gut, die eigenen Ängste kennen zu lernen, ihnen einmal ins Auge und damit ihre Unwirklichkeit zu sehen. Sie können aufgestaute Energien auf die rechte Weise einsetzen und so einen Ausweg aus einem zu starr gewordenen System suchen.

Liebe / Beziehung
Sie sind kurz davor, eine ganz neue Dimension der befreiten Liebe zu erfahren, ohne Illusionen und Ent-Täuschungen, ohne Koabhängigkeiten und Projektionen des einen oder anderen Partners. Es geht um das Thema Ebenbürtigkeit in der Begegnung von zwei Menschen auf allen Ebenen von Körperlichkeit, Gefühlen, Gedanken und Seele. Auch geistige Liebe.

Familie / Kinder / Eltern
Eine völlig neue Idee beflügelt das Leben in Familie oder Freundeskreis. Die kleine Gruppe spürt eine neue Richtung, die von irgendwie kosmischen oder „magnetischen" Kräften ausgeht, nicht von einem Einzelnen. Durchbruch in einer langwierigen Sache, Aufbruch in eine neue Dimension von Gemeinsamkeit und Erfüllung.

Beruf / Erfolg / Geld
Die Loslösung von alten Denk-, Kommunikations- und Verhaltensmustern bringt einen Durchbruch für Ihre Erfolgschancen. Sie nehmen ganz neue Aufgaben an. Was vielleicht aufgegeben wurde, wird nun von etwas viel Größerem und Wertvollerem mehr als ersetzt. Eine überpersönliche Wahrheit befreit Sie und andere, wenn Sie bisher in einer Situation blockiert waren.

Kreativität / Selbstverwirklichung / Spiritualität
Begrenzen Sie sich nicht mehr länger durch falsche Vorstellungen darüber, was Sie alles angeblich nicht verdienen oder wie scheinbar klein Sie sind. Man muss auch das kosmische Geburtsrecht, zu einem lichtvollen Bewusstsein zu finden und aus ihm zu leben (überwiegend zumindest), in Anspruch nehmen und sich selbst zu eigen machen.

Numerologie / Zeithinweise
Durchbruch, neue Kräfte, Reinigung, Erlösung. Erfolg, Selbstbestimmung, Reife von Persönlichkeit oder Plänen. Zielgerichtet, im Bewusstsein einer höheren Kraft lebend und handelnd. Evtl. unsozial, egozentrisch, verständnislos. *Zehn Tage oder zehn Wochen.*

Schattenaspekt
Für die meisten Menschen sind ihre Gedanken und Ideen, Selbstbilder und Weltvorstellungen der Hauptbestandteil ihrer Identität. Die Identität scheint gefährdet, sobald gewohnte und bequeme Einstellungen und Konzepte nicht mehr funktionieren.

Fragen zum nächsten Schritt
- Welche Ideen oder Vorstellungen stellt das Leben bei Ihnen in Frage?
- An welchen alten Konzepten halten Sie fest?
- Was in Ihnen muss sich wandeln, damit Sie mehr Sie selbst werden?

Entwicklungsziel
Sie stehen vor einem Durchbruch in der Art und Weise, wie Sie das Leben sehen und wie Sie aufgrund dieser neuen Einsichten sprechen und handeln. Der nächste Schritt ist möglich.

As der Münzen
Innerer und äußerer Reichtum

Kernaussage
Manifestation, Reichtum, Erfolg. Grünes Licht, um endlich die Dinge und Situationen zu manifestieren, die richtig für Sie sind! Es fällt Ihnen leicht, mit materiellen Dingen umzugehen. Sie fühlen sich eins mit sich selbst und haben dadurch die Kraft, all den Bereichen in sich Energie zu geben, die erblühen und wachsen wollen. Das macht Sie innen und außen reich.

Liebe / Beziehung
Zwischen Ihnen und Ihrem Partner ist eine Tiefe und Form der Vereinigung möglich, die viel umfassender ist als alles, was Sie sich bisher haben vorstellen können. Im Garten Ihrer Liebe blühen viele Blumen – Facetten eines inneren Reichtums und einer sinnlichen Liebesfähigkeit, die ekstatische Fülle und Erfahrungen von Weite und Transzendenz mit sich bringen.

Familie / Kinder / Eltern
Es gibt ein neues Ziel für alle, das Kräfte mobilisiert. Das kann eine gemeinsame Reise sein, eine neue Wohnung oder ein Haus, ein Geschäft, das zusammen aufgebaut wird, eine sportliche Unternehmung oder etwas Ähnliches. Was jetzt gemeinsam angepackt wird, kommt zu einem guten Abschluss und wird recht einträglich sein.

Beruf / Erfolg / Geld
Reichtum ist unser natürlicher Zustand. In Ihnen sind alle Kräfte, Fähigkeiten und Visionen angelegt, die Sie für den vollen Ausdruck von Liebe und damit für den freien Fluss der Fülle brauchen. Genießen Sie, wo und wann immer Harmonie, Wohlstand und Erfolg in Ihrem Leben zu Ihnen kommen. Teilen Sie diese Freude mit anderen.

Kreativität / Selbstverwirklichung / Spiritualität
In welchen Lebensumständen spüren Sie Liebe zur Erde und Lebenslust? Das sind die Umstände, die Ihnen dabei helfen werden, Ihre Kreativität und Spiritualität auf ganz handfeste, sichtbare und greifbare Art und Weise zu entwickeln und zu manifestieren. Reichtum auch im Hinblick auf Selbstverwirklichung ist ein natürlicher Zustand, der zu Ihnen gehört!

Numerologie / Zeithinweise
Beginn, Aufbruch, Zielstrebigkeit, Kraft. Die 1 steht für Einheit. Sie enthält alle Kräfte und die Ursache aller Formen. Kraftvoll, erfinderisch, mutig, visionär, ehrgeizig. Evtl. autoritär, ungeduldig, eigensinnig, ängstlich. *Ein Tag, eine Woche oder ein Monat.*

Schattenaspekt
Die innere Balance ist nur dann für Störungen anfällig, wenn wir einen ihrer beiden Pole einseitig betonen, also entweder unsere irdischen Wurzeln oder unsere geistigen Flügel. Dann verlieren wir die harmonische Zentriertheit in unserer Mitte.

Fragen zum nächsten Schritt
- Sind Sie sich Ihres inneren und äußeren Reichtums bewusst?
- Wie möchten Sie Ihr Leben heute feiern?
- Was wartet in Ihnen darauf, geheilt und befreit zu werden?

Entwicklungsziel
Erleben Sie die Befreiung, die in der Erkenntnis liegt, dass alles, was wir brauchen, in Fülle und jederzeit vorhanden ist. Nur wir selbst blockieren gelegentlich den Lebensfluss.

2 DER MÜNZEN
Stetige Schritte zum Guten

Kernaussage
Entscheidung über materielle Belange. Eine Situation verändert sich und schließt mit der Vergangenheit ab. Zwei unterschiedliche Interessen, die sich auf irdische Angelegenheiten beziehen, stehen sich gegenüber. Es hilft, mit der Energie des Wandels zu gehen und nicht zurückzublicken, sondern bewusst zu bleiben und sich auf das Neue zu freuen!

Liebe / Beziehung
Lebendige Liebesbeziehungen unterliegen natürlichen Wandlungen. Der Wechsel, der sich vollzieht, führt Sie beide zu mehr Fülle und Harmonie. Viele Möglichkeiten im Bereich von Partnerschaft warten darauf, gelebt zu werden. Wählen Sie, was Ihrer inneren Wahrheit entspricht. Es ist übrigens normal, dass nach einer Zeit der Leidenschaft auch wieder stille Nähe einkehrt.

Familie / Kinder / Eltern
Sie sehen sich dazu aufgefordert, sich mit einem Mitglied Ihrer Familie oder aus Ihrer Wahlfamilie über eine finanzielle Angelegenheit klar zu werden; es geht um Besitzanteile, um Geld oder eine Immobilie. Unterschiedliche Auffassungen über irdische Werte verlangen, eine Einigung zu finden, die allen Beteiligten gerecht wird.

Beruf / Erfolg / Geld
Flüchten Sie nicht vor Aufgaben oder auch Möglichkeiten, mehr Erfolg und materielle Erfüllung zu erreichen. Gerade jetzt bietet sich die Chance, das Thema Wohlstand für Sie stimmig und ausgewogen zu erspüren und in einen schönen Energiefluss zu bringen. Schenken Sie Geld und Materie nun also mehr Aufmerksamkeit, weil das auch zu Ihrer inneren Harmonie beiträgt.

Kreativität / Selbstverwirklichung / Spiritualität
Wenn Sie in Ihrer Mitte bleiben, so können Sie mit der Fülle Ihrer Möglichkeiten spielen, wie Sie sich spirituell weiterentfalten wollen. Genießen Sie dabei die zahlreichen alltäglichen Geschenke und Impulse: So erkennen Sie die großen Wunder im Spiegel der kleinen und können beide wirklich annehmen. Bewahren Sie sich vor allem eine gute Erdung.

Numerologie / Zeithinweise
Begegnung, Ausgleich von Interessen, Polarität, Dualität. Zusammenarbeit, Konfrontation, Paar oder Duett. Anpassungsfähig, vorsichtig, sanft, rücksichtsvoll, überzeugend, charmant. Evtl. scheu, kritisch, irreführend, kleinlich. *Zwei Tage, zwei Wochen oder zwei Monate.*

Schattenaspekt	Fragen zum nächsten Schritt	Entwicklungsziel
Wenn Sie sich ungeduldig in den Ablauf der Ereignisse einmischen und eingreifen, anstatt die Dinge ruhig und vertrauensvoll geschehen zu lassen, können Sie eine völlig harmonische Entwicklung unnötig stören.	• Welche Veränderungen finden in Ihrem Leben statt? • Gibt es etwas, was Sie bisher bekämpft haben und nun loslassen können? • Wie fördern Sie jetzt Ihr Wohlbefinden?	Das Leben lädt Sie jetzt zu dem Wagnis ein, mit den schier unbegrenzten Möglichkeiten von Fülle und Erfüllung, auf der ganz irdischen Ebene, spielerisch umzugehen, um so frei zu werden.

3 der Münzen
Einsatz lohnt sich

Kernaussage
Gute Arbeit, Engagement. Um zu erreichen, was Sie wollen, müssen Sie jetzt ganz bei der Sache sein. Die Energie muss konzentriert und beständig eingesetzt werden, um das Ziel zu erreichen. Ganz gleich, auf wie viele Schwierigkeiten Sie stoßen: Sie geben nicht auf, sondern finden immer einen konstruktiven Weg aus der jeweiligen Situation.

Liebe / Beziehung
Jede Form von Beziehung ist zugleich Arbeit an sich selbst. Leben und Liebe können nur dann blühen, wenn wir in uns selbst den Boden für echte Partnerschaft bereiten. Zur Liebes- und Beziehungsfähigkeit gehört Selbsterkenntnis. Wenn wir uns körperlich oder seelisch nicht wohl fühlen, ist das meist ein Hinweis darauf, dass wir noch weiter an uns arbeiten sollten.

Familie / Kinder / Eltern
Das Zusammenleben erfährt neue, konstruktive Impulse. Sie können etwas gemeinsam aufbauen. Die Erfolgschancen für gemeinsame Projekte, wenn Sie auf der Basis von Freundschaft zusammenwirken, sind besonders gut. Legen Sie Zweifel ab und nutzen Sie die Gelegenheit, Ihre Umstände zu verbessern. Auch Schwangerschaft bzw. Geburt.

Beruf / Erfolg / Geld
Wenn Sie spüren, dass Sie etwas voller Begeisterung und Freude erreichen können, so lassen Sie sich jetzt nicht von Urteilen oder Wertungen der Außenstehenden davon abhalten. Eine günstige Zeit, um Ihre schöpferischen Talente sichtbar zu manifestieren, gute Impulse für Geschäfte, Verträge und vor allem für die Ausarbeitung von neuen Plänen, die Erfolg bringen.

Kreativität / Selbstverwirklichung / Spiritualität
Spüren Sie, was Ihre wahre Berufung ist, über Familie und Beruf, über die Bewältigung des Alltags hinaus. Wenn wir auf den Ruf unserer Berufung lauschen, setzt dieses Streben eine Quelle von Kreativität und Lebendigkeit frei. Geben Sie Ihrer schöpferischen Kraft einen Ausdruck, der Ihnen in dieser Lebensphase am meisten entspricht.

Numerologie / Zeithinweise
Schöpferische Verbindung, Aufbau, Kreativität. Die 3: das Neue aus der Begegnung von zweien. (Selbst-)Ausdruck, Lebensfreude, Manifestation, Synthese. Gewissenhaft, beliebt, fröhlich, aktiv. Evtl. verschwenderisch, oberflächlich, angeberisch. *Drei Tage, drei Wochen oder drei Monate.*

Schattenaspekt
Arbeit kann zur Sucht werden, wenn sie dem Zweck dient, dass wir uns nicht mit uns selbst auseinandersetzen müssen bzw. dass wir unseren Gefühlen und vielleicht auch seelischen Problemen ausweichen. Arbeitseinsatz ist kein Ersatz für gelebte Liebe.

Fragen zum nächsten Schritt
- Was interessiert Sie, was macht Ihnen Spaß?
- Worin drückt sich heute Ihre Liebe und Freude aus?
- Wofür können Sie heute Ihre Achtsamkeit und Kraft einsetzen?

Entwicklungsziel
Sie brauchen jetzt nicht immer weiter das zu tun, was andere von Ihnen erwarten, um sich selbst und diese glücklich zu machen. Stehen Sie für Ihre Wahrheit von Erfüllung ein.

4 DER MÜNZEN
Strukturen sinnvoll nutzen

Kernaussage
Festigung, festgelegte Weltanschauung. Wir alle suchen einen Ort, an dem wir uns ganz sicher und geborgen fühlen. Diese Karte repräsentiert den Wunsch, einen solchen „Powerplatz" zu finden. Oft wünschen wir uns eine „Festung", in der wir vor allen Anfechtungen des Lebens sicher sind. Man muss aber aufpassen, dass man sich nicht hinter seinen eigenen Mauern versteckt.

Liebe / Beziehung
Finden Sie einen harmonischen Ausgleich, um sinnvolle Absprachen und Vereinbarungen in der Partnerschaft zu treffen und zu beachten, und dabei nicht in eine Atmosphäre der gegenseitigen Kontrolle oder Beherrschung zu fallen. Liebe ist ein Kind der Freiheit. Ein sicherer Rahmen für Nähe und Geborgenheit ist gut; persönlicher Freiraum ist notwendig.

Familie / Kinder / Eltern
Die Familien- und Beziehungsstrukturen sind ziemlich festgelegt, hoffentlich nicht festgefahren. Materielle Überlegungen spielen dabei eine große Rolle. Der Zusammenhalt ist stark, weil die gemeinsamen handfesten Interessen ein Fundament für die Lebensgestaltung bilden. Manchmal Auflehnung gegen diese Art von Bindungen.

Beruf / Erfolg / Geld
Je mehr wir geben, desto mehr werden wir vom Leben beschenkt. Wo sind wir noch zurückhaltend oder eng im Geben und Teilen? Feste Strukturen sind notwendig, solange Sie sich nicht durch ein übertriebenes Sicherheitsbedürfnis einengen. Sie können jetzt reale Werte absichern (Immobilien, Edelmetall, sichere Anlageformen).

Kreativität / Selbstverwirklichung / Spiritualität
Sie brauchen Ihren inneren und äußeren Reichtum nicht festzuhalten und zu horten, sondern können ihn frei mit anderen teilen. Umso stärker werden Ihre schöpferischen Kräfte fließen und Sie werden neue Möglichkeiten zum kreativen Selbstausdruck finden sowie mehr Energie spüren, auf Ihrem geistigen Weg wichtige Schritte vorwärtszumachen.

Numerologie / Zeithinweise
Sicherung, Tradition, Begrenzung. Irdische Formen schützen, sind aber vergänglich. Ordnung, Dienst, Gesetz, Arbeit, Disziplin. Praktisch, solide, organisiert, pünktlich, nützlich. Evtl. langsam, langweilig, engstirnig. *Vier Tage, vier Wochen oder vier Monate.*

Schattenaspekt	Fragen zum nächsten Schritt	Entwicklungsziel
Wenn wir versuchen, andere Menschen zu beherrschen, oder wenn wir ihnen Macht über uns geben, verstoßen wir gegen das Gesetz von Liebe und Freiheit. Wir behindern die Entfaltung des menschlichen Potenzials, bei uns selbst und bei allen Beteiligten.	• Ist das Grundgefühl Ihres Lebens Trennung oder Verbundenheit? • Wie gebrauchen Sie Ihre Macht im Umgang mit sich selbst und anderen? • Nutzen Sie Ihre Kraft, um zu sich zu stehen und sich zu entwickeln?	Erkennen Sie die Bereiche, in denen Sie vor Verlust oder Abhängigkeiten noch Angst haben. Und dann gehen Sie durch Ihre Angst hindurch und setzen Ihre eigenen nächsten Schritte.

5 der Münzen
Wahres Vertrauen in das Leben entwickeln

Kernaussage
Offene Kommunikation ist möglich, es gibt viele Wahlmöglichkeiten. Sie können bewusst und mit freiem Willen entscheiden, wie Sie Ihre materiellen Lebensgrundlagen sichern. Auch scheinbar verfahrene Situationen lassen sich jetzt klären. Angst vor Armut oder Entscheidungsschwäche wären schlechte Ratgeber. Bedenken Sie die Folgen von Entscheidungen.

Liebe / Beziehung
Was zwischen Partnern steht, sollte offen angesprochen und geklärt werden. Sie können jetzt selbst die ersten Schritte machen und eigene Entscheidungen treffen, wie Sie die irdischen Seiten einer Beziehung organisieren möchten. Bleiben Sie dabei im Spüren des Herzens mit Achtsamkeit und Zuwendung zu sich und dem Partner.

Familie / Kinder / Eltern
In dieser Zeit ist es wichtig, dass Sie und alle anderen in der Familie oder im Freundeskreis die Möglichkeit haben, den eigenen Weg zu materieller Absicherung und größerer Erfüllung zu suchen. Impulse, eine neue Ebene des Zusammenseins zu finden, oder unerwartete Angebote sollten Sie jetzt annehmen oder zumindest ernsthaft prüfen.

Beruf / Erfolg / Geld
Sie können sich relativ frei entscheiden, welche Werte Sie jetzt anstreben und welche materiellen Ziele Sie damit erreichen wollen (bzw. umgekehrt!). Wenn Sie Ihren wahren inneren und höheren Zielen treu bleiben, werden Sie auch vorübergehende Phasen von Knappheit als Teil eines Ganzen annehmen können. Quälen Sie sich nicht mehr unnötig mit Altem und Überlebtem herum.

Kreativität / Selbstverwirklichung / Spiritualität
Welcher Weg bringt Sie voran? Welche Methode hat sich bewährt? Falls Sie sich auf Ihrem spirituellen Weg ausgenutzt fühlen, auch in finanzieller Hinsicht, dann ziehen Sie jetzt die Konsequenzen. Ihr Herz leuchtet immer und sendet warme Strahlen aus. Folgen Sie diesem Licht aus Ihrem eigenen Innersten, auch wenn Sie dann einen ganz eigenen Weg gehen.

Numerologie / Zeithinweise
Der freie Wille. Vermittlung, Veränderung, Abenteuer, Vielseitigkeit, schöpferische Aktivität. Lösungsorientiert, wissbegierig, reiselustig, anpassungsfähig, freiheitsliebend. Evtl. oberflächlich, clever, unruhig. *Fünf Tage, fünf Wochen oder fünf Monate.*

Schattenaspekt	Fragen zum nächsten Schritt	Entwicklungsziel
Irgendwann müssen Sie in die Abgründe des Unterbewusstseins hinabsteigen und Klarheit gewinnen, was Sie von dorther beeinflusst. Sonst besteht die Gefahr, dass Sie im äußeren Leben immer wieder Umstände anziehen, die negative Muster verstärken.	• In welcher Frage können Sie eine freie Entscheidung zu Ihren Gunsten treffen? • Gibt es etwas, was Sie bedrückt oder womit Sie sich quälen? • Wie können Sie Ihre Interessen angemessen und besser vertreten?	Legen Sie alte Muster vom Glauben an Begrenzungen und Mangel ab. Entwickeln Sie Offenheit für das Bewusstsein der allgegenwärtigen Fülle. Das ist Ihre eigene Entscheidung!

6 DER MÜNZEN
Sich für Erfolge öffnen

Kernaussage
Eine Glückssträhne. Was Sie jetzt anpacken, hat Erfolg, gleich auf welchem Gebiet. Die Bereitschaft zur Transformation ist vorhanden. Selbstvertrauen ist der Schlüssel. Wie Ihr Erfolg aussieht, liegt ganz bei Ihnen. Sie sind glücklich „bestrahlt" und sollten dieser Energie jetzt freien Lauf lassen. Für jeden von uns bedeutet Erfolg etwas anderes. Finden Sie heraus, was er für Sie bedeutet!

Liebe / Beziehung
Erfüllung in der Liebe erwächst aus unserer Bereitschaft, lieben zu lernen und wahrhaft liebevoll zu werden. Sie brauchen nicht mit Ihrer Liebe zu geizen. Aus der inneren Quelle fließt immer mehr nach, als wir je verschenken könnten. Genießen Sie es, wenn in der Vereinigung das Feuer der Sinnlichkeit und die Flamme der Liebe verschmelzen und eins werden.

Familie / Kinder / Eltern
Sie dürfen sich einer heiteren Gelassenheit erfreuen, weil finanzielle Verhältnisse jetzt stabil werden, entweder Ihre eigenen oder die Ihrer Angehörigen bzw. Freunde. In einer solch gelösten Atmosphäre können Sie neue wirtschaftliche Vorteile erzielen. Glück für oder durch Kinder oder andere jüngere Personen aus dem Umfeld.

Beruf / Erfolg / Geld
Gönnen Sie sich einen kleinen Luxus, nehmen Sie das Leben von seinen schönen Seiten, genießen Sie, dass Sie sich selbst erlauben zu genießen. Sie ernten jetzt Früchte Ihrer Talente und Fähigkeiten, die Sie bestimmt und zielgerichtet eingesetzt haben. Denken Sie daran: Erfolg ist nur echter Erfolg, wenn er bleibende Erfüllung mit sich bringt.

Kreativität / Selbstverwirklichung / Spiritualität
Geben Sie Ihre Talente und Gaben aus vollem Herzen und in Freundschaft und Verbundenheit mit allen Menschen und als bewussten Teil der gesamten Schöpfung. Damit gewinnen Sie nach und nach eine überpersönliche Einstellung zum Leben, die Ihr Selbst über die Grenzen des kleinen Ichs hinausführt und Sie die Einheit mit allem Sein erleben lässt.

Numerologie / Zeithinweise
Harmonie, Sorglosigkeit, Liebe, Lebensfreude, Sensibilität, Ästhetik, Erotik, freudiger Eifer. Charismatisch, künstlerisch, liebevoll, verantwortungsbewusst, mitfühlend. Evtl. stur, dogmatisch, sorglos, rücksichtslos. *Sechs Tage, sechs Wochen oder sechs Monate.*

Schattenaspekt
Viele Menschen haben, so paradox es klingt, Angst vor Erfolg. Sie setzen sich mit aller Kraft für ein Ziel ein und sabotieren sich auf subtile Weise, sobald sie es fast erreicht haben. Sie müssen lernen, sich auch selbst Erfolg zuzugestehen.

Fragen zum nächsten Schritt
- Was bedeutet Erfolg für Sie?
- Gibt es in Ihnen etwas, was Ihre Erfolge anzweifelt oder behindert?
- Was macht Ihr Leben lebenswert?

Entwicklungsziel
Geben und schenken Sie aus Liebe und Wertschätzung. Empfangen Sie in Freundschaft und Dankbarkeit. Prüfen Sie, wo Gaben Abhängigkeit oder Unterlegenheit mit sich bringen.

7 der Münzen
Aufgaben beherzt anpacken

Kernaussage
Zweifel am Sinn der materiellen Welt und der irdischen Werte. Wir stellen fest, wie wenig dauerhaft Besitztümer und Wertvorstellungen sind. Und dass frühere Entscheidungen jetzt Wirkung zeigen. Nun geht es darum, neues Selbstvertrauen durch Öffnung für die göttlichen Kräfte zu finden, Hemmungen abzubauen und die Lebenskraft wieder frei fließen zu lassen.

Liebe / Beziehung
Was Sie mit Ihrem Partner erreicht haben, ist es wert, gesehen und anerkannt zu werden. Achten Sie auch darauf, ob Ihre Vorstellungen über Beziehungen und ebenbürtige Partnerschaft noch mit der Realität übereinstimmen. Wenn beide weit auseinanderklaffen, gibt es Klärungsbedarf. Sind Anziehung und Erregung dauerhaft und wohltuend?

Familie / Kinder / Eltern
Familienmitglieder werden durch äußere Umstände gedrängt, nach neuen eigenen Wegen zu suchen und ihr Leben auf eine gesicherte Grundlage zu stellen. Zweifel an der Beständigkeit stellen sich und wollen behoben werden. Sie brauchen bisherige gemeinsame Erfolge nicht in Frage zu stellen, sondern sollten nach vorne blicken.

Beruf / Erfolg / Geld
Die Vergangenheit mit unseren früheren Entscheidungen holt uns ein: In unserem Leben geschieht jetzt, was wir früher selbst veranlasst haben. Verbinden Sie Ihre Reaktionen darauf mit dem, was Ihr Herz Ihnen rät, wie Sie einerseits Erfolg und Fülle und andererseits Harmonie und Erfüllung erlangen können. Ihre Einstellung ist entscheidend für die weitere Entwicklung.

Kreativität / Selbstverwirklichung / Spiritualität
Dankbarkeit für die bisherigen Erkenntnisse, die geistige Führung und die Anleitung durch Lehrer ist eine entscheidende Grundlage für die harmonische weitere spirituelle Entwicklung. Sie finden jetzt neue Möglichkeiten, Ihrer Dankbarkeit kreativen Ausdruck zu verleihen, zum Beispiel, indem Sie anderen auf dem geistigen Weg helfen.

Numerologie / Zeithinweise
Schicksal bzw. Karma oder scheinbarer Zwang durch äußere Umstände. Umbruch, Veränderung, Analyse, Verständnis, Heilung, Schicksal, Mystik. Introvertiert, unabhängig, wahrheitssuchend, still. Evtl. irritierbar, zweiflerisch, entrückt. *Sieben Tage oder sieben Wochen.*

Schattenaspekt	Fragen zum nächsten Schritt	Entwicklungsziel
Der Schatten zu dieser Karte ist Resignation. Wir fürchten uns so sehr vor der vermeintlichen Härte und Unbarmherzigkeit der weltlichen Wirklichkeit, dass wir dazu neigen, von vornherein aufzugeben und jegliche Bemühung zu unterlassen.	• Vor welchen Aufgaben oder Situationen fürchten Sie sich? • Welche unsicheren Anteile in Ihnen sehnen sich nach Liebe und Angenommensein? • Wie können Sie am besten mit den Folgen eigener Entscheidungen umgehen?	Freuen Sie sich an gesicherten Grundlagen und Grenzen. Achten Sie darauf, dass daraus nicht Zwänge oder Unfreiheiten werden, die zur Trägheit verleiten. Bleiben Sie offen und im Fluss.

8 DER MÜNZEN
Geborgenheit im Lebensfluss

Kernaussage
Positive Entwicklung durch Geduld, Vorsicht, Umsicht. Jeder Reifeprozess braucht Zeit. Innere Balance und Harmonie fördern alle Projekte. Wir dürfen nichts überstürzen, sondern sollen gelassen bleiben und uns nicht durch Ungeduld und Hast um unsere Ernte bringen. Der unreife Apfel, den wir gierig vom Ast reißen, schmeckt nicht!

Liebe / Beziehung
Liebesbeziehungen sind wie zarte Pflanzen. Sie brauchen Schutz, Pflege und richtige Nahrung. Dann werden sie stärker und blühen und bringen reife Früchte. Ihre Gründlichkeit hilft der Partnerschaft. Was noch fehlen mag, erreichen Sie mühelos. Je entspannter Sie sich auf Erotik und Sexualität einlassen, desto erfüllender werden diese Begegnungen für Sie beide.

Familie / Kinder / Eltern
Familienglück auf der Grundlage geordneter Verhältnisse, die jedoch ein Fließen von Energien zulassen. Oder die Aufforderung, genau dies jetzt anzustreben. Chancen, gemeinsame Geschäfte auszuweiten. Man nimmt gerne Anteil am Erfolg von nahe stehenden Personen und freut sich mit ihnen darüber. Ressourcen sollten Sie jetzt nicht verschwenden.

Beruf / Erfolg / Geld
Energie muss fließen, um im Gleichgewicht zu sein. Das gilt auch für materielle und finanzielle Energien. Halten Sie also an nichts fest, denn das Leben schickt Ihnen immer wieder Neues. Liebe und Hingabe an unsere Aufgaben sind ein sicherer Weg zu stetigem Erfolg. Tun Sie, was Sie können, und lassen Sie zugleich innerlich los und vertrauen Sie dem Fluss des Lebens.

Kreativität / Selbstverwirklichung / Spiritualität
Die Lebendigkeit Ihres wahren Wesens mit all seinen schöpferischen und geistigen Ausdrucksformen entfaltet sich gemäß einem natürlichen, harmonischen Erwachen von Seele und Bewusstsein. Nehmen Sie sich Zeit, Ihren inneren Reichtum zu spüren und daraus das entstehen zu lassen, was wie von selbst aus der Quelle kommt. Sorgfalt und Achtsamkeit helfen.

Numerologie / Zeithinweise
Kreislauf von Energien. Mensch zwischen Erde und Kosmos. Fülle, lebendiger Strom, materielle Befriedigung. Urteilsfähig, ausgeglichen, lebendig, vertrauensvoll, beständig, loyal, energisch. Evtl. geizig, missverstanden, morbide. *Acht Tage oder acht Wochen.*

Schattenaspekt	Fragen zum nächsten Schritt	Entwicklungsziel
Wenn Sie sich vertrauensvoll dem Leben überlassen, ergeben sich Dinge, ohne dass Sie handeln müssten. Wenn Sie jedoch, statt in entspannter Empfänglichkeit offen zu sein, angstvoll und untätig verharren, wird der Lebensfluss blockiert.	• Was in Ihrem Leben möchten Sie heute dem Göttlichen übergeben? • Wofür wünschen Sie sich Wachstum und Entfaltung? • Was stellt Ihr Vertrauen jetzt auf die Probe?	Nehmen Sie Ihre Aufgaben an und vollenden Sie das, was Sie begonnen haben. Das bringt ein Erleben von Erfüllung mit sich, das Sie offen macht für noch mehr Fülle.

9 DER MÜNZEN
Ungewöhnliche Gaben und Umstände

Kernaussage
Ernte, Zuwachs. Dinge und Menschen kommen auf Sie zu. Sie empfangen und haben die Aufgabe zu lernen, wie man dankbar annimmt. Auch Geld kann hier eine Rolle spielen, das aus einer unerwarteten Ecke seinen Weg zu Ihnen findet. Zeiten der Fruchtbarkeit und Fülle, Geschenke des Lebens, die Sie auf allen Ebenen dankbar willkommen heißen und annehmen sollten!

Liebe / Beziehung
Wenn Sie mehr und mehr Urteile und Bewertungen beiseite lassen, werden alle Erfahrungen in Ihren Beziehungen und Partnerschaften zu einem reinen Gewinn. Unsere (Vor-)Urteile, die meist automatisch und unbewusst erfolgen, begrenzen unser unmittelbares Erleben und die frei fließende Lebensfreude. Nicht vergessen: Genießen Sie auch ruhig Ihre erotische Ausstrahlung!

Familie / Kinder / Eltern
Sie spüren, dass Sie in Ihren engeren Beziehungen zunehmend weniger abhängig von der materiellen und finanziellen Ebene werden. Die Kinder werden selbstständig, Freunde stehen auf eigenen Füßen. Es ist eine Zeit der materiellen Unabhängigkeit, in der man sich umso mehr auf die inneren Verbindungen ausrichten kann.

Beruf / Erfolg / Geld
Eine materielle oder finanzielle Angelegenheit findet ihren natürlichen Abschluss bzw. kann zu einem guten Ende gebracht werden. Nehmen Sie das Ergebnis einfach an. Indem Sie den Reichtum der Erde aus vollem Herzen als einen Spiegel unserer inneren Fülle annehmen, drücken Sie auch Dankbarkeit für die Fülle Ihres Lebens aus. Sie sind sehr gesegnet!

Kreativität / Selbstverwirklichung / Spiritualität
Sie werden alles Schöne und Wünschenswerte für eine erfüllende schöpferische Lebensführung magisch anziehen, wenn Sie voller Bewusstheit für all das dankbar sind, was Sie bisher schon an Möglichkeiten erhalten haben. Halten Sie an nichts fest: Ständig möchte das Leben Ihnen kreative Chancen bieten. So finden Sie Erfüllung auch im Kleinen.

Numerologie / Zeithinweise
Vollendung, Abschluss. Mitgefühl, Ablösung, Meditation, Medialität, Intuition. Geduld, Toleranz, Liebe. Menschlich, mutig, selbstbewusst, dynamisch, begeisterungsfähig. Evtl. träumerisch, impulsiv, ziellos, engstirnig, aggressiv. *Neun Tage oder neun Wochen.*

Schattenaspekt
Für manche Menschen ist „Gewinn" nur, was auch nützlich und profitabel ist. Nur dann hat es Wert und Daseinsberechtigung. Solche Menschen reduzieren das Leben auf seine praktisch-nützlichen Aspekte und verlieren die Verbindung zu Leben und Liebe.

Fragen zum nächsten Schritt
- Was gewinnen Sie aus Ihrer vielleicht ungewöhnlichen Lebenssituation, innerlich und äußerlich?
- Was bedeutet Gewinn für Sie?
- Wohin führt Sie der Ruf der Liebe?

Entwicklungsziel
Riskieren Sie, wirklich lebendig zu sein, um eine neue Dimension von Freiheit zu erfahren, in der Sie alles, was das Leben Ihnen bringt, als Ausdruck einer unendlichen Fülle erfahren.

10 der Münzen
Fülle genießen und teilen

Kernaussage
Großzügigkeit, Wohlstand. Wenn das Leben viel gibt, können wir nicht anders, als diesen Reichtum (innerlich oder äußerlich) mit anderen Menschen zu teilen! Wenn wir darauf sitzen bleiben, haben wir etwas nicht begriffen. Wenn der Himmel uns beschenkt, ist das Chance und Pflicht, diese Energie auch anderen zugutekommen zu lassen. Erst so entsteht innere Zufriedenheit.

Liebe / Beziehung
Sie haben Ihrem Partner unendlich viel zu geben und bekommen ebenso viel von ihm zurück. Teilen Sie Ihre innere und äußere Fülle, wie es Ihr Herz Ihnen zeigt. Ihr Glück ist nicht an einen Menschen, eine Situation oder eine Sache gebunden, sondern an das bewusste Leben aus der inneren Quelle. Auch der liebevolle sinnliche Austausch ist Teil dieses Reichtums.

Familie / Kinder / Eltern
Die weltlich-irdischen Lebensbedingungen sind Ihnen vertraut, aber Sie lassen davon Ihre Familien- und Freundesbeziehungen nicht (mehr) bestimmen. Sie sind bereit, in Ihrer Familie auf eine völlig neue Ebene der Vertrautheit zu gelangen. Sie sind bereit, die persönlichen Lebensverhältnisse im Umfeld gemeinsam neu zu formen.

Beruf / Erfolg / Geld
Machen Sie sich bitte bewusst, dass das Maß Ihres äußeren Wohlstands und Erfolgs Ihrem inneren Reichtum entspricht. Öffnen Sie sich entschieden dafür, dass zwischen diesen beiden Dimensionen von Außen und Innen ein Energiefluss und Austausch stattfindet. Sie erleben einen Durchbruch und spüren Aufwind und frische Kräfte, um etwas voranzubringen.

Kreativität / Selbstverwirklichung / Spiritualität
Der sicherste und rascheste Weg zur kreativen Selbstverwirklichung und zur spirituellen Selbsterkenntnis besteht darin, unsere Fülle und Lebensfreude mit anderen Menschen frei zu teilen. Das geistige Zuhause, das Sie suchen oder schon gefunden haben, gibt Ihnen den Rahmen, Ihren Selbstausdruck auf schöpferische Weise und dabei großzügig zu entfalten.

Numerologie / Zeithinweise
Durchbruch, neue Kräfte. Reinigung, Erlösung, Erfolg, Selbstbestimmung, Reife von Persönlichkeit oder Plänen. Zielgerichtet, im Bewusstsein einer höheren Kraft lebend und handelnd. Evtl. unsozial, egozentrisch, verständnislos. *Zehn Tage oder zehn Wochen.*

Schattenaspekt
Wenn Sie das, was Sie der Welt zu schenken haben, nicht freizügig mit anderen teilen, stockt der Fluss der Fülle des Universums. Die Ursache für diese Blockade sind in der Regel unerlöste primäre Ängste, die aus einem Mangel an Liebe als Kind stammen.

Fragen zum nächsten Schritt
- Wofür können Sie von Herzen dankbar sein?
- Fällt es Ihnen leichter, zu geben oder zu empfangen?
- Wie möchten Sie Ihren inneren Reichtum mit der Welt teilen?

Entwicklungsziel
Es ist schön, inneren Reichtum auch als äußere Fülle zu manifestieren. Kein Grund für ein schlechtes Gewissen, vielmehr ein Zeichen für die Liebe zum Leben!

Legesysteme für alle Fragen

Auswahl der Karten

Verwenden Sie die Tarotkarten, die Ihnen am meisten zusagen. Nehmen Sie sich einmal Zeit, gehen Sie in eine gut sortierte Buchhandlung und schauen Sie sich verschiedene Karten an. Spüren Sie, welches Tarot Sie berührt und Ihnen eine offene und gute Stimmung vermittelt. Viele Menschen haben zwei, drei oder sogar mehr verschiedene Kartendecks zuhause, mit denen sie abwechselnd arbeiten. In diesem Buch können Sie einen Eindruck von einigen Tarotdecks bekommen (ab Seite 193). Vermutlich wird es kein einziges Deck geben, bei dem jede einzelne Karte in ihrer Bildgestaltung Ihre vorbehaltlose Zustimmung findet. So ist das Leben halt ... Sie werden aber sicher mindestens ein Tarotdeck finden, das Sie persönlich anspricht!

Wie die Tarotkarten „antworten", hängt weitgehend und wesentlich von der Frage, vom Bewusstsein des Fragestellers und von der Art seiner Formulierung ab. Wichtig ist hier der Hinweis, dass nicht die Tarotbilder an sich Antworten geben, sondern dass Antworten aus der eigenen Quelle der inneren Weisheit entspringen. Deshalb ist die Ausrichtung des Fragestellers wesentlich. Die Tarotkarten sind ein Medium bzw. ein Spiegel, um den Zugang zur Fülle der inneren Antworten leichter und deutlicher herzustellen. Es geht darum, eine „echte" Frage zu haben und wirklich bereit zu sein, das Tarot dann auch als aussagekräftigen Spiegel anzunehmen.

Oft stellt sich die Frage, wie „umgekehrte Karten" gedeutet werden sollen. Ich arbeite nicht mit umgekehrten Karten – also Karten, die beim Auslegen „auf dem Kopf stehen", sie werden für gewöhnlich eher negativ gedeutet –, weil sich der Schattenaspekt, der zu einer Karte gehört, aus dem Kontext der Frage bzw. Situation von selbst ergibt.

Wer dennoch mit umgekehrten Karten arbeiten möchte, findet in diesem Buch unter dem Stichwort „Schattenaspekt" Deutungsvorschläge.

Prinzipiell können Sie Tarot für alle Fragen, Themen, Probleme oder Ziele verwenden. Antworten sind möglich auf mehreren Ebenen, zum Beispiel diesen drei, die sozusagen von innen nach außen gehen:

- **Spirituelle Sinnebene:** Was ist meine Aufgabe und mein Lebenssinn (in der fraglichen Zeit) und wie kann ich sie erfüllen?
- **Psychologische Energieebene:** Welche Energien spielen beim Thema eine Rolle und wie kann man sie in Harmonie bringen?
- **Örtliche und zeitliche Ereignisebene:** Was passiert an welchem Ort und wann?

Der Einstieg – Sie können sofort beginnen

Es ist tatsächlich möglich, ohne weitere Vorbereitung einzusteigen. Natürlich ist es prima, wenn Sie jemanden kennen, der schon eine Weile mit Tarot arbeitet und Ihnen den Umgang mit den Karten zeigt. Doch wenn Sie gerade erst anfangen, können Sie mit Hilfe dieses Buches Spannendes entdecken und später mit neuen, eigenen Ideen auch einen ganz persönlichen Stil entwickeln.

Einführende Schritte

Kontakt mit Karten und Atem: Nehmen Sie die Karten in beide Hände, und halten Sie die Karten eine Weile in Höhe Ihres Herzens. Entspannen Sie sich und atmen Sie ruhig ein und aus.
Kontakt nach innen: Nehmen Sie bewusst atmend mit sich selbst Kontakt auf. Fühlen Sie Ihren Körper von innen, und beobachten Sie eine Weile Gefühle und Gedanken, die vorhanden sein mögen.
Kontakt zur Umgebung: Nehmen Sie Geräusche wahr, die Sie in diesem Augenblick hören. Machen Sie sich bewusst, in welcher Umgebung Sie sich befinden und wie Sie sich darin fühlen.

Fragen zum Lebensthema

Nun denken Sie an das, was Sie in Ihrem gegenwärtigen Leben am meisten beschäftigt. (Sollten gleichzeitig mehrere Dinge auftauchen, entscheiden Sie sich zunächst nur für ein Thema; die anderen Bereiche können Sie später auf die gleiche Weise behandeln.) Stellen Sie sich die dazugehörigen Menschen und Situationen vor und achten Sie darauf, was diese in Ihnen auslösen. Vielleicht tauchen Fragen auf wie: Was habe ich aus dieser Situation, Begegnung oder Beziehung zu lernen? Welche Eigenschaften benötige ich, um … zu meistern? Wo stehe ich gerade? Was will mir das Leben im Moment zeigen?

Die Karten mischen: Beginnen Sie nun, die Karten zu mischen (so wie Sie vermutlich schon einmal normale Spielkarten gemischt haben). Entspannen Sie sich dabei, so gut Sie können.
Die Karten ausbreiten: Breiten Sie die Karten vor sich mit den Bildern nach unten wie einen Fächer aus.
Eine Karte ziehen: Legen Sie die rechte Hand auf Ihr Herzzentrum (die Mitte Ihrer Brust) und bitten Sie um eine Botschaft (einen Hinweis, eine Verständnishilfe) für Ihr Lebensthema. Gehen Sie dann mit der linken Hand über den Kartenfächer und fühlen Sie, wohin es Sie zieht. Dort lassen Sie die Hand sinken und ziehen eine Karte heraus.
Die Botschaft: Betrachten Sie die Karte eine Weile. Dann schlagen Sie die entsprechende Seite in diesem Buch auf und lesen den Text langsam und mit großer innerer Offenheit. Auf welche Weise steht er in Bezug zu Ihrem Lebensthema und Ihren Fragen? Welche Hinweise und Botschaften gibt er Ihnen?

Sollten weitere Fragen auftauchen, können Sie auf die gleiche Weise noch eine oder zwei Karten ziehen und den dazu gehörenden Text auf sich wirken lassen.

Die Tageskarte

Viele Menschen berichten mir, wie die Tarotkarten ihr alltägliches Leben begleiten. Sie ziehen für jeden Tag eine Karte, stellen sie an einen sichtbaren Platz und erinnern sich im Laufe des Tages immer wieder an deren Qualität und Lektion. Dabei machen sie oft interessante, manchmal sogar erstaunliche Erfahrungen. So werden sie durch ein intensives Ereignis ganz plötzlich an das Tarotbild erinnert, an das sie inzwischen gar nicht mehr bewusst gedacht hatten. Auf jeden Fall bietet dies eine wertvolle Möglichkeit, jeden Tag des Lebens (oder so oft wie möglich) einen Schritt zu sich selbst zu machen, um mehr Klarheit und Verständnis für die eigenen Lebenserfahrungen zu gewinnen. So nehmen Sie bewusster am Leben teil, weil Sie interessante Zusammenhänge viel deutlicher sehen und begreifen. Dadurch steigert sich auch Ihre Fähigkeit, sich zu freuen und Ihre Liebe kreativ auszudrücken.

Zum Umgang mit der Tageskarte erzählte eine Teilnehmerin meiner Tarotkurse, dass sie damit experimentiert, morgens eine Karte für den Tag zu ziehen und diese den Tag über unaufgedeckt liegen zu lassen. Erst am Abend dreht sie die Karte dann um, geht innerlich durch die Erfahrungen des Tages und prüft, inwieweit die Tarotkarte sich mit den Tagesereignissen deckt bzw. diese noch verständlicher macht. Sie ist begeistert von dieser Art der täglichen Lebenserforschung.

Ein Thema oder Ereignis klären

Immer wieder gibt es Situationen und Ereignisse, die uns besonders beschäftigen oder herausfordern. Tarotkarten können helfen, diese tiefer zu verstehen und besser zu meistern. Das kann sich auf Vergangenes, Gegenwärtiges und Zukünftiges beziehen. Wenn Sie also an ein zurückliegendes Erlebnis denken, welches Sie immer noch bewegt, können Sie dafür eine Karte ziehen. Sie wird Hinweise geben, um welche Lektion es dabei ging. Das hilft Ihnen, alles besser zu verstehen. Darüber hinaus bekommen Sie vielleicht auch einen Hinweis, was Sie jetzt tun können, um die Dinge zu einem guten Abschluss zu bringen.

Ähnliches gilt für eine gegenwärtige Situation, z.B. in der Familie, in einer Beziehung, in Schule oder Beruf und so fort. Mit einer dafür gezogenen Karte erhalten Sie Hinweise auf die wichtigsten Aspekte, die Ihnen helfen, sich angemessen zu verhalten. Dadurch ist es möglich, die bestehende Herausforderung für Ihr inneres Wachstum zu nutzen.

Bei zukünftigen Ereignissen, die wesentlich sind, können Sie eine Karte ziehen mit Fragen wie:
- Was sollte ich ganz besonders beachten?
- Was gilt es zu lernen?
- Was bedeutet dieses Ereignis für mein Leben (aus der Perspektive meiner inneren Führung)?

Die gezogene Karte kann helfen, besser vorbereitet und mit einer inneren Ausrichtung in die jeweiligen Erfahrungen zu gehen. Möglicherweise hilft die Botschaft einer Karte auch, alte Ängste zu überwinden und neues Vertrauen zu entwickeln.

Entscheidungen treffen

Immer wieder stehen wir vor Entscheidungen. Da gibt es kleine, alltägliche, zum Beispiel, womit wir in den nächsten Stunden unsere Zeit verbringen. Und dann kommen auch die großen Entscheidungen auf uns zu, von denen zu nicht unwesentlichen Teilen der weitere Verlauf unseres Lebens abhängen kann. Manchmal sind unsere inneren Vorlieben und die Sprache des Lebens so klar, dass wir gar nicht das Gefühl einer Wahl haben. Doch häufig fallen Entscheidungen deshalb schwer, weil unser Verstand unmöglich alle Konsequenzen überblicken kann. Und an der Schwelle zum Unbekannten begegnen wir der Angst. Diese wiederum schwächt unsere Klarheit, und wir erleben nun die sprichwörtliche Qual der Wahl.

Benutzen Sie bitte die Tarotkarten *nur* dann für Lebensentscheidungen, wenn Sie auf anderen Wegen zu keinem Entschluss kommen können. Machen Sie sich nicht abhängig von den Karten, sondern vertrauen Sie zuallererst Ihren Gefühlen und dem gesunden Menschenverstand. Wenn jedoch nach reiflicher Prüfung weiterhin alles offen ist, können Tarotkarten durchaus helfen, eine bessere Klärung zu erlangen.

Gehen Sie dafür gründlich durch die einführenden Schritte, dann ziehen Sie eine Karte für das Thema, worum es bei Ihrer Entscheidung auf einer inneren Ebene geht. Möglicherweise erhalten Sie dadurch schon einen wichtigen Impuls.

Zusätzlich ist es noch möglich, für die verschiedenen Alternativen, die bei Ihrer Entscheidung offen stehen, jeweils eine Karte zu ziehen. Dabei fragen Sie beispielsweise:
- Was bedeutet es, wenn ich mich für ... entscheide?
- Welche Erfahrungen oder Qualitäten bringt ... mit sich?

Wenn Sie diese beiden (oder auch mehrere) Karten miteinander vergleichen, kann die Antwort Ihrer inneren Führung ganz eindeutig sein. Eine Alternative bringt Gewinn und Freude, während die andere Ihre Entfaltung blockiert. Dann gilt es, diese Antwort anzunehmen und im konkreten Leben auszuführen.

Es kann aber auch vorkommen, dass die gezogenen Karten vollkommen gleichwertig sind, entweder gleich ermutigend oder gleich schwer und düster. In beiden Fällen wird Ihnen die tiefere Auseinandersetzung im Hinblick auf Ihre Entscheidung also nicht abgenommen. Sind beide Karten positiv und anziehend, so kann man eigentlich keinen Fehler machen. Wie immer Sie sich dann entscheiden, es dient Ihrem Besten.

Sind jedoch beide Karten negativ und warnend, sollten Sie, wenn möglich, zunächst keine Entscheidung treffen. Es muss offensichtlich erst noch eine innere Arbeit geschehen. Die Tarotkarten leiten Sie dazu an. Seien Sie aber auch dafür offen, dass noch eine ganz andere Alternative auftaucht, ein neuer Weg oder eine ungeahnte Lösung, die Sie bisher noch gar nicht sehen konnten.

Gemeinsame Entscheidungen
in Beziehungen oder kleinen Gruppen

Die Tarotkarten können eine wunderbare Hilfe sein bei gemeinsamen Entscheidungen in einer Partnerschaft, einem Arbeitsteam oder einer kleinen Gruppe, die etwas gemeinsam unternehmen will. Gerade in zwischenmenschlichen Beziehungen prallen häufig unterschiedliche Meinungen, Vorlieben oder Bedürfnisse aufeinander. Das muss jedoch nicht zu einem Zerwürfnis führen, wenn alle Beteiligten bereit sind, sich für eine höhere Weisheit zu öffnen. Dann können Sie gemeinsam erforschen, was dem Wohle aller Beteiligten dient.

Wenn Sie also zusammen mit einem Freund oder einer Freundin, mit Partnerin oder Partner eine Entscheidung finden möchten, setzen Sie sich zusammen und nehmen sich Zeit für die einführenden Schritte. Dann zieht zunächst jeder eine Karte für sich selbst. Dabei könnte man fragen:
- Wie steht es mit meiner Klarheit in Bezug auf diese Entscheidung?
- Welche Grundenergie bringe ich ein?

Betrachten Sie Ihre Karten und entscheiden Sie, wer von Ihnen die klarere oder stärkere Karte gezogen hat. (Mitunter braucht es noch eine zweite oder sogar dritte Karte, um dies eindeutig zu erkennen.) Die Person mit der stärkeren Karte ist dann das Medium, das die weiteren Karten zieht. Sie verfügt im Augenblick über mehr Klarheit, um Botschaften zu empfangen. Sobald sie sich bereit fühlt, zieht sie die weiteren Karten für die Alternativen Ihrer gemeinsamen Entscheidung, so wie dies im vorigen Abschnitt beschrieben wurde.

Genauso können Sie in kleinen Gruppen vorgehen, wenn alle Beteiligten dafür offen sind. Es ist dann möglich, entweder ein Medium zu wählen oder es durch das Ziehen von Tarotkarten (wie gerade beschrieben) zu ermitteln.

Legesysteme

Es folgt eine ganze Reihe von verschiedenen Vorschlägen, um mit den Tarotkarten zu arbeiten und sie entsprechend den anstehenden Themen und Fragen oder auch gemäß den persönlichen Vorlieben auszulegen. Vielleicht wollen Sie sich diese Vordrucke fotokopieren, um sie bequem bei der Hand zu haben.

Die Tageskarte (1 Karte)

Manche Menschen ziehen gern morgens, vielleicht zu ihrer Frühmeditation, eine Tarotkarte, um sich so auf den Tag einzustimmen. Eine spezielle Frage stellt man dabei jedoch nicht. Im Kapitel „Der Einstieg – Sie können sofort beginnen" (Seite 168) wurde ja schon Näheres zum Gebrauch der Tageskarte gesagt.

Sie können selbstverständlich auch eine Karte für eine Woche oder einen Monat oder ein Jahr ziehen (zum Beispiel am 1.1. oder an Ihrem Geburtstag).

Der Pfeil der Zeit (3 Karten)

Dies ist eine einfache, dabei aber verblüffend häufig sehr aufschlussreiche Methode, um die Entwicklung einer Angelegenheit im Verlauf der Zeit zu erfassen. (Denken Sie daran, dass die so genannten Zahlenkarten – die Karten der kleinen Arkana von As bzw. 1 bis zur 10 jeder Farbe – ebenfalls als Zeitzeiger gedeutet werden können. Näheres dazu bei den einzelnen Karten)

Legeschema:

1: Die Vergangenheit; was früher für die Frage eine Rolle gespielt hat.
2: Die Gegenwart; was jetzt für die Frage von Bedeutung ist.
3: Die Zukunft; was in der überschaubaren Zeit vor uns wichtig ist.

Der Stern der Liebe (6 Karten)

Diese Methode eignet sich besonders für Partnerschaftsfragen oder für Probleme, bei denen es um andere zwischenmenschliche Beziehungen geht.

Legeschema:

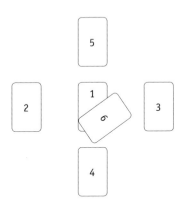

Wichtiger Hinweis: Benutzen Sie für diese Legemethode am besten nur die 22 Karten der großen Arkana. Die 1. Karte wird aus den offen ausliegenden Tarotkarten gewählt, dann werden die anderen 21 Karten zusammengenommen und gemischt, und daraus zieht man die weiteren 5 Karten verdeckt.

1. Die erste Karte zeigt das Bild, das aus unserer jetzigen Sicht unser Thema oder Problem am besten darstellt. Sie wird offen gezogen und auf Position 1 gelegt.
2. Die zweite Karte steht für die weiblichen Einflüsse und Energien, für die Yin-Kraft, oder für eine Frau, die für unsere Frage eine Rolle spielt.
3. Die dritte Karte weist auf die männlichen Einflüsse und Energien hin, auf die Yang-Kraft; sie steht für einen Mann, der für die Frage wichtig ist.
4. Die vierte Karte zeigt Schicksalslehren aus der Vergangenheit an, die offenbar noch in die Gegenwart reichen, weil sie noch nicht erfüllt wurden; es geht also um etwas Ungelöstes, um „altes Karma".
5. Die fünfte Karte ist das Sinnbild für unsere Wünsche und Hoffnungen, unsere Erwartungen und Absichten in Bezug auf das Fragethema.
6. Die sechste Karte symbolisiert die Hilfen, mit denen wir die Ziele von 5 erreichen können bzw. die Hindernisse, die sich dem entgegenstellen.

Der Tarot-Partnerdialog (12 Karten)

Bei dieser Auslegeart sollte wenn möglich der Partner oder die Partnerin einbezogen werden. Man kann diese Methode notfalls auch allein durchführen. Wie der Name sagt, ist dieses Tarot-Legesystem für die Klärung von Fragen zwischen zwei Menschen gedacht, die etwas unmittelbar miteinander zu tun haben. Das können Liebespartner sein, aber auch Geschäftspartner.

Legeschema:

Wichtiger Hinweis: Wenn Sie zu zweit sind, mischen beide Partner und ziehen abwechselnd jeweils eine Karte.

   1 und 2: Was möchte oder erwarte ich von dir?
   3 und 4: Was gebe ich dir oder was bin ich bereit zu geben?
   5 und 6: Was liebe bzw. mag ich an dir?
   7 und 8: Was stört mich an dir?
 9 und 10: Was möchtest oder erwartest du von mir?
11 und 12: Wo im Leben möchte ich mit dir hin?

Die folgenden drei Auslegearten sind von ihrem Urheber, Bernd A. Mertz, für sein Ägyptisches Tarot entwickelt worden. Er benutzt darin nur die 22 Karten der großen Arkana.

Der kleine ägyptische Leitstern (5 Karten der Großen Arkana)

In seinem beachtenswerten Buch „Der Ägyptische Tarot — Ein Einweihungsweg" schreibt Bernd A. Mertz (was unserer Meinung nach für alle Legesysteme gilt, bei denen nur die Trumpfkarten des Tarots verwendet werden): „Es empfiehlt sich nicht, unbedingt mit diesen Karten ‚wahrsagen' zu wollen, dazu bieten sich andere Tarot-Decks an. Hier sollte es jedes Mal um eine Standpunktorientierung gehen, um die Antwort auf Fragen wie: Wo stehe ich? Was soll ich tun? Was sind meine Schattenseiten, die ich erkennen und annehmen muss? ..."

Weiter schreibt Mertz: „Der kleine ägyptische Leitstern hilft uns, eine momentane Standortbestimmung zu finden, wenn wir zum Beispiel vor einer absehbaren Aufgabe (auf die Zeit hin ausgerichtet) stehen. Dies ist meist gut für Stresssituationen oder für Momente, da man sich überfordert fühlt, da ein äußeres wie inneres Durcheinander herrscht und es darum geht, schnell den inneren Frieden wiederzufinden." (Beide Zitate auf Seite189)

Legeschema:

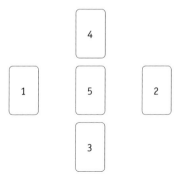

Wichtiger Hinweis: Die ersten 4 Karten wählt man gezielt aus den 22 großen Arkana aus, die offen aufliegen (gleich, in welcher Reihenfolge oder Ordnung). Nachdem die ersten 4 Karten ausgewählt wurden, werden die restlichen 18 Karten gemischt, und man zieht 1 Karte verdeckt. Diese Karte kommt auf die 5. Position.

1. **Problem;** diese Karte symbolisiert die Frage bzw. das Problem. Wir wählen dazu jene Karte, die dem Fragegegenstand am meisten entspricht.
2. **Zustand;** diese Karte zeigt den derzeitigen tatsächlichen Zustand an. Wir suchen die Karte aus, die unsere Situation am besten widerspiegelt.
3. **Pflicht;** diese Karte gibt Auskunft über unsere Pflicht im Hinblick auf die Frage bzw. das Problem und über die Notwendigkeiten, die sich daraus ergeben. Wir wählen jene Karte, die das am ehesten symbolisiert.
4. **Sehnsucht;** diese Karte weist auf unsere Wünsche und Sehnsüchte im Zusammenhang mit der Frage hin. Zu welcher Bilderkarte fühlen wir uns am meisten hingezogen?
5. **Kleiner Leitstern;** diese verdeckt gezogene Karte enthält die Antwort, das Ergebnis bzw. den Ratschlag.

Der große ägyptische Leitstern (7 Karten der Großen Arkana)

Zu dieser Auslegeart schreibt Mertz: „Der große ägyptische Leitstern ... weist den Weg für einen größeren Lebensabschnitt. Es handelt sich hier um eine Erweiterung des kleinen ägyptischen Leitsterns, aber hier geht es nicht um Momente, sondern mehr um grundsätzliche Ausrichtungen des eigenen Denkens und des eigenen Unterbewusstseins." (Bernd A. Merz: „Karma im Tarot", Seite189)

Während der „Kleine ägyptische Leitstern" eher für einen kürzeren Zeitraum gilt, vielleicht für einige Wochen oder Monate, gilt der „Große ägyptische Leitstern" für länger. Ich meine, dass er für rund ein Jahr Führung geben kann, Mertz spricht sogar von drei oder mehr Jahren, bevor man ihn wieder auslegen sollte.

Legeschema:

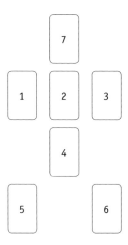

Wichtiger Hinweis: Die 1. Karte wird aus den offen ausgelegten 22 Karten der großen Arkana gewählt. Danach nimmt man die übrigen 21 Karten zusammen, mischt sie und zieht die weiteren 6 Karten verdeckt.

1. Problem, Frage, Thema
2. Derzeitiger Zustand
3. Zusammenhang zwischen Problem und Zustand
4. Resultat aus 1, 2 und 3
5. Energie, eigener Einsatz
6. Pflicht, Aufgabe, Notwendigkeit
7. Großer Leitstern

Die Wege des Thot (8 Karten der Großen Arkana)

Mertz schreibt zu dieser Legemethode: „‚Die Wege des Thot' sind die Krönung des Spieles und bestechen durch ihre Einfachheit, wie ja überhaupt alle drei Auslegearten (diese und die beiden zuvor genannten sind gemeint) höchst einfach und damit von jedermann zu benutzen und zu deuten sind. Die Wege des Thot zeigen die Schattenseiten auf, die dann jedoch von den Fragenden auch angenommen werden sollten. Es hat keinen Sinn, sich diese Einweihungskarten zu legen ..., um danach keine Konsequenzen für den weiteren Ablauf des Lebens zu ziehen." (Bernd A. Merz: „Karma im Tarot", Seite189)

Diese Methode eignet sich für wichtige Überlegungen oder Entscheidungen, in denen wir Rat über das Für und Wider brauchen. Diese spezielle Auslegeart bringt ein „Sowohl als auch", weil nicht eine, sondern immer zwei Karten jeweils einen Aspekt der Frage beleuchten.

Legeschema:

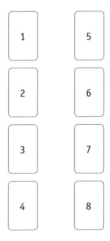

Wichtiger Hinweis: Mertz, der Urheber bzw. Entdecker dieser Auslegeart, hat ein bestimmtes komplexes, subjektives Schema von „Ergänzungskarten" im Zusammenhang mit diesem Legeschema vorgeschlagen. Wir folgen dem hier nicht, sondern überlassen es der individuellen Tarotsitzung, ob und wenn ja welche „Ergänzungskarte" gezogen wird.

1. Die Situation, das Thema, die Frage, das Problem
2. Der eigene Wunsch im Hinblick auf die Frage
3. Die Sorge oder Befürchtung betreffend das Fragethema
4. Die Wirklichkeit bzw. die objektiven äußeren Umstände
5. Ergänzung oder Schatten der Situation bzw. des Problems
6. Ergänzung oder Schatten des Wunsches
7. Ergänzung oder Schatten der Sorge
8. Ergänzung bzw. Schatten der Karte 4; auch „Der Rat des Thot" oder die inneren Möglichkeiten

Der Lebensbaum (10 Karten)

Der Lebensbaum stammt aus der Kabbala, der jüdischen Mystik. Sein Aufbau entspricht dem Sinnbild eines Baumes, der von den unsichtbaren Wurzeln, die tief im Erdreich Halt und Nahrung beziehen, über Stamm und Äste bis hoch oben in die Krone reicht, welche seine Pracht äußerlich sichtbar macht. Diese Legemethode wird gern bei weitreichenden geistigen Fragen angewandt.

Legeschema:

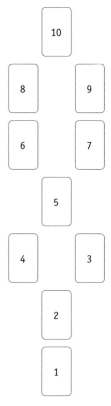

Achtung: Die übliche Nummerierung des kabbalistischen Lebensbaums ist genau umgekehrt. Oben steht die 1, unten die 10. Wir haben jedoch absichtlich diese Darstellung gewählt, weil ein Baum von unten wächst und die Krone eben das Höchste und Letzte ist, zumindest aus unserer erdhaften Sicht.

1. Reich – Verwirklichung im Leben, praktische Aspekte des Fragethemas
2. Basis – das erfragte Problem aus persönlicher Sicht, die eigene unbewusste Gemütseinstellung dazu
3. Ruhm – bewusstes Nachdenken über die Frage, Kommunikation darüber mit der Umwelt
4. Sieg – Freude und Energie, die man in Bezug auf den Gegenstand spürt
5. Schönheit – Opferbereitschaft, um das Problem einer Lösung zuzuführen
6. Stärke – Willenskraft und Einsatzbereitschaft für eine Lösung
7. Gnade – Öffnung für neue Gesichtspunkte, Aufgabe des Ich-Standpunkts
8. Verständnis – inneres Wissen, die Anima- oder Yin-Kraft
9. Weisheit – Einfühlung in höhere Ziele, die Animus- oder Yang-Kraft
10. Krone – der wahre Grund für die gestellte Frage, die entscheidende Hilfe zur Lösung

Das Astro-Tarot oder das Tarot-Horoskop (12 Karten)

Das Astro-Tarot bezieht die zwölf Tierkreiszeichen und die zwölf Häuser aus der Astrologie mit in die Deutung der Karten ein und stellt eine Art Tarot-Horoskop dar.

Legeschema:

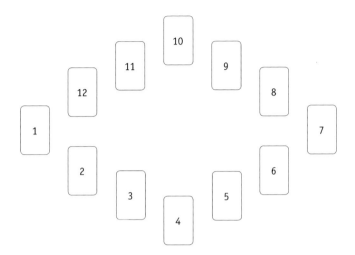

1. Selbstwert, Elan, Beziehung zur Umgebung
2. Werte, Talente, Nehmen und Geben
3. Kommunikation, Austausch, Alltag
4. Heimat, Familie, Lebensgrund
5. Lebenskraft, Kreativität, Spiel
6. Arbeit, Dienstbereitschaft, Gesundheit
7. Partnerschaft, sowohl privat wie beruflich
8. Krisen, Umbrüche, Ablösungsprozesse
9. Neue Horizonte, höhere Werte, Reisen
10. Berufsaussichten, soziale Anerkennung, Außenwirkung
11. Freundschaften, soziale Ziele, gesellschaftlicher Einsatz
12. Innenschau und Meditation, Lebenssinn, Selbstfindung

Das Tarot-Mandala oder das doppelte Tarot-Horoskop (24 Karten)

Dieses Legesystem ist für wesentliche, tiefgründige Fragen und Entscheidungen von großer Tragweite gedacht, wenn sich der Fragende wirklich genügend Zeit nehmen kann. Eine Sitzung mit dieser Auslegeart dauert sicher zwischen einer halben und einer ganzen Stunde!

Legeschema:

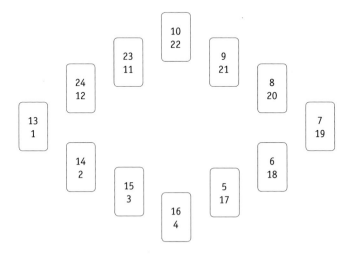

Wichtiger Hinweis: Für den ersten Durchgang, also die Auslegung des Innenrings des Tarot-Mandalas mit 12 Karten, nehmen Sie nur die 22 Karten der Großen Arkana, die Sie mischen und verdeckt ziehen. Dann legen Sie die nicht gezogenen 10 Trumpfkarten beiseite. Nun mischen Sie die Kleinen Arkana und ziehen aus diesen Karten 12 weitere, die in den Außenring des Tarot-Mandalas kommen.

Die Deutung erfolgt nach denselben Vorgaben wie beim Astro-Tarot zuvor. Allerdings liegt jetzt auf jedem Platz eine Trumpfkarte und eine Hof- oder Zahlenkarte. Also können und sollten die zwölf Stationen sowohl im Hinblick auf die grundlegende Persönlichkeitsentwicklung oder Lernaufgabe gedeutet werden – dafür sind die Trumpfkarten (Große Arkana) im Innenring symbolische Anzeiger –, als auch in Bezug auf derzeitige Personen oder Einflüsse, die im jeweiligen Bereich eine Rolle spielen. Darauf weisen die Hof- und Zahlenkarten (Kleine Arkana) im Außenring hin.

1 / 13: Selbstwert, Elan, Umweltbeziehung. Ein Beispiel: Auf die Plätze 1 und 13 kommen die Trumpfkarte „Der Gehängte" und die Hofkarte „Bube" bzw. „Prinzessin der Kelche". Das würde bedeuten, dass der Fragesteller Selbstwert, Selbstbild, den Zugang zur Umwelt und seine Beziehungen zu seiner Umgebung einmal völlig anders betrachten sollte, um völlig neue Gesichtspunkte zu gewinnen. Das ist seine innere Lernaufgabe. Dabei wird eine konkrete Person, nämlich eine junge Frau, die etwas mit Gefühlen und Gefühlsausdruck zu tun hat, ihm helfen oder ihn herausfordern.

2 / 14: Werte, Talente, Nehmen und Geben

3 / 15: Kommunikation, Austausch, Alltag

4 / 16: Heimat, Familie, Lebensgrund

5 / 17: Lebenskraft, Kreativität, Spiel
6 / 18: Arbeit, Dienstbereitschaft, Gesundheit
7 / 19: Partnerschaft, sowohl privat wie beruflich
8 / 20: Krisen, Umbrüche, Ablösungsprozesse
9 / 21: Neue Horizonte, höhere Werte, Reisen
10 / 22: Berufsaussichten, soziale Anerkennung, Außenwirkung
11 / 23: Freundschaften, soziale Ziele, gesellschaftlicher Einsatz
12 / 24: Innenschau und Meditation, Lebenssinn, Selbstfindung

Körper – Geist – Seele (3 Karten)

Wenn es um eine eher geistige Frage geht, wenn Sie überlegen, wo Sie stehen oder in welche spirituelle Richtung es gehen soll, bietet diese überschaubare Auslegeart gute Hinweise.

Legeschema:

1: Auf welche Einflüsse in Bezug auf das äußere Leben (Einkünfte, Gesundheit, irdische Werte) muss ich jetzt achten?
2: Welches emotional und/oder mentale Thema bzw. welche Werte spielen derzeit für mich eine Rolle?
3: Welche Richtung sollte ich für meine weitere spirituelle Entwicklung einschlagen?

Die Pyramide (4 Karten)

Dies ist eine Erweiterung der eben vorgestellten Legemethode „Körper – Geist – Seele". Auch bei der Pyramide handelt es sich um die ganzheitliche Beleuchtung einer Frage aus verschiedenen Blickwinkeln, vom materiellen bis zum spirituellen.

Legeschema:

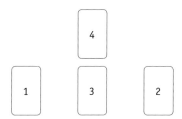

1: Materielle Aspekte der Frage bzw. des Problems
2: Emotionale Aspekte der Frage bzw. des Problems
3: Mentale Aspekte der Frage bzw. des Problems
4: Spirituelle Beantwortung der Frage bzw. Lösung des Problems

Der Diamant (5 Karten)

Dies ist ein sehr einfaches Legesystem, das ohne viele Karten und unkompliziert in der Deutung schnell auf den Punkt kommt.

Legeschema:

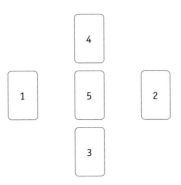

1: Mein Problem
2: Mein Wunsch
3: Meine Aufgabe
4: Meine Hilfe
5: Das Ergebnis

Die fünf Elemente (5 Karten)

Im Menschen sind alle fünf Elemente aktiv – Wasser, Erde, Luft, Feuer und Äther, in Säugetieren nur vier (Äther ist latent vorhanden, aber nicht aktiv), und in Pflanzen ist nur das Element Wasser aktiv. Die Lehre von den Elementen kann auch heute noch hilfreich sein, um sich selbst und die Lebenssituationen, in denen wir uns befinden, besser zu erkennen. Eine Entsprechung findet diese alte Lehre in der modernen Psychologie und deren Auffassung von den Temperamenten. Allerdings hat die Psychologie noch keine Zuordnung zum Element Äther genannt. Es ist jedoch offensichtlich, dass die Entsprechung ein gelassenes, in sich harmonisch ruhendes und geistig bewusstes Temperament ist. Wir benennen dieses fünfte Temperament hier erstmals als das spirituell-bewusste Temperament.

Die Auslegung mit fünf Karten zu den fünf Elementen bzw. Temperamenten eignet sich besonders dann, wenn wir Hinweise erhalten wollen, wie wir mit unseren Persönlichkeitskräften am besten umgehen und welche besonderen Aufgaben oder Hindernisse bestehen.

Legeschema:

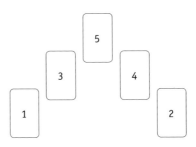

1: Element Wasser – Fließen und Anpassung; das melancholische Temperament. Was fördert oder hindert meinen Energiefluss und/oder meine Anpassung?
2: Element Erde – Festigung und Beharrung, das phlegmatische Temperament. Was fördert oder hindert meine Festigung und/oder meine Durchhaltekräfte?
3: Element Luft – Austausch und Klarheit; das sanguinische Temperament. Was fördert oder hindert meinen Austausch und/oder meine Klarheit?
4: Element Feuer – Kraft und Auflösung; das cholerische Temperament. Was fördert oder hindert meine Kraft und/oder meine Fähigkeit, von Altem loszulassen?
5: Element Äther – Geist und Bewusstheit; das spirituell-bewusste Temperament. Was fördert oder hindert meine geistige Bewusstwerdung?

Das Hufeisen (6 Karten)

Das Hufeisen als altes Glückssymbol bietet sich auch als Legeschema für die Tarotkarten an. Sie können diese Auslegeart für praktisch alle beliebigen Fragen verwenden.

Legeschema:

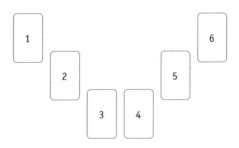

1: Thema, Kern der Frage
2: Hoffnung, Wünsche, Erwartungen
3: Vergangenheit, frühere Einflüsse, die jetzt noch wirksam sind
4: Gegenwart, vorherrschende Energie im Hier und Jetzt
5: Hilfen, Lernaufgaben
6: Antwort, Ergebnis

Das magische Kreuz (6 Karten)

Diese Auslegeart eignet sich gut für eine Vielzahl von Fragen aus ganz unterschiedlichen Lebensbereichen.

Legeschema:

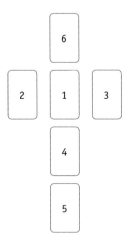

1: Die Gegenwart
2: Die Vergangenheit
3: Die Zukunft
4: Wünsche, Hoffnungen, Erwartungen
5: Aufgaben, Schicksal, Karma
6: Hilfen, um Aufgaben, das Schicksal bzw. das Karma zu erfüllen

Das Wochen-Tarot (7 Karten)

Das Wochen-Tarot mit sieben Karten verwendet man gern, wenn man Impulse für eine ganze kommende Woche erhalten möchte. Wir sehen in den ausgelegten Karten keine Hinweise auf Zukunftsereignisse, sondern vielmehr Denkanstöße zu Qualitäten, deren Entfaltung in uns wir mehr Aufmerksamkeit schenken sollten.

Legeschema:

Die Zahlen stehen für die Wochentage von Montag (–1) bis Sonntag (–7). Ob Sie die Karten so auslegen, wie auf dem Diagramm gezeigt, oder zum Beispiel einfach in einer Reihe, oder ob Sie lieber mit dem Sonntag als dem ersten Tag beginnen, liegt ganz bei Ihnen.

Der Überblick (8 Karten)

Diese Auslegung gibt einen raschen Überblick zu wichtigen Lebensbereichen, deren Zustand oder Aufgabenstellung jeweils in einer Karte symbolischen Ausdruck findet.

Legeschema:

1: Zuhause, Familie
2: Arbeit, Beruf, Geschäftliches
3: Beziehungen
4: Ruf, Leistung, Anerkennung
5: Probleme, Hindernisse
6: Erwerb, Besitz
7: Neue Möglichkeiten
8: Gesamtbild, Ergebnis

Die Tarot-Lemniskate (8 Karten)

Diese Auslegeart eignet sich besonders für Themen, bei denen weibliche und männliche Energien eine Rolle spielen. Das können natürlich Beziehungsprobleme sein, aber auch Fragen zur allgemeinen Zusammenarbeit mit anderen Menschen oder nach Selbstfindung. Die Lemniskate, die liegende Acht, ist das Zeichen der Unendlichkeit und des ewigen Fließens der Lebensenergien. Aus dem chinesischen Kulturraum kennen wir eine Art Lemniskate, nämlich das Taozeichen („Yin-Yang-Symbol"), in dem die beiden Yin- und Yang-Anteile ineinander greifen und ein Ganzes bilden. Um die Anteile, welche zusammen ein Ganzes bilden, handelt es sich bei dieser Auslegeart.

Legeschema:

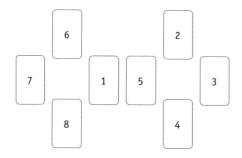

1: Yin – Diese Karte symbolisiert die weibliche Energie, welche für die Frage eine Rolle spielt; auch die „Anima" oder die „Leere", in bzw. aus der etwas entsteht.
2: Yang – Hier kommt die männliche Energie des Fragethemas zum Ausdruck; auch der „Animus" oder die Ausdruckskraft, die zur Manifestation führt.
3: Yin-Karma – Die noch mit weiblicher Energie zu lösenden Aufgaben.
4: Yang-Karma – Die Aufgaben für die männliche Energie.
5: Yin-Wünsche – Hier werden Ziele der weiblichen Energie angezeigt.
6: Yang-Wünsche – Hier geht es um die Ziele der männlichen Energie.
7: Weg – Die Karte auf dieser Position symbolisiert die Ganzheit dessen, was die Frage wirklich bedeutet.
8: Ergebnis – Die letzte Karte weist auf das Ergebnis hin, das sich als Folge des Zusammenspiels der Elemente und Energien ergibt. Im Begriff Ergebnis steckt auch das Wort ergeben, sich hingeben. Damit ist auch ein Ergebnis nur etwas Vorläufiges, ein Durchgangsstadium zur nächsthöheren Entwicklung!

Antworten auf Ja-oder-Nein-Fragen

Das Tarot eignet sich für Ja-oder-Nein-Fragen nicht besonders gut. In erster Linie dient Tarot ja dazu, dass die gezogenen Karten mit ihren Figuren und Formen, Gestalten und Farben, Symbolen und Zeichen in uns etwas zur Resonanz bringen und dass in uns eigene Seelenbilder aufsteigen. Wenn man das Tarot trotzdem als Hilfe zur Entscheidungsfindung benutzen möchte, raten wir dazu, sich nur der Großen Arkana zu bedienen. Und dann muss man vorher festlegen, welche Karten Ja und welche Nein bedeuten. Einen Vorschlag zu dieser Einteilung machen wir hier, allerdings nicht ohne den Hinweis, dass es nicht auch gute Gründe geben könnte, eine andere Zuordnung von Ja und Nein zu den 22 Trumpfkarten zu wählen.

Ja: Der Magier, Die Hohepriesterin, Die Herrscherin, Der Herrscher, Der Hierophant, Kraft, Gerechtigkeit, Der Stern, Die Sonne, Gericht
Nein: Der Wagen, Tod, Der Teufel
Entweder/Oder: Die Liebenden, Gerechtigkeit, Eremit, Rad des Schicksals, Der Gehängte, Der Turm, Der Mond, Die Welt, Der Narr

Frage als Ausgangspunkt (5 Karten)

Ein ganz anderer Ansatz zur Auslegung von Tarotkarten besteht darin, die Art der Frage in den Mittelpunkt zu stellen und die Anzahl der zu ziehenden Karten und deren symbolische Bedeutung von diesem Ausgangspunkt aus zu bestimmen. Einige Beispiele dafür:

Reise
1. Karte: Tenor, inneres Thema
2. Karte: Was erwarte ich?
3. Karte: Was habe ich zu lernen?
4. Karte: Was hilft oder hindert?
5. Karte: Wohin läuft die Energie?

Urlaub
1. Karte: Tenor, inneres Thema
2. Karte: Was Sind meine Wünsche?
3. Karte: Welche Wünsche haben Partner bzw. Familie?
4. Karte: Wie können wir einen Ausgleich finden?
5. Karte: Das kann der Urlaub bringen; Ergebnis

Neue Wohnung
1. Karte: Tenor, inneres Thema
2. Karte: Was erhoffe ich?
3. Karte: Was befürchte ich?
4. Karte: Was wird helfen oder hindern?
5. Karte: So sehe ich mich selbst in der neuen Wohnung

Neue Arbeitsstelle
1. Karte: Tenor, inneres Thema
2. Karte: Was erwarte ich mir?
3. Karte: Was bin ich bereit zu geben?
4. Karte: Was habe ich zu lernen?
5. Karte: Was bringt die überschaubare Zukunft?

Die Parabel der Sieben (7 Karten)

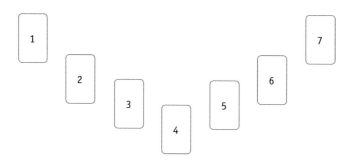

Die Parabel mit sieben Karten eignet sich besonders im Zusammenhang mit Unternehmungen oder Projekten. „Was ist zu tun?", lautet hier die zentrale Frage.

Die Anleitung:
- Ziehen Sie sieben Karten und lassen Sie sie verdeckt liegen.
- Mischen Sie diese sieben Karten noch einmal, bis sich der Impuls „Jetzt!" einstellt.
- Legen Sie sie dann nacheinander auf die Positionen 1 bis 7 (siehe Abbildung).
- Decken Sie die Karten der Reihe nach auf und lassen Sie sie auf sich wirken.

Die Bedeutung der Kartenpositionen:
1: Vergangenheit oder das, was gerade zu Ende geht. Welche Qualität hatten die zurückliegenden Ereignisse und Erfahrungen? Wie habe ich die Vergangenheit erlebt und gemeistert?
2: Gegenwart. Wo stehe ich jetzt? Was ist gegenwärtig besonders wichtig für mich?
3: Zukunft oder das, was jetzt beginnt. Was erwartet mich? Worauf sollte ich mich einstellen? Was gilt es, besonders zu beachten?
4: Aufforderung zum Handeln. Was ist zu tun? Was sollte ich anpacken oder unternehmen?
5: Hilfreiche oder störende Einflüsse von außen. Was kann ich von Menschen oder dem äußeren Leben erwarten?
6: Meine Hoffnungen und/oder Befürchtungen. Welche inneren Einstellungen oder Erwartungen beeinflussen meine Erfahrungen?
7: Ergebnis, Ausgang. Worauf läuft alles hinaus? Was wird mich noch einige Zeit begleiten oder beschäftigen?

Entscheidung zwischen zwei Alternativen (7 Karten)

Legeschema:

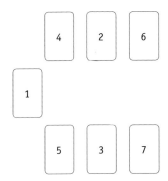

1: Da steht der Fragende jetzt.
2: Das bedeutet Alternative 1.
3: Das bedeutet Alternative 2.
4: Das bringt Alternative 1 in der näheren Zukunft.
5: Das bringt Alternative 2 in der näheren Zukunft.
6: Das bringt Alternative 1 in der weiteren Zukunft.
7: Das bringt Alternative 2 in der weiteren Zukunft.

Das Keltische Kreuz (10 Karten)

Diese beliebte Methode für Fortgeschrittene taucht in fast allen Büchern über Tarot auf. Das Keltische Kreuz ist mit 10 Karten das ausführlichste Legesystem. Es ermöglicht einen tiefen Einblick in die Qualität des Augenblicks und dessen Ausstrahlung ins Leben. Besonders an Wendepunkten – wie Geburtstag und Neujahr, Beginn oder Ende eines Schuljahres, bei Wohnungs- oder Berufswechsel, am Beginn oder Ende einer Beziehung, einer wichtigen Unternehmung oder Reise – eignet sich diese Methode zur tieferen Auseinandersetzung.

Legeschema:

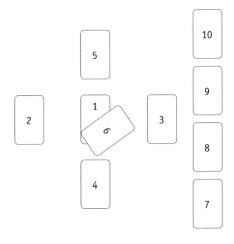

Die Anleitung:
- Nehmen Sie sich Zeit und kommen Sie zur Ruhe. Machen Sie sich Ihre Situation bzw. Ihr Lebensthema bewusst.
- Mischen Sie die Karten gründlich – die Bildseiten nach unten gekehrt – und heben Sie zweimal ab, so dass drei Kartenstapel vor Ihnen liegen.
- Wählen Sie einen der drei Stapel und mischen Sie diesen nochmals gründlich, bis sich der Impuls „Jetzt!" einstellt.
- Legen Sie nun aus diesem Stapel zehn Karten, zunächst verdeckt, auf die Positionen 1 bis 10.
- Nun decken Sie langsam, Schritt für Schritt, die Karten auf. Lassen Sie sich dabei Zeit, jede Karte auf sich wirken zu lassen und vielleicht auch wenigstens die Kernaussagen nachzulesen.

Die Bedeutung der Kartenpositionen:
1: Ausgangsthema. Worum geht es wirklich? Was ist die Ausgangslage?
2: Hemmende oder fördernde Einflüsse. Was wirkt blockierend oder unterstützend auf das Ausgangsthema ein?
3: Meine bewusste Einstellung zur Situation. Auf welche Weise beeinflusse ich mein Leben mit meinen bewussten Gedanken und Gefühlen?
4: Meine unbewusste Einstellung zur Situation. Auf welche Weise beeinflusse ich mein Leben mit meinen unbewussten Regungen und Energien?
5: Vergangene Einflüsse oder das, was gerade zu Ende geht. Wie wird mein Leben von der Vergangenheit her beeinflusst? Wie habe ich die Vergangenheit erlebt und gemeistert?
6: Zukünftige Einflüsse oder das, was gerade beginnt. Was erwartet mich? Worauf sollte ich mich einstellen?
7: Meine innere Haltung oder Einstellung zur Situation. Welchen Beitrag leiste ich bei der Erschaffung und Gestaltung meines Lebens?
8: Die Einflüsse aus der Außenwelt. Was kann ich von Menschen oder dem äußeren Leben erwarten?
9: Meine Hoffnungen und/oder Befürchtungen. Welche inneren Erwartungen beeinflussen den Ausgang?
10: Ergebnis, Ausgang. Worauf läuft alles hinaus? Was wird mich noch einige Zeit begleiten oder beschäftigen?

Hinweis: Problematische Karten auf der letzten Position zeigen auch die Möglichkeit der Transformation und Beendigung eines negativen Zustandes bzw. einer problematischen Lebenssituation.

Persönliche Karten:
Lebenskarte, Jahreskarte, Beziehungskarte

Schließlich noch eine weitere wunderbare Methode, mit den Tarotkarten zu arbeiten. In meiner langjährigen Beratungs- und Seminarpraxis hat sich dieser Ansatz ungewöhnlich gut bewährt. Mit einer einfachen angewandten Form der Numerologie ist es möglich, sehr aufschlussreiche persönliche Karten zu errechnen, nämlich die:
- Lebenskarte(n)
- die Jahreskarte(n)
- die Beziehungskarte(n)

Für alle drei Systeme spielen ausschließlich die Karten der Großen Arkana eine Rolle. Bitte beachten Sie bei der Errechnung der Quersumme, dass Sie Ziffer für Ziffer zueinander addieren.

Die Lebenskarte

Jeder Mensch hat 1, 2 oder 3 Lebenskarten, die immer gültig bleiben. Diese Lebenskarte(n) weist bzw. weisen auf Aspekte der Persönlichkeit hin und auf besondere Wesenszüge. Sie zeigen damit übergeordnete Themen des Lebensweges an. Sie können die Lebenskarte(n) auch „Wesenskarte(n)" oder „Persönlichkeitskarte(n)" nennen, wenn Ihnen diese Begriffe mehr liegen.

Wie finden Sie Ihre Lebenskarte(n) heraus?
- Addieren Sie die Zahlen Ihres Geburtstags, Ihres Geburtsmonats und Ihres Geburtsjahres. Das ergibt eine vierstellige Zahl. Ein Beispiel: Jemand ist am 3.6.1975 geboren. Wir addieren: 3+6+1975=1984.
- Nun bilden wir die Quersumme dieser vierstelligen Zahl: 1+9+8+4=22.
- Die Lebenszahl ist in diesem Fall also die 22; das entspricht der Tarotkarte Narr, die ja die Zahl 0 bzw. 22 beinhaltet.
- Da sich die zweistellige Zahl 22 weiter auf die Quersumme reduzieren lässt, nämlich 2+2=4, gelangen wir so zur zweiten Lebenskarte, nämlich zum Herrscher bzw. Kaiser, der Tarotkarte 4. Auch die Quersumme 10 zeitigt beispielsweise noch eine weitere Lebenskarte, nämlich die 1 (1+0=1)Wenn die Quersumme des Geburtstages zwischen 1 und 9 liegt, so gibt es eine Lebenskarte.

Wenn Sie als Quersumme zur Zahl 19 gelangen, tritt der seltene Fall ein, dass Sie drei Lebenskarten haben: 19 = Sonne; 10 = Rad des Schicksals bzw. Glück (1+9=10); sowie 1 = Magier (1+0=1).

Die Jahreskarte

Diese Karte zeigt an, welche besonderen Themen in diesem Lebensjahr, von einem Geburtstag zum anderen, eine herausragende Rolle spielen. Man hat die Chance, in und mit diesen Themen besonders zu wachsen und die Potenziale, die von dieser Karte symbolisiert werden, auch zu verwirklichen.

Diese Karte wird genauso errechnet wie die Lebenskarte, allerdings nun mit dem laufenden Jahr, in dem Sie sich befinden (nicht mit dem Geburtsjahr). Im Beispiel oben wäre das für 2009 also der 3.6.2009 = Quersumme 20. Das ist die Karte Gericht bzw. Aeon.

Nun könnte man zwar auch hier eine zweite Karte errechnen, nämlich die 2 (Hohepriesterin). Erfahrungsgemäß ist es jedoch empfehlenswert, nur die eine Karte als „Jahreswachstumskarte" zu verwenden, die aufgrund der ersten Quersumme erscheint. Damit bleibt die Konzentration auf ein Thema fokussiert und dieses kann dann wirksamer umgesetzt werden.

Sie haben also ein ganzes Jahr lang die Möglichkeit, bei allen Ihren Erfahrungen zu erspüren und zu erforschen, auf welche Weise das Thema Ihrer Jahreskarte dabei eine Rolle spielt. Die Jahreskarte kann Sie auf Aufgaben, Herausforderungen und mögliche Entwicklungsschritte hinweisen, die im gegenwärtigen Lebensjahr besonders aktuell sind.

Nochmals zur Erinnerung: Die Jahreskarte gilt von Geburtstag zu Geburtstag für das jeweilige Lebensjahr; sie verändert sich also nicht beim Wechsel des Kalenderjahres.

Die Beziehungskarte

Diese Karte weist auf die Themen, Chancen und Herausforderungen speziell im Bereich von Partnerschaft, Liebe und Beziehung hin.

Man errechnet sie, indem man die Zahlen der Lebenskarten von zwei Menschen addiert, um dann eine Quersumme daraus zu bilden.

Im Beispiel oben war die erste Lebenskarte die 22. Nehmen wir an, dass dieser Mensch in einer Beziehung zu jemandem mit der Zahl 17 steht, so addieren wir 22+17=39 (wichtig: In diesem Fall bilden wir erst die Quersumme, nachdem wir diese beiden Zahlen addiert haben). Da die ermittelte Zahl größer ist als die 22, wird sie per Quersumme reduziert auf 12 (Der Gehängte). Wenn man möchte, kann man als zusätzliche Beziehungskarte neben dem Gehängten auch die 3 (Die Herrscherin) mit einbeziehen (1+2=3) und hätte damit ein weiteres Grundthema dieser Beziehung.

Numerologische Entsprechungen der Großen Arkana untereinander

Und hier noch eine Übersicht, welche Tarotkarten der 22 Großen Arkana numerologisch miteinander in Beziehung stehen. Bis zur Karte 9 haben wir ja nur einstellige Zahlen. Danach, ab der Karte 10, lassen sich die zweistelligen Zahlen der Tarotkarten aber wieder durch Quersummenbildung auf eine einstellige Zahl reduzieren. Bei der Karte 19 ergeben sich zwei Quersummen.

10 (Rad des Schicksals bzw. Glück) entspricht numerologisch auch der Karte 1 (Magier).
11 (Kraft) ist verbunden mit Karte 2 (Hohepriesterin).
12 (Gehängter) steht in Beziehung zu Karte 3 (Herrscherin).
13 (Tod) hat auch zu tun mit Karte 4 (Herrscher).
14 (Mäßigkeit bzw. Kunst) bezieht sich auch auf Karte 5 (Hierophant bzw. Hohepriester).
15 (Teufel) entspricht numerologisch der Karte 6 (Die Liebenden).
16 (Turm) bezieht sich auch auf Karte 7 (Wagen).
17 (Stern) ist verbunden mit Karte 8 (Gerechtigkeit bzw. Ausgleichung).
18 (Mond) hat zu tun mit Karte 9 (Eremit).

Persönliche Karten: Lebenskarte, Jahreskarte, Beziehungskarte 193

19 (Sonne) steht in Beziehung zu Karte 10 (Rad des Schicksals bzw. Glück) und zu Karte 1 (Magier).
20 (Gericht bzw. Aeon) bezieht sich auch auf Karte 2 (Hohepriesterin).
21 (Welt bzw. Universum) hat eine numerologische Beziehung zur Karte 3 (Herrscherin).
22 (Narr, zu ihm gehört nicht nur die 0, sondern auch die 22, weil man ihn nicht nur an den Anfang, sondern auch ans Ende der Reihe der Großen Arkana stellen kann) steht numerologisch in Beziehung zu Karte 4 (Herrscher bzw. Kaiser).

8
Verschiedene beliebte Kartendecks

Es gibt mehrere Hunderte von Tarotspielen. Damit Sie einen ersten Eindruck von der künstlerischen und graphischen Vielfalt der Gestaltung von Tarotkarten gewinnen, drucke ich hier jeweils zwei Bildbeispiele für eine kleine Auswahl ab.

Altägyptisches Tarot

Arcus Arcanum Tarot

Dali Tarot

Spirit Tarot

Haindl Tarot

Verschiedene beliebte Kartendecks

Piemonteser Tarot

Tarot der Liebe

Universal Wirth Tarot

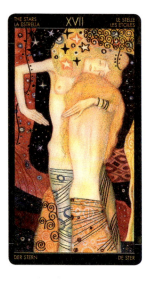 

Goldenes Klimt Tarot

Visconti Tarot

Tarot der weisen Frauen

Verschiedene beliebte Kartendecks

Motherpeace Tarot:
Tarot für Frauen

Daughters of the Moon Tarot

Goldenes Botticelli Tarot

Die Abbildung der folgenden Tarotkarten erfolgt mit freundlicher Genehmigung des Königsfurt-Urania Verlags, Krummwisch:
Dalí Tarot: Mit freundlicher Genehmigung des Königsfurt-Urania Verlag, Krummwisch, © Salvador Dalí. Foundation Salvador-Gala Dalí, Naipes Comas 2003. www.tarot-online.com
Piemonteser Tarot: Mit freundlicher Genehmigung des Königsfurt-Urania Verlag, Krummwisch, © Lo Scarabeo, Turin. www.tarot-online.com
Visconti Tarot: Mit freundlicher Genehmigung des Königsfurt-Urania Verlag, Krummwisch, © Lo Scarabeo, Turin. www.tarot-online.com
Goldenes Botticelli Tarot: Mit freundlicher Genehmigung des Königsfurt-Urania Verlag, Krummwisch, © Lo Scarabeo, Turin. www.tarot-online.com
Goldenes Klimt Tarot: Mit freundlicher Genehmigung des Königsfurt-Urania Verlag, Krummwisch, © Lo Scarabeo, Turin. www.tarot-online.com

Gedanken zum Schluss

Dieses Buch ist eine Einladung, sich mit Hilfe von Tarot selbst besser kennen zu lernen und die Wechselfälle des Lebens besser zu verstehen. Die Erklärungen von Symbolen und Zusammenhängen, die psychologischen und spirituellen Deutungen, die unterschiedlichen Zuordnungen sind ein fundiertes Angebot, die sich in jahrzehntelanger Praxis bewährt haben. Sie stellen allerdings keine starre Definition oder gar eine dogmatische Festlegung dar. Deshalb sollten Sie sich jederzeit frei fühlen, Ihrer persönlichen Auffassung genug Raum zu geben, Ihrer eigenen inneren Führung zur Deutung zu folgen.

Dieses Buch will ein großes „Ja!" zum Ausdruck bringen. Ein Ja zum Leben, ein Ja zu sich selbst, ein Ja zu Partner, Familie und Mitmenschen. Es soll Ihnen ein Wegweiser auf Ihrem individuellen Weg der Freude, der Schönheit und der Wahrheit sein. Tarot ist wie ein Spiegel, in dem man sich selbst und sein Selbst schauen kann! Was wird wohl hinter dem Schleier zu sehen sein, den Schiller dichtend besingt?

Hinter dem Schleier

„Was ist's, das hinter diesem Schleier sich verbirgt?" –
„Die Wahrheit", ist die Antwort. –
„Wie?", ruft jener, „Nach Wahrheit streb' ich ja allein, und diese
Gerade ist es, die man mir verhüllt?"
„Das mache mit der Gottheit aus", versetzt der Hierophant.
„Kein Sterblicher, sagt sie,
Rückt diesen Schleier, bis ich selbst ihn hebe.
Und wer mit ungeweihter, schuld'ger Hand
Den heiligen, verbotnen früher hebt,
Der, spricht die Gottheit" –
„Nun?" – „Der sieht die Wahrheit."
„Ein seltsamer Orakelspruch!" ...
Kein Sterblicher, sprach des Orakels Mund,
Rückt diesen Schleier,
bis ich selbst ihn hebe.
Doch setzte nicht derselbe Mund hinzu:
„Wer diesen Schleier hebt, soll Wahrheit schauen?"

Friedrich Schiller, aus: Das verschleierte Bild zu Sais

Anhang

Ein Wort zum Crowley-Tarot

Für manche sind die Tarotkarten, die unter dem Namen Aleister Crowley Thoth Tarot herausgegeben wurden, etwas gewöhnungsbedürftig. Mir ging es anfangs auch so. Doch nachdem ich entdeckte, wie viele uralte Symbole in die einzelnen Bilder hineingearbeitet wurden, überzeugte mich ihre besondere Aussagekraft zutiefst.

Manchmal wird gesagt, die Karten seien gefährlich, da Crowley mit schwarzer Magie zu tun gehabt habe. Das ist natürlich ein wichtiger Einwand, den ich selbst eingehend geprüft habe. Schwarze Magie ist die Anwendung von Wissen und Kraft für persönliche, eigennützige Zwecke. Es fehlt dabei die Hingabe an die eine göttliche Kraft, die das ganze Universum und alles, was ist, durchdringt und enthält. Wenden wir uns gegen diese universelle Lebenskraft, die wir auch Gott nennen können, so zerstören wir uns früher oder später selbst. Da sie überall ist, sind auch wir untrennbar eins mit ihr. Zu versuchen, entgegen dem Wirken dieser Kraft etwas Egoistisches zu erreichen, bedeutet also letztlich, gegen sich selbst zu arbeiten.

Ich kann nicht sicher sagen, ob und in welchem Ausmaß Crowley ein Schwarzmagier war. Wichtig für mich ist zu wissen, dass diese Karten nicht von ihm, sondern von der Künstlerin Frieda Harris gemalt wurden. Diese stellte sich ausdrücklich und klar gegen schwarzmagische Praktiken und verlangte von Crowley, nichts Schwarzmagisches zu unternehmen, solange sie an diesen Karten arbeitete. Crowley stimmte zu, und Frieda Harris malte diese wundervollen Tarotbilder im Verlauf von vielen Jahren.

Meine Interpretation dieser Tarotkarten gründet nicht auf Crowleys Philosophie, sondern gibt ihnen eine ganz neue Bedeutung. Jenseits von Ideen über Gut und Böse sind diese Karten ein ungefährliches und hilfreiches Instrument, wenn wir uns selbst und unser Leben kennen lernen und besser verstehen wollen. Die wirklich wertvollen Einsichten in unser Sein, die dem Leben Sinn und Erfüllung geben, finden wir nicht an der Oberfläche, sondern in der Tiefe unseres inneren Wissens. Haben wir diese entdeckt, bekommt auch unser Leben eine neue Bedeutung voll inneren Reichtums.

Literaturhinweise

Hajo Banzhaf: Tarot und die Reise des Helden, Kailash Verlag, München 1997
Aleister Crowley & Frieda Harris: Das Buch Thoth. Ägyptischer Tarot, Urania Verlag, CH-Neuhausen 2005
Alfred Douglas: Ursprung und Praxis des Tarot, Diederichs Verlag, München 1993
Sergius Golowin: Die Welt des Tarot, Sphinx Verlag, Basel 1981
Eckhart Graf, Lexikon des Tarot, Urania Verlag, Neuhausen 1991
– ders.: Mythos Tarot – Historische Fakten, Hugendubel Verlag, München 1996
Elisabeth Haich: Tarot, Drei Eichen Verlag, Engelberg 1983
Martin Kriele (Hrsg.): Die Großen Arcana des Tarot – Meditationen, Herder Verlag, Freiburg 1993
Bernd A. Mertz: Karma im Tarot, Ansata Verlag, Interlaken 1988
– ders.: Der Ägyptische Tarot, mvg Verlag, München 1995
Sallie Nichols: Die Psychologie des Tarot, Ansata Verlag, Interlaken 1989/1996
Papus: Tarot der Zigeuner, Ansata Verlag, Interlaken 1979
Jana Riley: Tarot – Handbuch der Kartendeutungen, Urania Verlag, Neuhausen 2001. *Das Buch liefert einen Überblick über verschiedene Ansätze und bringt Kurzdeutungen von 15 verschiedenen AutorInnen zu allen Tarotkarten. Übersichtlich gegliedert, geeignet für EinsteigerInnen und Fortgeschrittene, für Laien und BeraterInnen. Die zitierten TarotautorInnen sind: Angeles Arrien, Hajo Banzhaf, Aleister Crowley, Günter Hager, Miki Krefting, Mario Montano, Vicki Noble, Rachel Pollack, Jana Riley, Wulfing von Rohr, Juliet Sharman-Burke/Liz Greene, R. J. Stewart, A.E. Waite, James Wanless und Gerd B. Ziegler.*
Wulfing von Rohr: Einführung in die Horoskopdeutung: Das Buch für EinsteigerInnen und Fortgeschrittene, Arkana Verlag, München 2008
– ders. (Hrsg.): Das große Lesebuch der Mystiker, Arkana Verlag, München 2006
– ders.: Was lehrte Jesus: Die mystische Botschaft der Bibel, Schirner Verlag, Darmstadt 2008
– ders.: Kwan Yin. Die buddhistische Göttin der Barmherzigkeit, Schirner Verlag, Darmstadt 2007
– ders.: Die Zeitkarten, Königsfurt-Urania Verlag, Krummwisch 2008
– ders.: Seelen-Orakel. 60 Karten zur tiefenpsychologisch-spirituellen Arbeit, Allegria Verlag, Berlin 2007
– ders.: Worauf es wirklich ankommt, Via Nova Verlag, Petersberg 2005
– ders.: Fünf Kräfte meiner Seele, Lüchow Verlag, Stuttgart 2006
Arthur Edward Waite: Der Bilderschlüssel zum Tarot, Urania Verlag, CH-Neuhausen 2005
Sylvie Winter mit Wulfing von Rohr: Tarot für starke Frauen, Ullstein Verlag, Berlin 1995
Jan Woudhuysen: Das Tarotbuch, Kösel Verlag, München 1984
Gerd B. Ziegler: Tarot – Spiegel deiner Bestimmung, völlig neu bearbeitete und erweiterte 12. Ausgabe, Arkana Verlag, München 2008
– ders.: Tarot – Spiegel deiner Möglichkeiten, völlig neu bearbeitete und erweiterte Ausgabe, Arkana Verlag, München 2008
– ders.: Tarot – Spiegel der Seele, 40. Auflage, Urania Verlag, Neuhausen 2002
– ders.: Tarot – Spiegel deiner Beziehungen, 13. Auflage, Urania Verlag, Neuhausen 2002
– ders.: CD Liebe ist alles, Texte über das „Lieben lernen" und „Sich von der Liebe berühren lassen" von Gerd B. Ziegler, Musik Shantiprem; erschienen im Urania Verlag, jetzt Königsfurt-Urania

Der Autor

Gerd B. Ziegler ist einer der weltweit meistgelesenen Tarotautoren. Seine Bücher wurden in 14 Sprachen übersetzt. Er ist zugleich spiritueller Lehrer und verfügt über 30 Jahre Erfahrung mit erfolgreicher Beratungs- und Lehrtätigkeit.

Gerd B. Ziegler hat sein ganzes bisheriges Leben damit verbracht, mit Menschen zu arbeiten und sie dabei zu unterstützen, ihre höchsten Potenziale zu entfalten. Dazu rief er bislang vier erfolgreiche Seminarprojekte ins Leben, die von zahlreichen begeisterten TeilnehmerInnen aus dem gesamten deutschsprachigen Raum besucht werden. Was er in seinen Büchern zu den Tarotkarten und dem sinnvollen Umgang damit schreibt, wird in seinen Workshops, Seminaren und Trainings intensiv und lebendig erfahrbar. Seit vielen Jahren entwickelt er seine Arbeit weiter. Besondere Kurse sind die TAROT-Berater-Ausbildung sowie das BODHI-Training.

Mitarbeit: Wulfing von Rohr, der an diesem Buch redaktionell mitgearbeitet hat, ist Bewusstsein- und Kulturforscher, Seminarleiter, Buchautor und Koautor, Übersetzer und Herausgeber sowie Chefredakteur des ENGELmagazins und Moderator von Friedenstreffen. Er war 20 Jahre lang Fernsehjournalist für ARD und ZDF und gilt als Kenner der spirituellen Bewegungen und Entwicklungen in Europa, Nordamerika und Asien. Derzeit wohnt er bei Salzburg.
Kontakt: info@bodyspirit.org; redaktion@engelmagazin.de
www.engeltage.org; www.engelmagazin.de

TAROT-Berater-Ausbildung von Gerd B. Ziegler

*„Indem wir bewusst uns selbst
und alle unsere Erfahrungen lieben lernen,
erfüllen wir unser Leben inmitten aller Herausforderungen
mit Licht und Freude."*

Die TAROT-Berater-Ausbildung ist eine ganz besondere Gelegenheit, mehr über die Tarotkarten und sich selbst zu erfahren. Das hier vermittelte Wissen kann sowohl das eigene Leben bereichern als auch dazu befähigen, mit anderen Menschen zu arbeiten. Die Ausbildung findet einmal jährlich statt.

Das Lernen in diesem Training geschieht spielerisch und freudvoll. Es verbindet Leichtigkeit und Lebensgenuss mit tief berührender Selbstbegegnung.

Diese Ausbildung befähigt dazu, privat und professionell Tarot-Sitzungen zu geben und Menschen bei ihren Fragen und Problemen sowie bei ihrer Suche nach Klärung und Heilung zu unterstützen. Tarot-Beratungen eignen sich auch sehr gut als Ergänzung zu unterschiedlichen Therapiemethoden. Dieses Training ist auch für Menschen geeignet, die Tarot eher nur für sich persönlich und für ihren privaten Umkreis nutzen wollen.

Schwerpunkte der Ausbildung sind:
- Tiefe Auseinandersetzung mit den Großen Arkana (Archetypen), den Hofkarten (Beziehungsthemen) und den Kleinen Arkana (Elemente und Numerologie)
- Schulung der Intuition, der Energiewahrnehmung und der eigenen medialen Einfühlung
- Selbstbegegnung als Voraussetzung für klare Deutungen für andere Menschen, Klärung eigener Themen, meditative Einstimmung auf die innere Weisheit
- Gesprächsführung, Fragenklärung, Legesysteme und viele praktische Übungen
- Abschluss mit Zertifikat

Ich freue mich, dass Wulfing von Rohr mich bei der Tarot-Berater-Ausbildung ab Sommer 2009 unterstützen wird. Ab Mai 2009 veröffentlicht das ENGELmagazin eine regelmäßige Kolumne von mir mit Kartendeutungen auf konkrete Fragen von LeserInnen.

BODHI-Training mit Gerd B. Ziegler

„Es braucht zuerst unsere Liebe und Wertschätzung,
um unsere wahre Größe und Schöpferkraft
ganz in Besitz zu nehmen und zu leben."

Im BODHI-Training kommen Menschen zusammen, um sich gemeinsam einem befreiten, reichen und mit Freude erfüllten Leben zu öffnen. Miteinander lernen wir neue Dimensionen von Liebe, Freiheit und Freude als eine Realität unseres Seins kennen.

Das BODHI-Training ist ein Energiefeld der Liebe. Die Kraft der Liebe bewirkt Wunder und öffnet uns für den Ausdruck unserer höchsten Potenziale. Sie unterstützt uns in Zeiten des Übergangs, der drastischen inneren und äußeren Wandlungen, bei allen Erschütterungen und Herausforderungen. Dadurch können wir unser Leben für Bewusstwerdung und Selbstbefreiung nutzen und immer mehr genießen.

Im BODHI-Training geht es um das Erinnern unseres Seins, unserer wahren Natur, die reine Liebe ist. Das verwandelt unser Menschsein von innen her. Es ist viermal im Jahr möglich, das BODHI-Training kennen zu lernen und einzusteigen.

Informationen zur TAROT-Berater-Ausbildung und zum BODHI-Training:
www. gb-ziegler.de
Anmeldungen in den drei deutschsprachigen Ländern über:
CH: Samarpan Elsenbruch-Bach, E-Mail: r.elsenbruch@bluewin.ch. Tel. 0041–(0)52–3661573
D: Claudia Eiband, E-Mail: eiband2@aol.com. Tel. 08304–9328807
A: Wulfing von Rohr, E-Mail: wulfing@aon.at. Tel. 0043–(0)6246–74448

Die Zeitschrift BODHI-Prinzip bietet Inspirationen und Texte aus der spirituellen Arbeit von Gerd B. Ziegler sowie aktuelle Mitteilungen zu Treffen und Kursen. Diese kleine Zeitschrift erscheint viermal jährlich. Mehr Infos dazu auf der genannten Webseite. Abo-Bestellung über r.elsenbruch@bluewin.ch. Tel. 0041–(0)52-3661573.

Von Gerd B. Ziegler sind einige CDs erschienen mit Live-Aufnahmen aus seinen Seminaren. Bisher gibt es CDs zu drei Themen:
- Liebe, Freiheit, Sexualität
- Liebe dich selbst
- Meditationen

Alle Bestellungen über:
Claudia Eiband, Tel. 0049–(0)8304–9328807; E-Mail: eiband2@aol.com

Gerd B. Ziegler – Klassiker des Crowley-Tarot

318 Seiten. ISBN 978-3-442-33808-5

Ein Einführungsbuch, das klar und einfach alle Schritte zu einer sinnvollen Deutung des Crowley-Tarot erläutert.

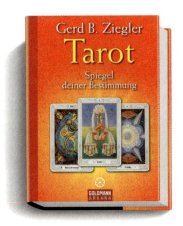

303 Seiten. ISBN 978-3-442-33804-7

Im Mittelpunkt dieser Karteninterpretation steht die Frage nach dem individuellen Lebensplan.

Überall, wo es Bücher gibt und unter www.arkana-verlag.de